CHENGREN
GAODENG JIAOYU
SHIJI
CAIJINGLEI
XILIE JIAOCAI

21世纪成人高等教育财经类系列教材

审计学基础

SHENJIXUE JICHU

总主编：周传丽

主　编：邢风云（广东商学院）
朱静玉（华南农业大学）
副主编：黎四龙（广东商学院）
刘　旋（东莞理工学院）

西南财经大学出版社
SOUTHWESTERN UNIVERSITY OF FINANCE & ECONOMICS PRESS

广东省成人高等教育系列教材简介

随着广东省成人高等教育事业的蓬勃发展，成人高等教育教材早已存在可选版本不足、内容陈旧或缺失等问题，借用普通高校教材又存在着理论性和系统性较强、难度较高、脱离成人教育实际等问题。

为解决这一矛盾，在广东省普通高等学校成人高等教育研究会的支持下，在总结广东省各普通高校成人教育教学、实践经验的基础上，广东省普通高等学校成人高等教育研究会组织有关高校专家编写了本系列教材。教材根据成人高等教育学生的实际入学基础编写，力求突出成人、业余、实用的特点，以求达到理论与实践相结合、内容和形式更加符合成人学习的目的。

本系列教材是集体智慧的结晶，由广东省26所大学一线教师承担主要编写及审稿工作。

本系列教材实行主编负责制，由西南财经大学出版社于2011年11月陆续出版，广东学苑文化发展有限公司支持前期资金投入及代理发行。

总序

他们或许是一群走上社会后还需要更新知识和提升技能的人，他们或许是一群由于种种原因而没能接受普通高等教育的人，对他们而言，时间始终是一个极为强硬的约束，但对知识的渴求和现实的压力，使得他们义无反顾地选择了成人高等教育这一学习形式，以期实现自己的理想。

成人高等教育既是高等教育的重要组成部分，又是终生教育体系的重点发展方向。就培养目标而言，成人高等教育旨在培养具有专业知识和专业技能的应用型人才，以满足知识经济时代对人才的需求。基于此，成人高等教育的教学内容就应当能及时反映当代科技与经济发展水平，及时吸收经济与科技发展中创造出的新成果，并充分体现“学”和“用”的紧密结合。

为了解决成人高等教育教材“普教化”以及成教学生“工”与“学”的矛盾，由广东省普通高校成人高等教育专业委员会牵头，组织省内重点高校共同编写的“21世纪成人高等教育财经类系列教材”面世。该套教材共16种，其中6种本科用教材：《中级财务会计》、《成本会计》、《管理会计》、《会计电算化》、《管理学原理》、《中国税制》，6种专科用教材：《会计学原理》、《财务管理学》、《审计学基础》、《管理学原理》、《市场营销学》、《财政与金融》，4种本科专科通用教材：《宏观经济学》、《微观经济学》、《统计学原理》、《人力资源管理》。我们将分批推出这套系列教材。

我们奉行的理念是：集众多成人教育教材之精华，融几十位相关专业教师之经验，呈特色精品于学生。在充分顾及成人高等教育的教学规律和教育对象特点的基础上，本着“实用为主，够用为度”以及注重理论联系实际的总原则，博采众家之长，形成了具有明显成人高等教育特色的系列教材。该套教材总体特色体现在以下六个方面：

第一，内容简明。教材充分考虑到成人教育的特点，内容以涵盖本学科的主要知识为度，对围绕主要内容的扩展性知识点到为止。略去了复杂的推理、演绎和论证过程，以突出重点。

第二，体例新颖。教材各章正文前以“学习目标”和“引导案例”作为本章的学习提示，引领学生以探究、思考和追踪的方式学习相关知识。章前“学习目标”与章后“本章小结”相互呼应，便于学生加深对本章重要知识点的印象。章后的思考题、练习题和案例分析题有利于学生通过思考和探讨，提高对理论和业务原理的认知程度，培养学生的分析能力、决策能力和创新能力。

第三，彰显实用。教材内容突出实践中普遍应用的原理和方法，除个别教材受内容限制外，大部分教材各章、各节内容中辅之以鲜活实用的“小案例”和“小链接”，在阐述理论知识的同时，引发学生对现实问题的思考和探究，并有助于“教”与“学”的互动。

第四，体现前沿。教材充分体现了各专业和各学科的国内外最新研究成果和研究动向，同时修订了以往教材中已经陈旧过时的内容，以期实现与经济发展和科学研究同步，其中的会计系列教材更是体现了近年来我国会计改革与国际趋同的理念。

第五，系统整体。在该套教材的编写过程中，我们更加重视各门课程之间的内在联系以及同一门课程内容的前后关联，以期更好地帮助学生把握相关专业知识的系统性和整体性，避免局部知识之间相互隔离与割裂。与此同时，本系列教材还有意识地避免了某些知识点在多门课程中重复出现。

第六，生动立体。以成教学生为主体，教材尽可能用通俗、简明和生动的语言，将原本复杂难懂的理论表达出来。通过大量的图表呈现庞杂的流程和勾稽关系，使学生可以轻松地理清其中的原理和相互关系。此外，该套教材在架构上注意预留进一步编写制作电子课件、电子题库和网络测试题等其他辅助学习工具的空间，我们将进一步完善和补充成教学生需要的学习工具。

鉴于本系列教材的特点，它不仅适合成人高等教育，如脱产、业余及函授三种形式的教学使用，亦可作为各专科院校、各类型专业培训机构的教材，同时也可作为广大财经从业人员的学习参考用书。

受编者水平和经验所限，加之编写时间仓促，本系列教材不足之处在所难免，我们真诚地希望广大读者提出宝贵意见和建议，以促其日臻完善。

本次出版发行的系列教材是一个起点而不是终点，我们将伴随着经济发展的步伐，以“如切如磋，如琢如磨”的精神不断修订和完善这一阶段性成果。

总主编　周传丽

2011 年 9 月

前 言

进入21世纪以来，审计环境发生了一系列变化：经济全球化进程加快、科学技术进步迅速、管理制度创新、企业经营风险增加、市场竞争加剧。与此相适应，审计理论与实务也发生了很大变化，主要表现为风险导向审计模式的推广、审计理念的更新、注册会计师执业范围的拓展、执业准则的国际趋同等。2006年2月15日，财政部在北京举行会计审计准则体系发布会，发布了39项会计准则和48项注册会计师审计准则，这标志着我国与国际惯例趋同的企业会计准则体系和注册会计师审计准则体系正式建立。2010年11月1日发布了中国注册会计师执业准则修订版，审计准则体系实现了国际趋同的历史性突破。为了反映审计环境的改变，体现审计理论研究的最新成果，根据我国最新发布的注册会计师执业准则体系编撰了本教材。

本教材共分十章：第一章概述，主要介绍审计的相关背景知识；从第二章起的后九章，系统介绍和论述了注册会计师审计的基本理论、基础知识和基本方法。其具体内容为：第二章执业准则；第三章职业道德；第四章法律责任；第五章审计目标与审计程序；第六章审计证据与审计工作底稿；第七章审计计划；第八章风险评估与风险应对；第九章审计抽样；第十章审计报告。本教材未涉及注册会计师审计的实务部分。

本教材充分考虑成人教育的教学规律，突出成人教育特色；注重对概念、原理和方法的应用介绍，由浅入深，通俗易懂，具有较强的时效性和实用性。本教材每一章的体例编排是：学习目标、导入案例、具体内容、关键提示、本章小结、关键概念、思考题和练习题。这种编排的目的在于使学生达到事半功倍的学习效果。

本教材由邢风云主编并拟定编写大纲。各章节的编写人员分工如下：第一章、第二章由邢风云编写，第三章、第四章由宾瑜编写，第五章、第六章由赵国宇编写，第七章、第八章由刘德银编写，第九章、第十章由黎四龙编写。最后由邢风云进行了总纂和统稿。在教材内容的编写过程中也参阅了其他同类教材的观点。另外，华南农业大学朱静玉老师，东莞理工学院刘旋老师参与了审稿，在此一并表示感谢。

由于我们的经验和水平有限，疏漏、错误之处在所难免，恳请读者批评指正。

编者

目录

第一章 概述

学习目标

1. 了解审计的起源与发展。
2. 熟悉并掌握审计的定义与基本分类。
3. 了解审计组织与审计人员。

【导入案例】

英国政府于1710年创立了南海股份有限公司，从事盈利前景诱人的殖民地贸易。南海公司经过10年的惨淡经营，从1719年开始，公司的董事们开始对外散布利好消息，并预测在1720年的圣诞节，公司可能要按面值的60%支付股利。1720年7月公司老板布伦特实施以数倍于面额的价格发行可分期付款的新股，同时又将获取的现金转贷给购买股票的公众，此时公司的股价扶摇直上，股价高达1 050英镑，一场投机浪潮席卷全国。

1720年6月英国国会通过了《泡沫经济取缔法》，许多公司被解散，公众的怀疑逐渐扩展到南海公司。1720年12月公司股票狂跌到124英镑，1720年底，政府对公司财产清查，其资本已所剩无几，政府逮捕了布伦特。

“南海公司”倒闭的消息犹如晴天霹雳，惊呆了正陶醉在黄金美梦中的债权人和投资者。迫于舆论的压力，1720年9月，英国议会组织了一个由13人参加的特别委员会，对“南海泡沫”事件进行秘密查证。在调查过程中，特别委员会发现该公司的会计记录严重失实，明显存在蓄意篡改数据的舞弊行为，于是特邀了一名叫查尔斯·斯内尔的资深会计师，对南海公司的分公司“索布里奇商社”的会计账目进行检查。查尔斯·斯内尔通过对南海公司账目的查询、审核，于1721年提交了一份对索布里奇商社的会计账簿进行检查的意见。在该份报告中，查尔斯指出了公司存在舞弊行为、会计记录严重不实等问题。议会根据这份查账报告，将南海公司老板布伦特以及他的合伙人的不动产全部予以没收。其中一位叫乔治·卡斯韦尔的爵士，被关进了著名的伦敦塔监狱。

查尔斯·斯内尔是否属于世界上第一位民间审计人员？他所撰写的查账报告，是否为世界上第一份民间审计报告？

第一节　审计的起源与发展

一、审计的起源

据史料记载，审计最早产生于我国西周时期（公元前1066年—公元前771年）。在生产力水平极为低下的原始社会，生产关系更多地表现为自发与自然的责任关系，不需要审计监督。私有制出现以后，在财产所有者与财产经营管理者合二为一的条件下，财产经营管理状况不需要对外公布，也不需要审计监督。到了西周时期，财产所有者不一定是经营管理者，财产所有权与经营权出现了初步分离，从而产生了受托经济责任关系。此时，财产所有者为了保护自身财产的安全和完整，需要对财产经营管理者是否诚信地履行了经济责任的情况进行监督和评价，于是便产生了审计的雏形。因此，审计是在财产所有与经营权分离后所形成的受托经济责任关系下，基于经济监督的客观需要而产生的。受托经济责任关系的确立是审计产生的前提条件。

伴随着审计的产生，也形成了审计关系。任何审计活动都必须有审计者、被审计者和审计委托者三方关系人的参与。其中，审计者又称审计第一关系人，也称审计人，即承担并实施审计工作的人；被审计者称第二关系人，也称被审计人，即接受审计监督的人，他们通常须向审计人提供审计所需资料；审计委托者称第三关系人，也称审计委托人或授权人，他们通常是财产所有者，向被审计人提出履行经济责任的要求，并接受审计人提供审计报告。审计关系如图1－1所示。

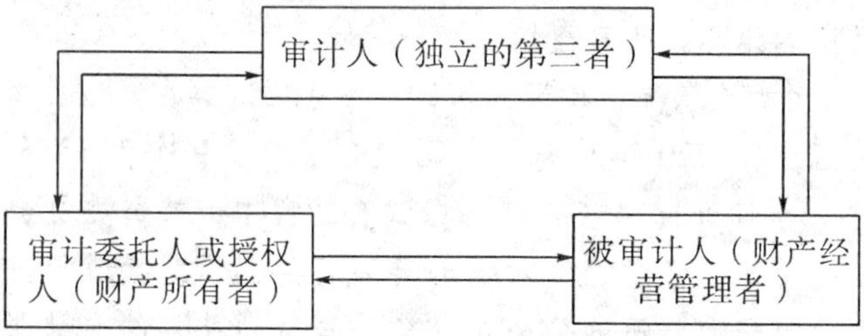

图1－1　审计关系

二、审计的发展

审计是随着社会经济发展的需要而产生，并随着社会经济发展的需要而发展的。我国是世界上较早产生审计的国家之一，西周时期就有了“宰夫”的官职，专门审核和监督朝廷的财政收支。秦汉时期，已经初步建立了具有审计性质的监察制度。中央设“三公（丞相、御史大夫、太尉）”、“九卿”管理朝政事务，其中御史大夫专门掌管全国民政、财政和财物，并负责监察百官。同时建立了“上计”制度，规定各地的财政收支都要上报御史大夫并受其审查。隋唐时期，中央集权逐步加强，审计制度也随之逐步完善。隋朝中央下设比部曹，掌管皇帝诏书、律令和勾稽核查工作；唐代在刑部之下设比部，专管国家财计的查核审理。北宋时期，在太府寺下专门设立审计司，南宋时改设审计院，至此“审计”正式成为财政监督的专门名词。至元、明、清各朝时期，审计均未得到进一步发展，比起唐宋时期的审计监督甚至还削弱了专门的审计机构。如元朝初期撤销了比部，由户部监管财计报告的审核工作，明清时期也只在户部下按行政区域设置清吏司，负责审查各省财政收支，后来又改为由都察院兼职审查中央财计。辛亥革命以后，我国审计有了一些缓慢发展。民国时期，在国务院下设审计院，同时还颁布了《审计法》，批准了《会计师暂行章程》，设立了中国第一家会计师事务所。新中国成立之后，党和国家政府也曾十分重视审计工作，财政部门曾设审计机构继续发挥监督作用。后来一段时期受到极“左”思想的干扰，将审计职能改由财政、银行等部门分管，从而削弱了审计工作对经济的监督作用。中国共产党十一届三中全会以后，党和国家把工作重点转移到经济建设上来，随着对内改革、对外开放的不断深入，也促进了我国审计工作的发展。近几十年来，科学技术的突飞猛进，推动了经济的快速发展，企业规模不断扩大，对经济管理的要求逐步提高，传统的审计手段和方法不断更新和发展，现代审计由此而生。特别是随着计算机技术的进步和电算化信息系统的发展，电算化审计也应运而生，现代审计从此进入了新的发展时期。

小提示：

审计的产生可以追溯到比会计产生稍晚的时期。

财产所有权和经营管理权的分离是审计产生和发展的客观基础。

第二节　审计的定义与分类

一、审计的定义

审计的定义是对审计实践的科学总结。如何定义审计，国内外观点不一。下面介绍几个比较权威的审计定义：

美国会计学会（AAA）1972 年在其颁布的《基本审计概念公告》中把审计定义为：“审计是指为了确定有关经济活动和经济现象的认定与所制定标准之间的一致程度，而对这种结论有关的证据进行客观收集、评定，并将结果传达给利害关系人的有组织的过程。”

日本（会计大辞典）对审计的定义是：“与任何一方无关的第三者检查一个企业（或其他单位）的会计记录和会计报表以及会计组织和会计行为是否正确或恰当，并将查账结果报告要求检查者的一系列行为。”

1989 年中国审计学会将审计定义为：“审计是由专职机构和人员依法对被审计单位的财政、财务收支及其有关经济活动的真实性、合法性、效益性进行审查，评价经济责任，提高经济效益，促进宏观调控的独立性的经济监督活动。”

1995 年国家审计署对审计作了如下定义：“审计是独立检查会计账目，监督财政、财务收支真实、合法、效益的行为。”

1995 年中国注册会计师协会的审计定义：“独立审计是指注册会计师依法接受委托对被审计单位的会计报表及其相关资料进行独立审查并发表审计意见。”

根据以上几种具有代表性的观点，可以将审计的定义作如下概括：

审计是由专职机构和人员，对被审计单位的财政、财务收支及其他经济活动的真实性、合法性和效益性进行审查和鉴证，评价经济责任，提高经济效益的独立性经济监督活动。

从审计定义的内容来看，有其广泛而丰富的内涵，包括审计的主体、客体、对象、目标、作用、特征等要素。

（一）审计的主体

审计的主体是指谁来执行审计。根据审计的定义，审计主体是指从事审计的专门机构和专门人员，即审计监督的执行者或审计人。审计主体接受审计委托者（或授权者）的委托，对被审计单位的财政、财务收支及有关项目进行审查、鉴证和评价，并根据审计结果提出审计报告。

（二）审计的客体

审计的客体是指被审计单位或被审计人。审计的客体一般包括法定范围内的国家行政事业单位、企业单位或其他经济组织。

（三）审计的对象

审计的对象是指审计所要审查和监督的内容，即与审计主体相联系的审计客体的经济活动。审计实务中，由于审计主体和客体的不同，其审计对象的具体内容也有所不同。

（四）审计的职能

审计的职能是指审计自身所具有的内在功能。随着社会经济条件的不断改变和经济发展的客观需要，审计的功能也在不断地随之发展变化。现代审计条件下，一般认为审计具有经济监督、经济评价和经济鉴证的职能。其中经济监督是基本职能，经济评价和经济鉴证职能是适应现代审计的需要而形成的职能。

（五）审计的特征

1. 独立性

审计是一项具有独立性的经济监督活动，独立性是审计区别于其他经济监督的本质特征。独立性要求审计人员应该从形式上和实质上都要保持组织、工作、经济上的独立性，在审计过程中自始至终不受任何部门、单位和个人的影响和干扰。

2. 客观公正性

客观公正是审计工作的基本要求，即审计人员履行职责必须站在第三者立场上，实事求是检查，客观判断，公正评价和公正处理。

3. 权威性

权威性特征是有效行使审计权的必要条件。其主要表现为：①审计组织具有法律的权威性。我国宪法规定了审计机关依照法律规定有独立行使审计监督权，不受其他行政机关、社会团体和个人的干涉。②审计机关有要求报送资料权、检查权、调查取证权、采取临时强制措施权、通报或公布审计结果权、处分建议权等。③审计人员应具备相适应的专业知识和业务能力，应当执行回避制度和负有保密义务，应当保证执业的独立性、准确性和科学性。④被审计单位应当执行审计决定，否则应责令执行或申请法院强制执行。

二、审计的分类

对审计进行科学分类，有利于加深对不同审计活动的认识，有利于更好地组织审计工作，充分发挥审计的作用。

（一）按审计执行主体分类

按审计活动执行主体的性质分类，审计可分为政府审计、独立审计和内部审计三种。

1. 政府审计

政府审计是指由政府审计机关依法进行的审计，在我国一般称为国家审计。国家审计机关依法独立行使审计监督权，对国务院各部门和地方人民政府、国家财政金融机构、国有企事业单位以及其他有国有资产的单位的财政、财务收支及其经济效益进行审计监督。各国政府审计都具有法律所赋予的履行审计监督职责的强制性。与独立审计和内部审计相比，政府审计具有审计监督的强制性和审计范围的广泛性等特征。

2. 独立审计

独立审计，即由注册会计师受托有偿进行的审计活动，也称为民间审计、社会审计或注册会计师审计。我国注册会计师协会（CICPA）在发布的《独立审计基本准则》中指出："独立审计是指注册会计师依法接受委托，对被审计单位的会计报表及其相关资料进行独立审查并发表审计意见。"独立审计的风险高，责任重，因此审计理论的产生、发展及审计方法的变革都基本上是围绕独立审计展开的。独立审计属于受托审计，具有有偿性和较强的独立性等特征。

3. 内部审计

内部审计是指由本单位内部专门的审计机构和人员对本单位财务收支和经济活动实施的独立审查和评价，审计结果向本单位主要负责人报告。这种审计具有显著的建设性和内向服务性，其目的在于帮助本单位健全内部控制，改善经营管理，提高经济效益。在西方国家，内部审计被普遍认为是企业总经理的耳目、助手和顾问。1999 年，国际内部审计师协会（IIA）理事会通过了新的内部审计定义，指出："内部审计是一项独立、客观的保证和咨询顾问服务。它以增加价值和改善营运为目标，通过系统、规范的手段来评估风险、改进风险的控制和组织的治理结构，以达到组织的既定目标。"内部审计与政府审计的性质接近，即审计具有强制性和相对独立性。

（二）按审计目的、基本内容分类

按审计目的、基本内容分类，我国一般将审计分为合规性审计、绩效审计和财务报表审计。

1. 合规性审计

合规性审计是指对一个单位的某些财务或经营活动收集并评价证据，以确定其是否按照特定的标准来执行。合规性审计的目的是确定被审计单位是否遵循了特定的程序、规则或条例。例如，确定会计人员是否遵循了财务主管规定的手续，检查工资率是否符合工资法规定的最低限额，或者审查与银行签订的合同，以确信被审计单位遵守了法定要求。合规性审计的结果通常报送被审计单位管理层或外部特定使用者。

2. 绩效审计

绩效审计没有单一定义，许多国际组织和绩效审计领先国家均对绩效审计有着不同定义。最高审计机关国际组织把绩效审计也称为现金价值审计、经营审计、管理审计。一般认为，绩效审计是指检查一个企业或组织经营的程序和方法以确定其经营效率、效果和经济性。

我国绩效审计的审计目标可以分解为三个：一是对被审计单位是否经济、高效或有效执行有关政策进行独立审计检查。二是对被审计单位和审计对象实现既定目标的程度和所造成的各种影响进行报告，为决策机构提供相关的评价意见。三是发现并分析审计对象在经济性、效率性、效果性方面存在问题的迹象或绩效不佳的领域，以帮助被审计单位进行整改。

3. 财务报表审计

财务报表审计是指对企业编制的财务报表执行审计，以确定这些可计量的信息是否符合既定标准的过程。财务报表审计通常由会计师事务所的审计人员根据既定的审计标准来完成。

根据《中国注册会计师审计准则第 1101 号——注册会计师的总体目标和审计工作的基本要求》的规定，财务报表审计的目标是注册会计师通过执行审计工作，对财务报表的下列方面发表意见：①财务报表是否按照适用的会计准则和相关会计制度的规定编制；②财务报表是否在所有重大方面公允反映被审计单位的财务状况、经营成果和现金流量。

（三）按审计实施时间分类

按审计实施时间相对于被审单位经济业务发生的前后分类，审计可分为事前审计、事中审计和事后审计。

1. 事前审计

事前审计是指在被审单位经济业务实际发生以前进行的审计。这实质上是对计划、预算、预测和决策进行审计，如国家审计机关对财政预算编制的合理性、重大投资项目的可行性等进行的审查；会计师事务所对企业盈利预测文件的审核，内部审计组织对本企业生产经营决策和计划的科学性与经济性、经济合同的完备性进行的评价等。

2. 事中审计

事中审计是指在被审单位经济业务执行过程中进行的审计。例如，对费用预算、经济合同的执行情况进行审查。通过这种审计，能够及时发现和反馈问题，尽早纠正偏差，从而保证经济活动按预期目标合法合理和有效地进行。

3. 事后审计

事后审计是指在被审单位经济业务完成之后进行的审计。事后审计的目标是监督经济活动的合法合规性，鉴证企业会计报表的真实公允性，评价经济活动的效果和效益状况。大多数审计活动都属于事后审计。

（四）按审计技术模式分类

按采用的技术模式，审计可以分为账项基础审计、系统基础审计和风险基础审计三种。

这三种审计代表着审计技术的不同发展阶段，但即使在审计技术十分先进的国家也往往同时采用。无论采用何种审计技术模式，在会计报表审计中最终都要用到许多共同的方法来检查报表项目金额的真实、公允性。

1. 账项基础审计

账项基础审计是审计技术发展的第一阶段，它是指顺着或逆着会计报表的生成过程，通过对会计账簿和凭证进行详细审阅，对会计账表之间的勾稽关系进行逐一核实，来检查是否存在会计舞弊行为或技术性措施。在进行财务报表审计，特别是专门的舞弊审计时，采用这种技术有利于作出可靠的审计结论。

2. 系统基础审计

系统基础审计也称制度基础审计，是审计技术发展的第二阶段，它建立在健全的内部控制系统可以提高会计信息质量的基础上。系统基础审计要求首先进行内部控制系统的测试和评价，当评价结果表明被审单位的内部控制系统健全且运行有效、值得信赖时，可以在随后对报表项目的实质性测试工作中仅抽取小部分样本进行审查；相反，则需扩大实质性测试的范围。这样能够提高审计的效率，有利于保证抽样审计的质量。

3. 风险基础审计

风险基础审计是审计技术的最新发展阶段。采用这种审计技术时，审计人员一般从对被审单位委托审计的动机、经营环境、财务状况等方面进行全面的风险评估出发，利用审计风险模型，规划审计工作，积极运用分析程序，力争将审计风险控制在可以接受的低水平上。

除上述分类外，审计还可按执行地点分为报送审计和就地审计；按审计范围分为全面审计、局部审计和专项审计。

三、会计与审计的联系与区别

会计和审计是社会经济管理活动中不可或缺的联系主体。《大英百科全书》曾定义：审计就是对单位会计账目的检查。会计是一项管理活动，其根本目的是保障正常经济秩序，提高经济效益。审计是一项监督活动，起到“经济警察”的作用。会计与审计工作目的具有一致性，二者都是以国家的财经法规纪律、条例、规范、管理办法等为依据对经济事项和经营活动进行核算监督，向有关利益各方提供合理规范的经济信息，揭示和披露违法乱纪现象，保障各方面的合法权益。

会计与审计因工作性质不同，二者之间有着重要的区别，主要表现在以下方面：

（一）性质不同

会计是经济发展到一定阶段的产物，是对再生产过程的价值管理，是一种微观经济管理方法。会计是为特定会计主体服务的，主要是对本单位的经济事项进行监督、核算和管理。审计是由独立胜任能力的审计人员，运用一定的审计方法、途径和技巧，对经济业务进行审查、验证。审计作为国民经济审计监督的重要组成部分，对被审计对象经济活动的真实性、合法性进行监督。

（二）目的不同

会计只参与经济活动管理，向信息使用者提供会计信息；审计则是审查经济活动、评价经济责任，对会计提供的会计信息的合法性、公允性进行监督检查和评价。

（三）职能不同

会计以核算和监督为基本职能；审计以监督、评价和鉴证为基本职能。

（四）责任不同

确保会计资料真实、完整，是对会计工作的基本要求。具体的会计责任包括选择适用的会计准则和相关会计制度；选择和运用恰当的会计政策；根据企业的具体情况做出合理的会计估计；编制会计报表；建立健全相关内部控制制度，保护财产的安全与完整等。审计的责任则是对会计报告及相关资料发表审计意见，并对出具的审计报告的真实性和合法性负责。

小提示：

政府审计、内部审计、注册会计师审计在经济生活中的职能分别被比作“经济卫士”、“经济医师”和“经济裁判”。

第三节　审计组织与审计人员

一、审计组织

我国的审计组织体系由国家审计机关、社会审计组织和内部审计机构三种构成。

（一）国家审计机关

国家审计机关是代表国家依法行使审计监督权的行政机关，具有宪法赋予的权威性。《中华人民共和国宪法》规定：“国务院设立审计机关，对国务院各部门和地方各级人民政府的财政收支，对国家的财政、金融机构和企事业组织的财务收支，进行审计监督。”“审计机关在国务院总理领导下，依照法律规定独立行使审计监督权，不受其他行政机关、社会团体和个人的干涉。”

根据宪法规定，我国最高国家审计机关是国家审计署，由国务院总理领导，负责组织领导全国审计工作，对国务院负责并报告工作。地方各级审计机关分别在各级人民政府和上一级审计机关的领导下，对本级预算执行情况和其他财政收支情况进行审计监督，向本级人民政府和上一级审计机关提出审计报告。我国各级审计机关实行双重领导管理体制，在业务上受上一级审计机关的领导，在其他方面受本级人民政府的领导。

（二）社会审计组织

社会审计组织又称民间审计组织，是指依法设立，接受委托独立承办审计业务的组织，是独立存在的经营性中介组织——经政府有关主管部门审核批准，注册登记的会计师事务所。根据《中华人民共和国注册会计师法》规定，会计师事务所设立有限责任会计师事务所和合伙会计师事务所两种形式。注册会计师个人不能承办审计业务，必须加入会计师事务所才能执业。

两种类型会计师事务所的人员构成大体一致，都是由主任会计师、副主任会计师、部门经理、注册会计师、业务助理人员和其他工作人员组成。会计师事务所实行主任会计师负责制，主任会计师是会计师事务所的法定代表，并且必须是注册会计师。

（三）内部审计机构

内部审计机构是部门、单位内部从事审计业务的专门组织，是组织内部经营管理的组成部分。《中华人民共和国审计法》第 29 条规定：国务院各部门和地方人民政府各部门、国有的金融机构和企业事业组织，应当按照国家有关规定建立健全内部审计制度。

我国内部审计机构在本单位主要负责人的直接领导下，依照国家法律、法规和政策，以及本部门、本单位的规章制度，对本单位及所属单位的财政、财务收支及其经济效益进行内部审计监督与评价，独立行使内部审计监督权，对本单位领导负责并报告工作。

二、审计人员

（一）政府审计人员

政府审计人员是指各级政府审计机关中从事审计工作的审计人员。政府审计人员属于国家公务员，并且实行专业技术资格制度。审计专业技术资格实行国家统一考试制度，具体包括初级（助理审计师和审计员）、中级（中级审计师）和高级（高级审计师）三级专业技术职务。

（二）社会审计人员

社会审计人员（注册会计师）指的是从事社会审计（民间审计或独立审计）的专

业人士，具体是指取得注册会计师证书并在会计师事务所执业的人员，英文全称 Certified Public Accountant，简称为 CPA。

我国于 1991 年起施行了注册会计师全国统一考试制度。通过注册会计师考试全科成绩合格的，均可取得注册会计师资格。政府、企业、一切经济单位工作的人员均可在取得注册会计师资格后，申请加入注册会计师协会成为非执业会员，但不能执业。只有符合审批条件、经批准注册后，取得财政部统一印制的注册会计师证书，方可执行注册会计师业务。

（三）内部审计人员

内部审计人员是指部门或单位内部专门从事审计工作的人员。内部审计人员应当在具有良好的政治素质和品德素质的基础上，具备必要的专业知识和技能。我国自 2003 年起执行内部审计师资格认证制度，同时内部审计人员还可以通过参加国际内部审计师资格考试获得国际注册内部审计师资格。

总之，建立健全审计组织并配备合格的审计人员，是各国实行审计制度的必要前提和组织基础。审计人员应当具备与从事的审计工作相适应的专门知识和业务能力。审计人员执行业务应当遵守以下三项原则：一是回避原则。审计人员在办理审计事项时，与被审计单位或者审计事项有利害关系的，应当回避。二是保密原则。审计人员对其在执行职务中知悉的国家秘密和被审计单位的商业秘密，负有保密的义务。三是受法律保护原则。审计人员依法执行职务，受法律保护。任何组织和个人不得拒绝，阻碍审计人员依法执行职务，不得打击报复审计人员。

小提示：

当今世界上多数国家建立了包括国家审计机关、内部审计机构和会计师事务所的审计组织体系。

本章小结

据史料记载，审计最早产生于我国西周时期。审计是在财产所有权和经营权分离后所形成的受托经济责任关系下，基于经济监督的客观需要而产生的，受托经济责任关系的确立是审计产生的前提条件。审计的发展有其自身的规律，从审计主体的发展来看，先有国家审计或政府审计，然后审计逐渐走向民间，即内部审计和注册会计师审计逐渐产生和发展。当今世界上多数国家建立了包括国家审计机关、内部审计机构和会计师事务所的审计组织体系。我国的审计组织体系由国家审计机关、社会审计组织和内部审计机构三种构成。

审计是由专职机构和人员，对被审计单位的财政、财务收支及其他经济活动的真实性、合法性和效益性进行审查和鉴证，评价经济责任，提高经济效益的独立性经济监督活动。审计具有经济监督、经济鉴证和经济评价的基本职能。按审计活动执行主体的性质分类，审计可分为政府审计、独立审计和内部审计三种。按审计目的、基本内容分类，我国一般将审计分为合规性审计、绩效审计和财务报表审计。审计人员应当具备与从事的审计工作相适应的专门知识和业务能力。审计人员执行业务应当遵守以下三项原则：一是回避原则，二是保密原则，三是受法律保护原则。

关键概念

1. 审计 2. 政府审计 3. 独立审计 4. 内部审计 5. 合规性审计
6. 绩效审计 7. 财务报表审计 8. 审计组织 9. 审计人员

思考题

1. 如何理解审计的定义？
2. 审计的职能有哪些？
3. 按照审计主体的不同，审计可以分为哪几类？
4. 按照审计目的和内容的不同，审计可以分为哪几类？
5. 我国的审计组织体系是如何构成的？

练习题

一、单项选择题

1. 下列哪项不属于审计的特征（　　）。
A. 独立性　　B. 权威性
C. 客观公正性　　D. 谨慎性
2. 我国的审计组织体系不包括（　　）。
A. 审计人员　　B. 国家审计机关
C. 社会审计组织　　D. 内部审计机构
3. 我国“审计”一词的正式使用始于（　　）。
A. 西周时期　　B. 宋代
C. 中华民国　　D. 新中国建国初期
4. 下列哪项不属于审计的职能（　　）。
A. 经济监督　　B. 经济鉴证　　C. 经济评价　　D. 经济效益
5. 按审计目的、基本内容分类，不包括（　　）。
A. 内部审计　　B. 财务报表审计
C. 合规性审计　　D. 绩效审计

二、判断题

1. 财产所有权和经营权的分离是审计产生和发展的客观基础。（　　）

2. 审计与财务会计的目的都是提高企业的经济效益。（ ）
3. 政府审计人员、内部审计人员和注册会计师都可以从事财务报表审计。（ ）
4. 我国的审计组织体系由国家审计机关、社会审计组织和内部审计机构构成。（ ）
5. 取得注册会计师资格后，即可执行注册会计师业务。（ ）

第二章　执业准则

学习目标

1. 了解注册会计师执业准则体系。
2. 熟悉鉴证业务基本准则。
3. 熟悉注册会计师审计准则。
4. 了解会计师事务所质量控制准则。

【导入案例】

1938年，美国纽约州的麦克森·罗宾斯药材公司突然宣布倒闭。在经济萧条时期，股份公司的倒闭本来习以为常。然而，该公司的倒闭，却使得“报刊以耸人听闻的手法来对待这件案子”。究其原因，是因为该案涉及审计程序中的一系列问题。

1938年初，长期贷款给罗宾斯药材公司的朱利安·汤普森公司，在审核罗宾斯药材公司财务报表时发现两个疑问：①罗宾斯药材公司中的制药原料部门，原是个盈利率较高的部门，但该部门却一反常态地没有现金积累。而且，流动资金亦未见增加。相反，该部门还不得不依靠公司管理者重新调集资金来进行再投资，以维持生产。②公司董事会曾开会决议，要求公司减少存货金额。但到1938年底，公司存货反而增加100万美元。汤普森公司立即表示，在没有查明这两个疑问之前，不再予以贷款，并请求官方协调控制证券市场的权威机构——纽约证券交易委员会调查此事。

纽约证券交易委员会在收到请求之后，立即组织有关人员进行调查。调查发现该公司在经营的十余年中，每年都聘请了美国著名的普赖斯·沃特豪斯会计师事务所对该公司的财务报表进行审计，审计人员每年都对该公司的财务状况及经营成果发表了无保留的审计意见。为了核实这些审计结论是否正确，调查人员对该公司1937年的财务状况与经营成果进行了重新审核。结果发现：1937年12月31日的合并资产负债表计有总资产8 700万美元，但其中的1 907.5万美元的资产是虚构的，包括存货虚构1 000万美元，销售收入虚构900万美元，银行存款虚构7.5万美元；在1937年年度合并损益表中，虚假的销售收入和毛利分别达到1 820万美元和180万美元。在此基础上，调查人员对该公司经理的背景作了进一步调查，结果发现公司经理菲利普·科斯特及其同伙穆西卡等人，都是犯有前科的诈骗犯。他们都是用了假名，混入公司并爬上公司管理岗位。他们将亲信安插在掌管公司钱财的重要岗位上，并相互勾结、沆瀣一气，使他们的诈骗活动持续很久没能被人发现。

美国证券交易委员会核实上述事实后，召开了由执业会计师参加的听证会，宣布了这些事实。而后，美国证券交易委员会颁布了新的报告，对审计程序加以修改，增加了关于对应收账款函证，对存货实地检查，对内部控制系统详细评价的条款，同时强调了审计人员对公共持股人的责任与加强对管理部门的检查，以及对发表审计意见的具体要求等规范。美国执业会计师协会对此也做出了积极反应，建立了“审计程序委员会”，并于1939年制定了《审计程序的扩展》。1947年10月，美国执业会计师协会的审计程序委员会，颁布了《审计标准草案——公认的意见和范围》，1954年对其修改，改名为《公认审计标准——其意义和范围》。从此，民间审计有了一套公认的执业标准。

第一节 注册会计师执业准则体系概述

注册会计师执业准则是指注册会计师在执行业务的过程中所应遵守的职业规范，是规范注册会计师执行业务的权威性标准。执业准则的根本作用在于提高注册会计师执业质量，降低审计风险，维护社会公众利益和社会经济秩序。

一、注册会计师执业准则建设过程

（一）制定执业规则（1991—1993年）

中国注册会计师协会1988年11月15日成立以来，高度重视专业标准建设工作。从1991年到1993年，先后发布了《注册会计师检查验证会计报表规则（试行）》等7个执业规则。这些执业规则对我国注册会计师行业走向正规化、法制化和专业化起到了积极作用。

（二）建立准则体系（1994—2004年）

1993年10月31日，第八届全国人民代表大会常务委员会第四次会议通过《中华人民共和国注册会计师法》，赋予中国注册会计师协会依法拟订执业准则、规则的职能。经财政部批准同意，注册会计师协会自1994年5月开始起草独立审计准则，到2004年，中注协先后分6批制定了独立审计准则，共计发布41个项目，基本建立起我国审计准则体系框架。

（三）国际趋同（2005年至今）

2005年以来，中国注册会计师协会根据变化的审计环境、国际审计准则的最新发展和注册会计师执业的需要，有计划、有步骤地制定和修订审计准则，于2006年2月15日，正式发布包括48项审计准则的新审计准则体系，并于2010年11月1日发布了中国注册会计师执业准则修订版，审计准则体系实现了国际趋同的历史性突破。

二、注册会计师执业准则体系

中国注册会计师执业准则体系包括注册会计师业务准则和会计师事务所质量控制准则。注册会计师业务准则又包括鉴证业务准则和相关服务准则。其中，业务准则是注册会计师执行各类业务所应遵循的标准，质量控制准则是会计师事务所为了保证各类业务的质量以及明确会计师事务所及其人员在保证质量中的责任应当遵循的标准。注册会计师执业准则体系参见图2－1和图2－2。

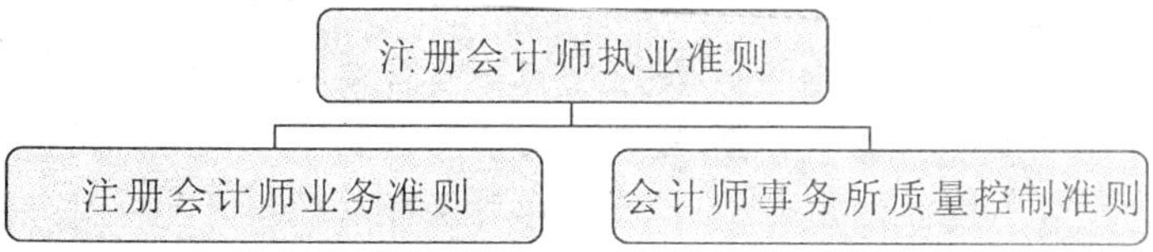

图2－1　中国注册会计师执业准则体系图

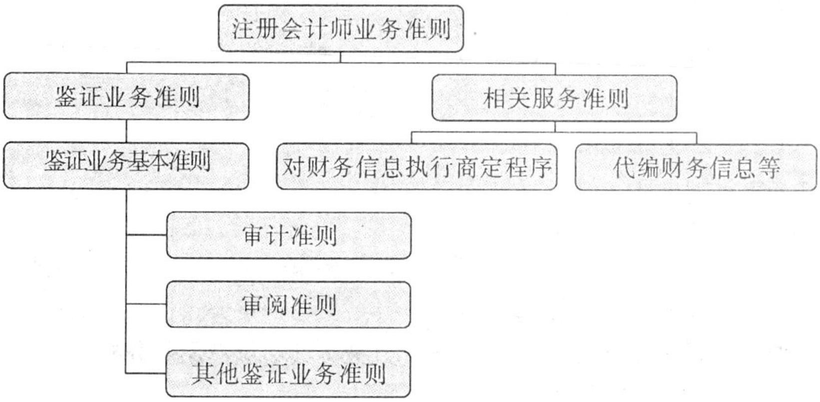

图2－2　中国注册会计师业务准则体系图

中国注册会计师业务准则体系中，鉴证业务准则是为了规范注册会计师执行鉴证业务，明确鉴证业务的目标和要素，确定中国注册会计师审计准则、中国注册会计师审阅准则、中国注册会计师其他鉴证业务准则（分别简称审计准则、审阅准则和其他鉴证业务准则）适用的鉴证业务类型，根据《中华人民共和国注册会计师法》制定的规范。它由鉴证业务基本准则统领，按照鉴证业务提供的保证程度和鉴证对象的不同，分为审计准则、审阅准则和其他鉴证业务准则。其中，审计准则是整个业务准则体系的核心。

审计准则用以规范注册会计师执行历史财务信息的审计业务。审阅准则用以规范注册会计师执行历史财务信息的审阅业务。其他鉴证业务准则用以规范注册会计师执行历史财务信息审计或审阅以外的其他鉴证业务。在提供审计服务时，注册会计师对所审计信息是否不存在重大错报提供合理保证，并以积极方式提出结论；在提供审阅服务时，注册会计师对所审阅信息是否不存在重大错报提供有限保证，并以消极方式提出结论；在提供其他鉴证服务时，根据鉴证业务的性质和业务约定的要求，提供有限保证或合理保证。

相关服务准则用以规范注册会计师执行除鉴证业务以外的其他相关业务，主要包括对财务信息执行商定程序、代编财务信息、税务咨询、管理咨询等。在提供相关服务时，注册会计师不提供任何程度的保证。

2010 年 11 月 1 日财政部印发的修订后的中国注册会计师执业准则如下：

中国注册会计师鉴证业务基本准则

中国注册会计师审计准则第 1101 号——注册会计师的总体目标和审计工作的基本要求

中国注册会计师审计准则第 1111 号——就审计业务约定书条款达成一致意见

中国注册会计师审计准则第 1121 号——对财务报表审计实施的质量控制

中国注册会计师审计准则第 1131 号——审计工作底稿

中国注册会计师审计准则第 1141 号——财务报表审计中与舞弊相关的责任

中国注册会计师审计准则第 1142 号——财务报表审计中对法律法规的考虑

中国注册会计师审计准则第 1151 号——与治理层的沟通

中国注册会计师审计准则第 1152 号——向治理层和管理层通报内部控制缺陷

中国注册会计师审计准则第 1153 号——前任注册会计师和后任注册会计师的沟通

中国注册会计师审计准则第 1201 号——计划审计工作

中国注册会计师审计准则第 1211 号——通过了解被审计单位及其环境识别和评估重大错报风险

中国注册会计师审计准则第 1221 号——计划和执行审计工作时的重要性

中国注册会计师审计准则第 1231 号——针对评估的重大错报风险采取的应对措施

中国注册会计师审计准则第 1241 号——对被审计单位使用服务机构的思考

中国注册会计师审计准则第 1251 号——评价审计过程中识别出的错报

中国注册会计师审计准则第 1301 号——审计证据

中国注册会计师审计准则第 1311 号——对存货、诉讼和索赔、分部信息等特定项目获取审计证据的具体考虑

中国注册会计师审计准则第 1312 号——函证

中国注册会计师审计准则第 1313 号——分析程序

中国注册会计师审计准则第 1314 号——审计抽样

中国注册会计师审计准则第 1321 号——审计会计估计（包括公允价值会计估计）和相关披露

中国注册会计师审计准则第 1323 号——关联方

中国注册会计师审计准则第 1324 号——持续经营

中国注册会计师审计准则第 1331 号——首次审计业务涉及的期初余额

中国注册会计师审计准则第 1332 号——期后事项

中国注册会计师审计准则第 1341 号——书面声明

中国注册会计师审计准则第 1401 号——对集团财务报表审计的特殊考虑

中国注册会计师审计准则第 1411 号——利用内部审计人员的工作

中国注册会计师审计准则第 1421 号——利用专家的工作

中国注册会计师审计准则第 1501 号——对财务报表形成审计意见和出具审计报告

中国注册会计师审计准则第 1502 号——在审计报告中发表非无保留意见

中国注册会计师审计准则第 1503 号——在审计报告中增加强调事项段和其他事

项段

中国注册会计师审计准则第 1511 号——比较信息：对应数据和比较财务报表

中国注册会计师审计准则第 1521 号——注册会计师对含有已审计财务报表的文件中的其他信息的责任

中国注册会计师审计准则第 1601 号——对按照特殊目的编制基础编制的财务报表审计的特殊考虑

中国注册会计师审计准则第 1602 号——验资

中国注册会计师审计准则第 1603 号——对单一财务报表和财务报表特定要素审计的特殊考虑

中国注册会计师审计准则第 1604 号——对简要财务报表出具报告的业务

中国注册会计师审计准则第 1611 号——商业银行财务报表审计

中国注册会计师审计准则第 1612 号——银行间函证程序

中国注册会计师审计准则第 1613 号——与银行监管机构的关系

中国注册会计师审计准则第 1631 号——财务报表审计中对环境事项的考虑

中国注册会计师审计准则第 1632 号——衍生金融工具的审计

中国注册会计师审计准则第 1633 号——电子商务对财务报表审计的影响

中国注册会计师审计准则第 2101 号——财务报表审阅

中国注册会计师其他鉴证业务准则第 3101 号——历史财务信息审计或审阅以外的鉴证业务

中国注册会计师其他鉴证业务准则第 3111 号——预测性财务信息的审核

中国注册会计师相关服务准则第 4101 号——对财务信息执行商定程序

中国注册会计师相关服务准则第 4111 号——代编财务信息

质量控制准则第 5101 号——会计师事务所对执行财务报表审计和审阅、其他鉴证和相关服务业务实施的质量控制

小提示：

中国注册会计师协会于 2010 年 11 月 1 日修订了《中国注册会计师审计准则第 1101 号——注册会计师的总体目标和审计工作的基本要求》等 38 项准则，经财政部批准自 2012 年 1 月 1 日施行。

第二节 鉴证业务基本准则

鉴证业务基本准则旨在规范注册会计师执行鉴证业务，明确鉴证业务的目标和要素，确定中国注册会计师审计准则、中国注册会计师审阅准则、中国注册会计师其他鉴证业务准则（分别简称审计准则、审阅准则和其他鉴证业务准则）适用的鉴证业务类型。注册会计师执行历史财务信息审计业务、历史财务信息审阅业务和其他鉴证业务时，应当遵守鉴证业务基本准则以及依据鉴证业务基本准则制定的审计准则、审阅

准则和其他鉴证业务准则。

一、鉴证业务的定义

鉴证业务是指注册会计师对鉴证对象信息提出结论，以增强除责任方之外的预期使用者对鉴证对象信息信任程度的业务。它主要包括审计业务、审阅业务与其他鉴证业务。鉴证对象信息是按照标准对鉴证对象进行评价和计量的结果。如责任方按照会计准则和相关会计制度（标准）对其财务状况、经营成果和现金流量（鉴证对象）进行确认、计量和列报（包括披露，下同）而形成的财务报表（鉴证对象信息）。

鉴证业务分为基于责任方认定的业务和直接报告业务。

在基于责任方认定的业务中，责任方对鉴证对象进行评价或计量，鉴证对象信息以责任方认定的形式为预期使用者获取。如在财务报表审计中，被审计单位管理层（责任方）对财务状况、经营成果和现金流量（鉴证对象）进行确认、计量和列报（评价或计量）而形成的财务报表（鉴证对象信息）即为责任方的认定，该财务报表可为预期报表使用者获取，注册会计师针对财务报表出具审计报告。这种业务属于基于责任方认定的业务。

在直接报告业务中，注册会计师直接对鉴证对象进行评价或计量，或者从责任方获取对鉴证对象评价或计量的认定，而该认定无法为预期使用者获取，预期使用者只能通过阅读鉴证报告获取鉴证对象信息。如在内部控制鉴证业务中，注册会计师可能无法从管理层（责任方）获取其对内部控制有效性的评价报告（责任方认定），或虽然注册会计师能够获取该报告，但预期使用者无法获取该报告，注册会计师直接对内部控制的有效性（鉴证对象）进行评价并出具鉴证报告，预期使用者只能通过阅读该鉴证报告获得内部控制有效性的信息（鉴证对象信息）。这种业务属于直接报告业务。

鉴证业务的保证程度分为合理保证和有限保证。

合理保证的鉴证业务的目标是注册会计师将鉴证业务风险降至该业务环境下可接受的低水平，以此作为以积极方式提出结论的基础。如在历史财务信息审计中，要求注册会计师将审计风险降至可接受的低水平，对审计后的历史财务信息提供高水平保证（合理保证），在审计报告中对历史财务信息采用积极方式提出结论。这种业务属于合理保证的鉴证业务。

有限保证的鉴证业务的目标是注册会计师将鉴证业务风险降至该业务环境下可接受的水平，以此作为以消极方式提出结论的基础。如在历史财务信息审阅中，要求注册会计师将审阅风险降至该业务环境下可接受的水平（高于历史财务信息审计中可接受的低水平），对审阅后的历史财务信息提供低于高水平的保证（有限保证），在审阅报告中对历史财务信息采用消极方式提出结论。这种业务属于有限保证的鉴证业务。

二、鉴证业务要素

鉴证业务要素，是指鉴证业务的三方关系、鉴证对象、标准、证据和鉴证报告。

（一）三方关系

鉴证业务涉及的三方关系人包括注册会计师、责任方和预期使用者。

基本准则所称注册会计师，是指取得注册会计师证书并在会计师事务所执业的人员，有时也指其所在的会计师事务所。责任方是指下列组织或人员：在直接报告业务中，对鉴证对象负责的组织或人员；在基于责任方认定的业务中，对鉴证对象信息负责并可能同时对鉴证对象负责的组织或人员。责任方可能是鉴证业务的委托人，也可能不是委托人。预期使用者是指预期使用鉴证报告的组织或人员。责任方可能是预期使用者，但不是唯一的预期使用者。

注册会计师可能无法识别使用鉴证报告的所有组织和人员，尤其在各种可能的预期使用者对鉴证对象存在不同的利益需求时。注册会计师应当根据法律法规的规定或与委托人签订的协议识别预期使用者。在可行的情况下，鉴证报告的收件人应当明确为所有的预期使用者。

（二）鉴证对象

鉴证对象是指鉴证对象信息所反映的内容，如年报反映的财务状况、经营成果及现金流量。鉴证对象具有多种不同的表现形式，如历史或预测的财务状况、经营成果和现金流量、企业的运营情况、设备的生产能力、企业的内部控制或信息技术系统、企业遵守法律法规的情况等。不同的鉴证对象具有不同的特征。

适当的鉴证对象应当同时具备下列条件：①鉴证对象可以识别；②不同的组织或人员对鉴证对象按照既定标准进行评价或计量的结果合理一致；③注册会计师能够收集与鉴证对象有关的信息，获取充分、适当的证据，以支持其提出适当的鉴证结论。

（三）标准

标准是指用于评价或计量鉴证对象的基准，当涉及列报时，还包括列报的基准。

标准可以是正式的规定，如编制财务报表所使用的会计准则和相关会计制度；也可以是某些非正式的规定，如单位内部制定的行为准则或确定的绩效水平。

注册会计师在运用职业判断对鉴证对象作出合理一致的评价或计量时，需要有适当的标准。适当的标准应当具备下列所有特征：

（1）相关性。相关的标准有助于得出结论，便于预期使用者作出决策。

（2）完整性。完整的标准不应忽略业务环境中可能影响得出结论的相关因素，当涉及列报时，还包括列报的基准。

（3）可靠性。可靠的标准能够使能力相近的注册会计师在相似的业务环境中，对鉴证对象作出合理一致的评价或计量。

（4）中立性。中立的标准有助于得出无偏向的结论。

（5）可理解性。可理解的标准有助于得出清晰、易于理解、不会产生重大歧义的结论。

注册会计师基于自身的预期、判断和个人经验对鉴证对象进行的评价和计量，不构成适当的标准。

（四）证据

审计证据是指审计人员依法取得的用以证明审计事项真相并作为审计结论基础的

证明材料。获取充分、适当的证据是注册会计师提出鉴证结论的基础。

在评价证据的充分性和适当性以支持鉴证报告时，注册会计师应当运用职业判断，并保持职业怀疑态度。所需证据的数量受鉴证对象信息重大错报风险的影响，即风险越大，可能需要的证据数量越多；所需证据的数量也受证据质量的影响，即证据质量越高，可能需要的证据数量越少。

（五）鉴证报告

鉴证报告是指注册会计师出具的含有鉴证结论的书面报告。该鉴证结论应当说明注册会计师就鉴证对象信息是否不存在重大错报获取的保证。常见的保证程度有合理保证和有限保证。合理保证提供的保证水平是一种高水平保证但低于绝对保证。有限保证的鉴证业务在证据收集程序的性质、时间、范围等方面是有意识地加以限制的，它提供的是一种适度水平的保证。

三、鉴证业务的基本分类

鉴证业务分为审计业务、审阅业务与其他鉴证业务。

审计业务是由独立的专门机构或人员接受委托或根据授权，对国家行政、事业单位和企业单位及其他经济组织的财务报表和其他资料及其所反映的经济活动进行审查并发表意见。

审阅业务是注册会计师在实施审阅程序的基础上，说明是否注意到某些事项，使其相信财务报表没有按照适用的会计准则和相关会计制度的规定编制，未能在所有重大方面公允反映被审阅单位的财务状况、经营成果和现金流量。

其他鉴证业务是指除历史财务信息审计及审阅业务外的鉴证业务，如预测性财务信息审核、内部控制鉴证、公司治理行为鉴证、企业的道德能力鉴证等。

鉴证业务的基本分类及其各自的特点参见表2－1。

表2－1　　鉴证业务的基本分类及其特点

鉴证业务种类	鉴证对象	审计程序	结论类型	提出结论的方式
审计业务	历史财务信息	运用各种程序	合理保证	肯定式
审阅业务	历史财务信息	运用有限的程序	有限保证	否定式
其他鉴证业务	非历史财务信息	依具体情况而定	合理保证或有限保证	肯定式或否定式

四、业务承接

（一）承接鉴证业务的条件

在接受委托前，注册会计师应当初步了解业务环境。业务环境包括业务约定事项、鉴证对象特征、使用的标准、预期使用者的需求、责任方及其环境的相关特征，以及可能对鉴证业务产生重大影响的事项、交易、条件和惯例等其他事项。

在初步了解业务环境后，只有认为符合独立性和专业胜任能力等相关职业道德规范的要求，并且拟承接的业务具备下列所有特征，注册会计师才能将其作为鉴证业务予以承接：①鉴证对象适当；②使用的标准适当且预期使用者能够获取该标准；③注册会计师能够获取充分、适当的证据以支持其结论；④注册会计师的结论以书面报告形式表述，且表述形式与所提供的保证程度相适应；⑤该业务具有合理的目的。如果鉴证业务的工作范围受到重大限制，或委托人试图将注册会计师的名字和鉴证对象不适当地联系在一起，则该业务可能不具有合理的目的。

（二）已承接鉴证业务的变更

对已承接的鉴证业务，如果没有合理理由，注册会计师不应将该项业务变更为非鉴证业务，或将合理保证的鉴证业务变更为有限保证的鉴证业务。

当业务环境变化影响到预期使用者的需求，或预期使用者对该项业务的性质存在误解时，注册会计师可以应委托人的要求，考虑同意变更该项业务。如果发生变更，注册会计师不应忽视变更前获取的证据。如果变更业务引起业务约定条款的变更，注册会计师应当与委托人就新条款达成一致意见。

小提示：

鉴证业务涉及的三方关系人包括注册会计师、责任方和预期使用者。三方之间的关系是，注册会计师对由责任方负责的鉴证对象或鉴证对象信息提出结论，以增强除责任方之外的预期使用者对鉴证对象的信任程度。

第三节 审计准则

中国注册会计师审计准则共 45 项，用以规范注册会计师执行历史财务信息的审计业务。审计准则涉及审计业务的一般原则与责任、风险评估与风险应对、审计证据、利用其他主体的工作、审计结论与报告、特殊领域审计 6 个方面。

一、一般原则与责任

审计准则首先明确注册会计师执行财务报表审计的目标和一般原则与责任。

（一）财务报表审计的目标

财务报表审计的目标是注册会计师通过执行审计工作，对财务报表的下列方面发表审计意见：①财务报表是否按照适用的会计准则和相关会计制度的规定编制；②财务报表是否在所有重大方面公允反映被审计单位的财务状况、经营成果和现金流量。

（二）审计责任与会计责任

按照中国注册会计师审计准则的规定对财务报表发表审计意见是注册会计师的责任；在被审计单位治理层的监督下，按照适用的会计准则和相关会计制度的规定编制财务报表是被审计单位管理层的责任。财务报表审计不能减轻被审计单位管理层和治理层的责任。

（三）一般原则

注册会计师应当遵守相关的职业道德规范，恪守独立、客观、公正的原则，保持专业胜任能力和应有的关注，并对执业过程中获知的信息保密。

注册会计师应当按照审计准则的规定执行审计工作，能够对财务报表整体不存在重大错报获取合理保证。

审计工作不能对财务报表整体不存在重大错报提供担保。审计意见不是对被审计单位未来生存能力或管理层经营效率、效果提供的保证。

被审计单位在实施战略以实现其目标的过程中可能面临各种经营风险，注册会计师应当重点关注可能影响财务报表的经营风险。

注册会计师应当关注财务报表的重大错报，但没有责任发现对财务报表整体不产生重大影响的错报。

注册会计师应当合理设计审计程序的性质、时间和范围，并有效执行审计程序，以控制检查风险。在确定拟实施的审计程序时，注册会计师应当遵守与财务报表审计相关的各项审计准则。

注册会计师应当获取认定层次充分、适当的审计证据，以便在完成审计工作时，能够以可接受的低审计风险对财务报表整体发表审计意见。

在计划和实施审计工作时，注册会计师应当保持职业怀疑态度，充分考虑可能存在导致财务报表发生重大错报的情形。

注册会计师应当遵守会计师事务所质量控制准则。

二、风险评估与应对

近年来，注册会计师面临的审计环境发生了很大变化，面临的审计风险日益加剧。一方面，复杂多变的市场环境、不断创新的经营模式和市场工具，增大了企业的经营风险，进而更容易引致注册会计师的审计风险；另一方面，会计中估计与判断成分地不断增加、审计对象由有形资产向无形资产转变以及信息技术的不断发展，迫切要求注册会计师创新审计理念和技术。在此背景下，中国注册会计师协会制定了审计风险准则，改进了传统的审计风险模型，提高注册会计师识别、评估和应对重大错报风险的能力。

注册会计师执行财务报表审计业务应当了解被审计单位及其环境，以足够识别和评估财务报表重大错报风险，设计和实施进一步审计程序。注册会计师应当识别和评估财务报表层次以及各类交易、账户余额、列报认定层次的重大错报风险。在识别和评估重大错报风险时，注册会计师应当实施下列审计程序：①在了解被审计单位及其环境的整个过程中识别风险，并考虑各类交易、账户余额、列报；②将识别的风险与认定层次可能发生错报的领域相联系；③考虑识别的风险是否重大；④考虑识别的风险导致财务报表发生重大错报的可能性。注册会计师应当根据风险评估结果，确定实施进一步审计程序的性质、时间和范围。

注册会计师应当针对评估的财务报表层次重大错报风险确定总体应对措施，并针对评估的认定层次重大错报风险设计和实施进一步审计程序，以将审计风险降至可接受的低水平。①向项目组强调在收集和评价审计证据过程中保持职业怀疑态度的必要性；②分派更有经验或具有特殊技能的审计人员，或利用专家的工作；③提供更多的督导；④在选择进一步审计程序时，应当注意使某些程序不被管理层预见或事先了解；⑤对拟实施审计程序的性质、时间和范围作出总体修改。

三、审计证据

审计证据是注册会计师发表审计意见的基础。与审计证据有关的审计准则共有《中国注册会计师审计准则第 1301 号——审计证据》等 12 项，旨在规范注册会计师获取审计证据的内容、数量和质量，以及为获取审计证据所需实施的审计程序。

审计证据，是指注册会计师为了得出审计结论、形成审计意见而使用的所有信息，包括财务报表依据的会计记录中含有的信息和其他信息。依据会计记录编制财务报表是被审计单位管理层的责任，注册会计师应当测试会计记录以获取审计证据。会计记录中含有的信息本身并不足以提供充分的审计证据作为对财务报表发表审计意见的基础，注册会计师还应当获取用作审计证据的其他信息。

注册会计师应当获取充分、适当的审计证据，以得出合理的审计结论，作为形成审计意见的基础。在形成审计意见时，注册会计师应当从总体上评价是否已经获取充分、适当的审计证据，以将审计风险降至可接受的低水平。注册会计师应当保持职业怀疑态度，运用职业判断，评价审计证据的充分性和适当性。注册会计师需要获取的审计证据的数量受错报风险的影响。错报风险越大，需要的审计证据可能越多。注册会计师需要获取的审计证据的数量也受审计证据质量的影响。审计证据质量越高，需要的审计证据可能越少。

注册会计师应当通过实施下列审计程序，获取充分、适当的审计证据，得出合理的审计结论，作为形成审计意见的基础：①风险评估程序；②控制测试（必要时或决定测试时）；③实质性程序。注册会计师应当考虑所有相关的审计证据，包括能够印证财务报表认定的审计证据和与之相矛盾的审计证据。

四、利用其他审计主体的工作

涉及利用其他审计主体的工作的审计准则共有 3 项，包括《中国注册会计师审计准则第 1411 号——利用内部审计人员的工作》、《中国注册会计师审计准则第 1421 号——利用专家的工作》和《中国注册会计师审计准则第 1153 号——前任注册会计师和后任注册会计师的沟通》。

注册会计师执行财务报表审计业务时，虽然注册会计师对发表审计意见以及确定审计程序的性质、时间和范围独自承担责任，但内部审计工作的某些部分可能有助于注册会计师的工作。注册会计师应当考虑内部审计活动及其可能对注册会计师审计程序的影响。注册会计师应当充分了解内部审计工作，以识别和评估财务报表重大错报风险，并设计和实施进一步审计程序。如果拟利用内部审计的特定工作，注册会计师应当评价内部审计的特定工作并实施审计程序，以确定是否能够满足注册会计师审计的需要。注册会计师应当对发表的审计意见独立承担责任，其责任不因为利用内部审计工作而减轻。注册会计师应当对与财务报表审计有关的所有重大事项独立作出职业判断，不应完全依赖内部审计工作。

如果在会计或审计以外的某一领域的专长对获取充分、适当的审计证据是必要的，注册会计师应当确定是否利用专家的工作。专家，是指在会计或审计以外的某一领域具有专长的个人或组织，并且其工作被注册会计师利用，以协助注册会计师获取充分、适当的审计证据。专家既可能是会计师事务所内部专家（如会计师事务所或其网络事务所的合伙人或员工，包括临时员工），也可能是会计师事务所外部专家。如果注册会计师按照审计准则的规定利用了专家的工作，并得出结论认为专家的工作足以实现注册会计师的目的，注册会计师可以接受专家在其专业领域的发现或结论，并作为适当的审计证据。注册会计师对发表的审计意见独立承担责任，并且该责任不因利用专家的工作而减轻。

在接受委托前，后任注册会计师应当与前任注册会计师进行必要沟通，并对沟通结果进行评价，以确定是否接受委托。在接受委托后，后任注册会计师在必要时与前任注册会计师就对审计有重大影响的事项进行沟通，以获取必要的审计证据。

五、审计结论与报告

涉及审计结论与报告的审计准则共有 5 项，包括《中国注册会计师审计准则第 1501 号——对财务报表形成审计意见和出具审计报告》、《中国注册会计师审计准则第 1502 号——在审计报告中发表非无保留意见》、《中国注册会计师审计准则第 1503 号——在审计报告中增加强调事项段和其他事项段》、《中国注册会计师审计准则第 1511 号——比较信息：对应数据和比较财务报表》、和《中国注册会计师审计准则第 1521 号——注册会计师对含有已审计财务报表的文件中的其他信息的责任》。

审计报告是注册会计师在完成审计工作后向委托人提交的最终产品，是注册会计师根据中国注册会计师审计准则的规定，在实施审计工作的基础上对被审计单位财务报表发表审计意见的书面文件。

在对财务报表形成审计意见时，注册会计师应当根据已获取的审计证据，评价是否已对财务报表整体不存在重大错报获取合理保证。注册会计师应当在审计报告中清楚地表达对财务报表的意见，并对出具的审计报告负责。注册会计师应当将已审计的财务报表附于审计报告后。审计报告应当注明报告日期。审计报告应当由注册会计师签名并盖章。审计报告应当载明会计师事务所的名称和地址，并加盖会计师事务所公章。审计报告的日期不应早于注册会计师获取充分、适当的审计证据（包括管理层认可对财务报表的责任且已批准财务报表的证据），并在此基础上对财务报表形成审计意见的日期。

六、特殊领域审计

与特殊领域审计有关的审计准则共有 9 项，包括《中国注册会计师审计准则第

1601 号——对按照特殊目的编制基础编制的财务报表审计的特殊考虑》、《中国注册会计师审计准则第 1602 号——验资》、《中国注册会计师审计准则第 1603 号——对单一财务报表和财务报表特定要素审计的特殊考虑》、《中国注册会计师审计准则第 1604 号——对简要财务报表出具报告的业务》、《中国注册会计师审计准则第 1611 号——商业银行财务报表审计》、《中国注册会计师审计准则第 1612 号——银行间函证程序》、《中国注册会计师审计准则第 1613 号——与银行监管机构的关系》、《中国注册会计师审计准则第 1631 号——财务报表审计中对环境事项的考虑》、《中国注册会计师审计准则第 1632 号——衍生金融工具的审计》和《中国注册会计师审计准则第 1633 号——电子商务对财务报表审计的影响》。这些准则涵盖了对特殊行业、特殊性质的企业和企业特殊业务、特殊事项的审计。

小提示：

经财政部批准同意自 2012 年 1 月 1 日起施行中国注册会计师协会修订的准则体系。《中国注册会计师执业准则》（［2006］4 号）文中《中国注册会计师审计准则第 1101 号——财务报表审计的目标和一般原则》等 35 项准则同时废止。

第四节 会计师事务所质量控制准则

会计师事务所质量控制准则旨在规范会计师事务所的业务质量控制，明确会计师事务所及其人员的质量控制责任，适用于会计师事务所执行历史财务信息审计和审阅业务、其他鉴证业务及相关服务业务。

一、质量控制制度的目的和要素

（一）目的

会计师事务所应当根据《质量控制准则第 5101 号——会计师事务所对执行财务报表审计和审阅、其他鉴证和相关服务业务实施的质量控制》制定质量控制制度，以合理保证业务质量。质量控制制度的目的主要实现以下两大目标：①合理保证会计师事务所及其人员遵守法律法规、中国注册会计师职业道德规范以及中国注册会计师审计准则、中国注册会计师审阅准则、中国注册会计师其他鉴证业务准则和中国注册会计师相关服务准则的规定；②会计师事务所和项目负责人根据具体情况出具恰当的报告。项目负责人是指会计师事务所中负责某项业务及其执行，并代表会计师事务所在业务报告上签字的主任会计师或经授权签字的注册会计师。

（二）要素

会计师事务所的质量控制制度包括会计师事务所为实现质量控制准则规定的目标而制定的政策，以及为执行政策和监控政策的遵守情况而设计的必要程序。具体来讲，质量控制制度应当包括针对下列要素而制定的政策和程序：①对业务质量承担的领导责任；②职业道德规范；③客户关系和具体业务的接受与保持；④人力资源；⑤业务执行；⑥业务工作底稿；⑦监控。

会计师事务所应当将质量控制政策和程序形成书面文件，并传达到全体人员。

二、对业务质量承担的领导责任

会计师事务所主任会计师对质量控制制度承担最终责任。会计师事务所各级管理层应当通过清晰、一致及经常的行动示范和信息传达，强调质量控制政策和程序的重要性以及下列要求：①按照法律法规、职业道德规范和业务准则的规定执行工作；②根据具体情况出具恰当的报告。

会计师事务所的领导层应当树立质量至上的意识。会计师事务所应当通过下列措施实现质量控制的目标：①合理确定管理责任，以避免重商业利益轻业务质量；②建立以质量为导向的业绩评价、薪酬及晋升的政策和程序；③投入足够的资源制定和执行质量控制政策和程序，并形成相关文件记录。

三、职业道德规范

会计师事务所应当制定政策和程序，以合理保证会计师事务所及其人员遵守职业道德规范。职业道德规范要求会计师事务所及其人员恪守客观、公正的原则，保持专业胜任能力和应有的关注，并对执业过程中获知的信息保密。执行鉴证业务还应当遵守独立性要求。

会计师事务所制定的政策和程序应当强调遵守职业道德规范的重要性，并通过下列途径予以强化：①会计师事务所领导层的示范；②教育和培训；③监控；④对违反职业道德规范行为的处理。

四、客户关系和具体业务的接受与保持

会计师事务所应当制定有关客户关系和具体业务接受与保持的政策和程序，以合理保证只有在下列情况下，才能接受或保持客户关系和具体业务：①已考虑客户的诚信，没有信息表明客户缺乏诚信；②具有执行业务必要的素质、专业胜任能力、时间和资源；③能够遵守职业道德规范。

如果会计师事务所在接受业务后获知了某项信息，而该信息若在接受业务前获知可能导致会计师事务所拒绝该项业务，则针对保持该项业务及其客户关系制定的政策和程序应当包括下列内容：①适用于该业务环境的法律责任，包括是否要求会计师事务所向委托人报告或在某些情况下向监管机构报告；②解除该项业务约定，或同时解除该项业务约定及其客户关系的可能性。

五、人力资源

会计师事务所应当制定政策和程序，合理保证拥有足够的具有必要素质和专业胜任能力并遵守职业道德规范的人员，以使会计师事务所和项目负责人能够按照法律法规、职业道德规范和业务准则的规定执行业务，并根据具体情况出具恰当的报告。

会计师事务所制定的人力资源政策和程序应当解决下列人事问题：①招聘；②业绩评价；③人员素质；④专业胜任能力；⑤职业发展；⑥晋升；⑦薪酬；⑧人员需求预测。

会计师事务所应当在人力资源政策和程序中强调对各级别人员进行继续培训的重要性，并提供必要的培训资源和帮助，以使人员能够发展和保持必要的素质和专业胜任能力。会计师事务所应当委派具有必要素质、专业胜任能力和时间的员工，按照法律法规、职业道德规范和业务准则的规定执行业务，以使会计师事务所和项目负责人能够根据具体情况出具恰当的报告。

六、业务执行

会计师事务所应当制定政策和程序，以合理保证按照法律法规、职业道德规范和业务准则的规定执行业务，使会计师事务所和项目负责人能够根据具体情况出具恰当的报告。

（一）对业务执行情况的指导、监督与复核

1. 指导的要求

在业务执行中，会计师事务所应该保证将业务情况简要告知项目组，使项目组的所有成员都了解拟执行工作的目标，并提供适当的团队工作和培训。

2. 监督的要求

监督也是质量控制的一个重要因素。项目负责人对业务的监督内容主要包括：追踪业务进程；解决在执行业务过程中发现的重大问题，考虑其重要程度并适当修改原计划的方案；考虑项目组各成员的素质和专业胜任能力，识别在执行业务过程中需要咨询的事项。

3. 复核的要求

复核范围可能随业务的不同而不同。复核人员应当拥有适当的经验、专业胜任能力和责任感。确定复核人员的原则是，由项目组内经验较多的人员复核经验较少的人员执行的工作。只有这样，复核才能达到目的。

（二）咨询

会计师事务所应当形成一种良好的咨询氛围，鼓励会计师事务所人员就疑难问题或争议事项进行咨询。咨询包括与会计师事务所内部或外部具有专门知识的人员，在适当专业层次上进行的讨论，以解决疑难问题或争议事项。

（三）意见分歧

会计师事务所应当制定政策和程序，以处理和解决项目组内部、项目组与被咨询者之间以及项目负责人与项目质量控制复核人员之间的意见分歧。形成的结论应当得以记录和执行。只有意见分歧问题得到解决，项目负责人才能出具报告。

（四）项目质量控制复核

会计师事务所应当制定政策和程序，要求对特定业务实施项目质量控制复核，以

客观评价项目组作出的重大判断以及在准备报告时得出的结论。项目质量控制复核是指在出具报告前，对项目组作出的重大判断和在准备报告时形成的结论作出客观评价的过程。

项目质量控制复核通常包括：①与项目负责人进行讨论；②复核财务报表或其他业务对象信息及报告，尤其考虑报告是否适当；③选取与项目组作出重大判断及形成结论有关的工作底稿进行复核。项目质量控制复核的范围取决于业务的复杂程度和出具不恰当报告的风险。项目质量控制复核并不减轻项目负责人的责任。

七、业务工作底稿

会计师事务所应当制定政策和程序，以满足下列要求：①安全保管业务工作底稿并对业务工作底稿保密；②保证业务工作底稿的完整性；③便于使用和检索业务工作底稿；④按照规定的期限保存业务工作底稿。会计师事务所应当制定政策和程序，以使项目组在出具业务报告后及时将工作底稿归整为最终业务档案。

八、监控

会计师事务所应当制定监控政策和程序，以合理保证质量控制制度中的政策和程序是相关、适当的，并正在有效运行。对质量控制政策和程序遵守情况的监控旨在评价：①遵守法律法规、职业道德规范和业务准则的情况；②质量控制制度设计是否适当，运行是否有效；③质量控制政策和程序应用是否得当，以便会计师事务所和项目负责人能够根据具体情况出具恰当的业务报告。

对会计师事务所质量控制制度的监控应当由具有专业胜任能力的人员实施，监控内容包括质量控制制度设计的适当性和运行的有效性。会计师事务所可以委派主任会计师、副主任会计师或具有足够、适当经验和权限的其他人员履行监控责任。

会计师事务所应当每年至少一次将质量控制制度的监控结果，传达给项目负责人及会计师事务所内部的其他适当人员，以使会计师事务所及其相关人员能够在其职责范围内及时采取适当的行动。

九、记录

会计师事务所应当制定政策和程序，对质量控制制度各项要素的运行情况形成适当记录。会计师事务所可以根据自身情况合理确定记录的方式。会计师事务所对质量控制记录的保存期限，应当足以使执行监控程序的人员能够评价质量控制制度的遵守情况。

小提示：

目前，财政部已发布两项质量控制准则，即《会计师事务所质量控制准则第5101号——业务质量控制》和《中国注册会计师审计准则第1121号——对财务报表审计实施的质量控制》。前者从会计师事务所层面上进行规范，后者从执行审计项目的负责人层面上进行规范。

本章小结

中国注册会计师执业准则体系包括注册会计师业务准则和会计师事务所质量控制准则，注册会计师业务准则又包括鉴证业务准则和相关服务准则。鉴证业务分为审计业务、审阅业务和其他鉴证业务。业务准则分为审计准则、审阅准则和其他鉴证业务准则，其中，审计准则是整个业务准则体系的核心。

审计准则用以规范注册会计师执行历史财务信息的审计业务，审阅准则用以规范注册会计师执行历史财务信息的审阅业务，其他鉴证业务准则用以规范注册会计师执行历史财务信息审计或审阅以外的其他鉴证业务。在提供审计服务时，注册会计师对所审计信息是否不存在重大错报提供合理保证，并以积极方式提出结论；在提供审阅服务时，注册会计师对所审阅信息是否不存在重大错报提供有限保证，并以消极方式提出结论；在提供其他鉴证服务时，根据鉴证业务的性质和业务约定的要求，提供有限保证或合理保证。相关服务准则用以规范注册会计师执行除鉴证业务以外的其他相关业务，在提供相关服务时，注册会计师不提供任何程度的保证。

质量控制准则是会计师事务所为了保证各类业务的质量以及明确会计师事务所及其人员在保证质量中的责任应当遵循的标准，适用于会计师事务所执行历史财务信息审计和审阅业务、其他鉴证业务及相关服务业务。

关键概念

1. 注册会计师执业准则　2. 鉴证业务基本准则　3. 审计准则　4. 审阅准则
5. 其他鉴证业务准则　6. 会计师事务所质量控制准则

思考题

1. 中国注册会计师执业准则体系包括哪些部分？
2. 鉴证业务的基本分类及其特点是怎样的？
3. 什么是鉴证业务？鉴证业务的要素有哪些？
3. 会计师事务所质量控制准则包括哪些主要内容？
5. 会计师事务所质量控制制度的目的是什么？

练习题

一、单项选择题

1. 下列各项中，既是注册会计师在执行注册会计师审计业务中必须遵循的准则，也是衡量注册会计师审计工作质量的权威性标准的是（　　）。

A. 注册会计师执业准则　　B. 质量控制准则

C. 职业道德准则　　D. 职业后续教育准则

2. 中国注册会计师执业准则由（　　）负责拟定。

A. 财政部　　B. 中国注册会计师协会

C. 审计署　　D. 全国人民代表大会

3. 鉴证业务准则不应包括（　　）。

A. 审计准则　　B. 审阅准则

C. 相关服务准则　　D. 其他鉴证业务准则

4. 会计师事务所质量控制的要素不包括（　　）。

A. 对业务质量承担的领导责任

B. 职业道德规范与人力资源

C. 客户关系、业务执行、工作底稿与监控

D. 审计报告规范要求

5. 审计准则涉及审计业务的主要方面，但不包括（　　）。

A. 一般原则与责任

B. 风险评估与应对

C. 审计证据、利用其他主体的工作

D. 职业道德概念

二、判断题

1. 中国注册会计师执业准则体系包括鉴证业务准则、相关服务准则和会计师事务所质量控制准则。（　　）

2. 鉴证业务准则分为审计准则、审阅准则和其他鉴证业务准则，其中，审阅准则是整个业务准则体系的核心。（　　）

3. 注册会计师执行任何业务，均应遵照执行中国注册会计师审计准则。（　　）

4. 会计师事务所应当制定政策和程序，以处理和解决项目组内部、项目组与被咨询者之间以及项目组负责人与项目质量控制复核人之间的意见分歧。只有意见分歧问题得到解决，项目负责人才能出具报告。（　　）

5. 质量控制准则适用于会计师事务所执行历史财务信息审计和审阅业务、其他鉴证业务及相关服务业务。（　　）

第三章 职业道德

学习目标

1. 了解注册会计师的职业道德。
2. 了解注册会计师职业道德的基本原则。
3. 了解注册会计师职业道德的具体运用。

【导入案例】

为什么要有职业道德规范?

小王和小李是中学同学。高中毕业后，二人选择了不同的大学和专业。小王就读于一所著名大学的会计专业，毕业后进入一家会计师事务所，目前已经成为了这家事务所的合伙人。小李则选择了广告专业，经过多年打拼，目前也有了自己的广告服务公司。小李在一次拜访客户的过程中了解到，这家公司目前正在寻找一家会计师事务所为其申请银行贷款进行会计报表审计。他想到了老同学，便主动承揽了这项差事。他打电话给小王，让小王赶紧为这家公司进行审计，并多多美言，最后他说："你就不用付介绍佣金了，谁让我们是老同学呢！不过，你的事务所太没名气了，为什么不让我帮你策划一下，在媒体上作几次广告，好好地宣传一下你们的能力呢?"小王回答道："按照我们行业的职业道德规范，不管你是不是我的老同学，都不能付佣金给你，至于做广告目前还没有这个必要。此外，按照我们质量控制的要求，能不能做该项审计，还要对该客户进行一些调查。"小李十分纳闷，在广告行业为拉来广告业务委托的人支付佣金是很正常的事情，如果老同学为了省钱也就罢了，但哪有对送上门的业务还挑三拣四、也不愿进行广告宣传的公司呢？职业道德规范作出这样奇怪的要求，事务所还能经营下去吗?

第一节 职业道德基本原则

职业特征是指用来描述或标志一个职业或从事职业的人士在行为、目的或品质方面的特征。职业特征相对于商业性投机而言，具有四个方面的特征：①专业教育，即通过培训和教育，在一种特殊知识和技能方面具有优势；②职业自律，即其从业人员固守由其管理机构制定的共同的价值和行为守则，包括制定客观的发展目标；③执业证书，即取得执业证书（通常是指对独享某一称谓或获得某一资格的回报），接受政府的监督；④社会责任，作为一个整体承担一定的社会责任（通常是指对某一称谓或获得某一资格的回报)。道德是指以道德责任和义务为基础，用来表明个体应该如何行事的行为系统或规范。注册会计师职业道德，是注册会计师职业品德、职业纪律、专业胜任能力及职业责任等的总称。

注册会计师的职业性质决定了其对社会公众应承担的责任。为使注册会计师切实担负起这种神圣的职责，为社会公众提供高质量的、可信赖的专业服务，就必须大力加强对注册会计师的职业道德教育。注册会计师的道德水平是关系到整个行业能否生存和发展的大事。从世界各国来看，凡是建立注册会计师制度的国家，都制定了相应的职业道德规范，以昭示注册会计师应达到的道德水准。

注册会计师为实现执业目标，必须遵守一系列前提或一般原则。这些基本原则包括下列职业道德基本原则：诚信、独立性、客观与公正、专业胜任能力与应有的关注、保密、良好职业行为。

一、诚信、独立性、客观与公正

(一) 诚信

诚信，是指诚实、守信。诚信是市场的基石，因为市场经济就是信用经济。现在许多行业都将诚信作为其职业道德的一部分，这实际上是适应了市场经济的需要。对注册会计师行业来说，将诚信作为其职业道德的重要部分，不仅是为了适应市场经济的需要，更重要的是诚信是其生存之本，没有诚信，这个行业就没有存在的必要。独立审计业务作为注册会计师行业最基本的业务，其之所以能够存在几百年，就是因为社会公众对注册会计师的信任，而社会公众的信任是建立在注册会计师诚信的基础上的。

诚信原则要求注册会计师应当在所有的职业关系和商业关系中保持正直和诚实、秉公办事、实事求是。注册会计师如果认为业务报告、申报资料或其他信息存在下列问题，则不得与有问题的信息发生牵连：

(1) 含有严重虚假或误导性的陈述；

(2) 含有缺少充分依据的陈述或信息；

(3) 存在遗漏或含糊其辞的信息。

注册会计师如果注意到已与有问题的信息发生牵连，应当采取措施消除牵连。在鉴证业务中，如果存在注册会计师依据执业准则出具了恰当的非标准业务报告，不被视为违反上述要求。

(二) 独立性

独立性是注册会计师执行鉴证业务的灵魂，因为注册会计师要以其自身的信誉向社会公众表明，被审计单位的财务报表是真实与公允的。在市场经济条件下，投资者主要依赖财务报表判断投资风险，在投资机会中作出选择。如果注册会计师与客户之间不能保持独立，存在经济利益、关联关系或屈从于外界压力，就很难取信于社会公众。那么，什么是独立性呢？较早给出权威解释的是美国注册会计师协会。美国注册会计师协会在 1947 年发布的《审计暂行标准》中指出：独立性的含义相当于完全诚实、公正无私、无偏见、客观认识事实、不偏袒。传统观点认为，注册会计师的独立性包括两个方面：实质上的独立和形式上的独立。美国注册会计师协会在《执业行为准则》中要求：在公共业务领域中的会员（执业注册会计师）保持实质上的独立和形式上的独立。国际会计师联合会《职业会计师道德守则》也要求执行公共业务的职业会计师（执业注册会计师）保持实质上的独立和形式上的独立。中国注册会计师协会《职业道德守则》要求注册会计师执行审计和审阅业务以及其他鉴证业务时，应当从实质上和形式上保持独立性，不得因任何利害关系影响其客观性。其中实质上的独立性是一种内心状态，使得注册会计师在提出结论时不受损害职业判断的因素影响，诚信行事，遵循客观和公正原则，保持权衡所有相关事实和情况后，认为会计师事务所或审计项目组成员没有损害诚信原则、客观和公正原则或职业怀疑态度。

为指导注册会计师识别对独立性的不利影响、评价不利影响的严重程度、必要时采取防范措施消除不利影响或将其降低至可接受的水平，《职业道德守则》建立了独立性概念框架。独立性概念框架要求注册会计师在确定是否接受或保持某项业务，或者某一特定人员能否作为审计项目组成员时，会计师事务所应当识别和评价各种对独立性的不利影响；如果不利影响超出可接受的水平，在确定是否接受某项业务或某一特定人员能否作为审计项目组成员时，会计师事务所应当确定能否采取防范措施以消除不利影响或将其降低至可接受的水平；在确定是否保持某项业务时，会计师事务所应当确定现有的防范措施是否仍然有效；如果无效，是否需要采取其他防范措施或者终止业务；在执行业务过程中，如果注意到对独立性产生不利影响的新情况，会计师事务所应当运用独立性概念框架评价不利影响的严重程度。

如果无法采取适当的防范措施消除不利影响或将其降低至可接受的水平，注册会计师应当消除产生不利影响的情形，或者拒绝接受审计业务委托或终止审计业务。

（三）客观与公正

客观性是一种思想状态，一种能为注册会计师的服务增加价值的品质，也是一项职业的特征。客观性原则要求注册会计师应当力求公平，不得因为成见、利益冲突或他人影响而损害独立性。也就是说，注册会计师应该按照事物的本质去考察，在执业中要做到一切从实际出发、注重调查研究，只有这样，才能取得主观与客观的一致，做到审计结论有理有据。

注册会计师的服务涉及多方利益，因此不可避免地会受到来自客户或其他方面的压力。公正性原则要求注册会计师应当具备正直、诚实的品质，在各种压力面前不屈服，能够公平公正、不偏不倚地对待利益各方，不以牺牲一方的利益为条件而使另一方受益。

需要指出的是，客观性原则和公正性原则适用于注册会计师提供的各种专业服务，而不仅仅局限于鉴证业务。

二、专业胜任能力和应有的关注

专业胜任能力与应有的关注原则要求注册会计师应当通过教育、培训和执业实践获取和保持专业胜任能力。注册会计师应当持续了解并掌握当前法律、技术和实务的发展变化，将专业知识和技能始终保持在应有的水平，确保为客户提供具有专业水准的服务。

（一）专业胜任能力

专业胜任能力是指为提供高质量的专业服务，注册会计师必须具备的职业品德、学识与经验、专业训练以及足够的分析、判断能力。为何要把专业胜任能力提高到道德层次？这是因为，注册会计师如果不能保持和提高专业胜任能力，就难以完成客户委托的业务，也就无法从根本上满足社会公众对注册会计师的需求。事实上，如果注册会计师在缺乏足够的专业知识、技能或经验的情况下提供专业服务，就构成了一种欺诈。因此，一个合格的注册会计师不仅要充分认识自己的能力，对自己充满信心，更重要的是，必须清醒地认识到自己在专业胜任方面的不足，不承接自己不能胜任的业务。

注册会计师应当通过教育、培训和执业实践获取和保持专业胜任能力。注册会计师应当持续了解并掌握当前法律、技术和实务的发展变化，将专业知识和技能始终保持在应有的水平，确保为客户提供具有专业水准的服务。在应用专业知识和技能时，注册会计师应当合理运用职业判断。

（二）应有的关注

注册会计师应当保持应有的关注，遵守执业规则和职业道德规范的要求，勤勉尽责，认真、全面、及时地完成工作任务。在审计过程中，注册会计师应当保持职业怀疑态度，运用专业知识、技能和经验，获取和评价审计证据。职业怀疑态度是指注册会计师以质疑的思维方式评价所获取证据的有效性，并对相互矛盾的证据，以及引起对文件记录或责任方提供的信息的可靠性产生怀疑的证据保持警觉。注册会计师应当采取适当措施，确保在其领导下工作的人员得到应有的培训和督导。在适当情况下，注册会计师应当使客户以及业务报告的其他使用者了解专业服务的固有局限性。

三、保密

注册会计师能否与客户维持正常的关系，有赖于双方能否自愿而充分地进行沟通和交流，不掩盖任何重要的事实和情况。只有这样，注册会计师才能充分了解情况，并有效地完成工作。但注册会计师与客户的这种沟通，必须建立在对客户信息保密的基础上。这里所说的客户信息，通常是指商业秘密，因为一旦商业秘密被泄露或被利用，往往会给客户造成损失。这样，如果注册会计师在接受委托后不能保守客户的秘密，那么客户就会认为其利益没有得到很好的维护，从而使得客户因担心秘密泄露而在是否允许注册会计师检查某些重要文件的时候表现出犹豫不决。客户对注册会计师的这种不信任将导致双方的合约关系很难维持。因此，注册会计师在签订业务约定书时，应当书面承诺对在执行业务过程中获知的客户信息保密。许多国家都规定，在公众领域执业的注册会计师，不能在没有取得客户同意的情况下，泄露任何客户的秘密信息。

注册会计师应当对职业活动中获知的涉密信息保密，不得有下列行为：

（1）未经客户授权或法律法规允许，向会计师事务所以外的第三方披露其所获知的涉密信息；

（2）利用所获知的涉密信息为自己或第三方谋取利益。

注册会计师在社会交往中应当遵循保密原则。注册会计师应当警惕无意泄密的可能性，特别是向主要近亲属和其他近亲属以及关系密切的商业伙伴无意泄密的可能性。主要近亲属是指配偶、父母或子女。其他近亲属是指兄弟姐妹、祖父母、外祖父母、孙子女、外孙子女。

注册会计师应当对拟接受的客户或拟受雇的工作单位向其披露的涉密信息保密。在终止与客户或工作单位的关系之后，注册会计师应当对以前职业活动中获知的涉密信息保密。如果获得新客户，注册会计师可以利用以前的经验，但不得利用或披露以前职业活动中获知的涉密信息。注册会计师应当明确在会计师事务所内部或工作单位内部保密的必要性，采取有效措施，确保下级员工以及为其提供建议和帮助的人员履行保密义务。

在下列情形下，注册会计师可以披露涉密信息：

（1）法律法规允许披露，并取得客户的授权；

（2）根据法律法规的要求，为法律诉讼、仲裁准备文件或提供证据，以及向监管机构报告所发现的违法行为；

（3）法律法规允许的情况下，在法律诉讼、仲裁中维护自己的合法权益；

（4）接受注册会计师协会或监管机构的执业质量检查，答复其询问和调查；

（5）法律法规、执业准则和职业道德规范规定的其他情形。

在决定是否披露涉密信息时，注册会计师应当考虑下列因素：

（1）客户同意披露的涉密信息，是否为法律法规所禁止；

（2）如果客户同意披露涉密信息，是否会损害利害关系人的利益；

（3）是否已了解和证实所有相关信息；

（4）信息披露的方式和对象；

（5）可能承担的法律责任和后果。

四、良好职业行为

罗斯科·庞德曾经对职业下过这样的定义：“所谓职业，就是富有为公众服务精神的，并把一门有学问的艺术作为共同的天职来追求的一群人。即使这种追求是一种谋生手段，但其本质仍然是一种公共服务。”因此，任何职业的存在和发展都必须对其所提供的服务是否达到社会期望，也就是该职业所承担的责任予以特别关注。对于注册会计师行业来说，这种社会期望集中体现在职业声誉上，良好的职业声誉是整个行业赖以生存的命脉。《职业道德守则》要求注册会计师遵守相关的法律和规章，维护本职业的良好声誉，避免任何损害职业形象的行为。比如在推介自己和工作时，注册会计师应当客观、真实、得体，不得损害职业形象；注册会计师不得夸大宣传提供的服务、拥有的资质或获得的经验；不得贬低或无根据地比较其他注册会计师的工作。

第二节　职业道德概念框架

一、职业道德概念框架的内涵

中国注册会计师职业道德守则提出职业道德概念框架，以指导会员遵循职业道德基本原则，履行维护公众利益的职责。职业道德概念框架是指解决职业道德问题的思路和方法，用以指导注册会计师：①识别对职业道德基本原则的不利影响；②评价不利影响的严重程度；③必要时采取防范措施消除不利影响或将其降低至可接受的水平。职业道德概念框架适用于会员处理对职业道德基本原则产生不利影响的各种情形，其目的在于防止会员认为只要守则未明确禁止的情形就是允许的。

在运用职业道德概念框架时，会员应当运用职业判断。如果发现存在可能违反职业道德基本原则的情形，会员应当评价其对职业道德基本原则的不利影响。在评价不利影响的严重程度时，会员应当从性质和数量两个方面予以考虑。如果认为对职业道德基本原则的不利影响超出可接受的水平，会员应当确定是否能够采取防范措施消除不利影响或将其降低至可接受的水平。

在运用职业道德概念框架时，如果某些不利影响是重大的，或者合理的防范措施不可行或无法实施，会员可能面临不能消除不利影响或将其降低至可接受水平的情形。如果无法采取适当的防范措施，注册会计师应当拒绝或终止所从事的特定专业服务，必要时，与客户解除合约关系，或向其工作单位辞职。职业道德概念框架分析思路如图3-1所示。

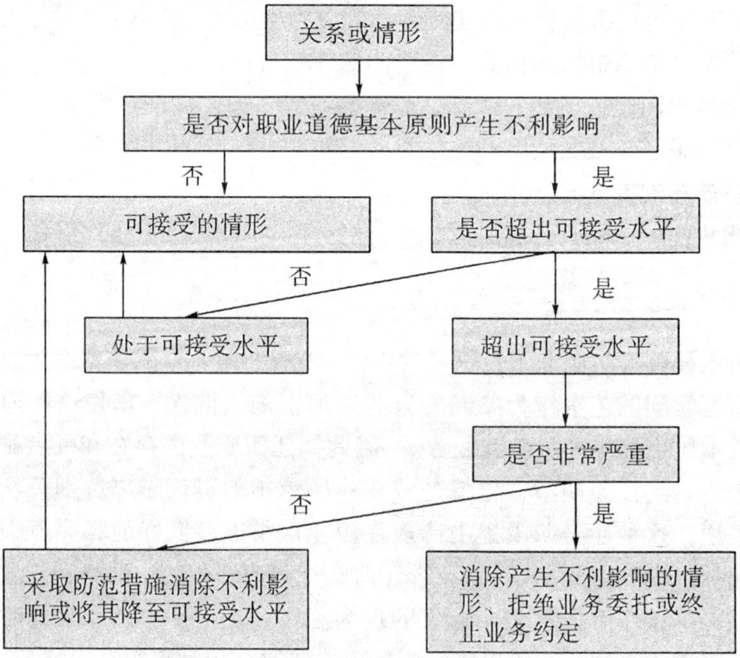

图3-1　职业道德概念框架分析思路

二、对遵循职业道德基本原则产生不利影响的因素及防范措施

注册会计师对职业道德基本原则的遵循可能受到多种因素的不利影响。不利影响的性质和严重程度因注册会计师提供的服务类型的不同而不同。可能对职业道德基本原则不利影响的因素包括自身利益、自我评价、过度推介、密切关系和外在压力。

（1）自身利益导致的不利影响。如果经济利益或其他利益对会员的职业判断或行为产生不当影响，将产生自身利益导致的不利影响。

（2）自我评价导致的不利影响。如果会员对其（或者其所在会计师事务所或工作单位的其他人员）以前的判断或服务结果做出不恰当的评价，并且将据此形成的判断作为当前服务的组成部分，将产生自我评价导致的不利影响。

（3）过度推荐导致的不利影响。如果会员过度推介客户或工作单位的某种立场或意见，使其客观性受到损害，将产生过度推介导致的不利影响。

（4）密切关系导致的不利影响。如果会员与客户或工作单位存在长期或亲密的关系，而过于倾向他们的利益，或认可他们的工作，将产生密切关系导致的不利影响。

（5）外在压力导致的不利影响。如果会员受到实际的压力或感受到压力（包括对会员实施不当影响的意图）而无法客观行事，将产生外在压力导致的不利影响。

防范措施是指可以消除不利影响或将其降低至可接受水平的行动或其他措施。应对不利影响的防范措施包括下列两类：第一类为法律法规和职业规范规定的防范措施；第二类为具体工作中采取的防范措施。

1. 法律法规和职业规范规定的防范措施

法律法规和职业规范规定的防范措施主要包括：

（1）取得会员资格必需的教育、培训和经验要求；

（2）持续的职业发展要求；

（3）公司治理方面的规定；

（4）执业准则和职业道德规范的规定；

（5）监管机构或注册会计师协会的监控和惩戒程序；

（6）由依法授权的第三方对会员编制的业务报告、申报资料或其他信息进行外部复核。

2. 由行业、法律法规、监管机构以及工作单位规定的防范措施

由行业、法律法规、监管机构以及工作单位规定的防范措施包括：

（1）由所在的工作单位、行业以及监管机构建立有效的公开投诉系统，使同行、工作单位以及社会公众能够注意到不专业或不道德的行为；

（2）明确规定会员有义务报告违反职业道德守则的行为或情形。

三、道德冲突的解决

在遵循职业道德基本原则时，会员应当解决遇到的道德冲突问题。在解决道德冲突问题时，会员应当考虑下列因素：

（1）与道德冲突问题有关的事实；

（2）涉及的道德问题；

（3）道德冲突问题涉及的职业道德基本原则；

（4）会计师事务所或工作单位制定的解决道德冲突问题的程序；

（5）可供选择的措施。

在考虑上述因素并权衡可供选择措施的后果后，会员应当确定适当的措施。如果道德冲突问题仍无法解决，会员应当考虑向会计师事务所或工作单位内部的适当人员咨询，寻求帮助解决问题。如果道德问题涉及会员与某一组织的冲突或是组织内部的冲突，会员还应当确定是否向该组织的治理层（如董事会）咨询。

如果某项重大冲突未能解决，会员可以考虑向相关职业团体或法律顾问获取专业建议。如果以不提及相关方的方式与相关职业团体讨论所涉事项，或在法律特权保护下与法律顾问讨论所涉事项，会员通常能够在不违反保密原则的条件下获得解决道德问题的指导。在考虑所有相关可能措施后，如果道德冲突仍未解决，会员应当在可能的情况下拒绝继续与产生冲突的事项发生关联。会员可视情况确定是否解除业务约定或退出某项特定任务，或完全退出该项业务，或向所在会计师事务所或者工作单位辞职。

第三节　职业道德概念框架的具体运用

注册会计师提供的专业服务的类型很多，包括审计和审阅服务、其他鉴证服务和非鉴证服务。不论提供何种专业服务，注册会计师都应当对可能对职业道德基本原则产生不利影响的各种情形保持警惕，运用职业道德概念框架识别、评价和应对不利影响，从而使职业道德基本原则不受损害。

本节阐述注册会计师遇到的不利影响或可能对职业道德基本原则的遵循产生不利影响的各种情形和关系，包括专业服务委托、利益冲突、应客户的要求提供第二次意见、收费及其他类型的报酬、专业服务营销、礼品和招待、保管客户资产、针对所有服务的客观性要求。

一、可能对职业道德基本原则产生威胁的具体情形

1. 自身利益导致不利影响的情形

自身利益导致不利影响的情形主要包括：

（1）鉴证业务项目组成员在鉴证客户中拥有直接经济利益；

（2）会计师事务所的收入过分依赖某一客户；

（3）鉴证业务项目组成员与鉴证客户存在重要且密切的商业关系；

（4）会计师事务所担心可能失去某一重要客户；

（5）鉴证业务项目组成员正在与鉴证客户协商受雇于该客户；

（6）会计师事务所与客户就鉴证业务达成或有收费的协议；

（7）注册会计师在评价所在会计师事务所以往提供的专业服务时，发现了重大错误。

2. 自我评价导致不利影响的情形

自我评价导致不利影响的情形主要包括：

（1）会计师事务所在对客户提供财务系统的设计或操作服务后，又对系统的运行有效性出具鉴证报告；

（2）会计师事务所为客户编制原始数据，这些数据构成鉴证业务的对象；

（3）鉴证业务项目组成员担任或最近曾经担任客户的董事或高级管理人员；

（4）鉴证业务项目组成员目前或最近曾受雇于客户，并且所处职位能够对鉴证对象施加重大影响；

（5）会计师事务所为鉴证客户提供直接影响鉴证对象信息的其他服务。

3. 过度推介导致不利影响的情形

过度推介导致不利影响的情形主要包括：

（1）会计师事务所推介审计客户的股份；

（2）在审计客户与第三方发生诉讼或纠纷时，注册会计师担任该客户的辩护人。

4. 密切关系导致不利影响的情形

密切关系导致不利影响的情形主要包括：

（1）项目组成员的近亲属担任客户的董事或高级管理人员；

（2）项目组成员的近亲属是客户的员工，其所处职位能够对业务对象施加重大影响；

（3）客户的董事、高级管理人员或所处职位能够对业务对象施加重大影响的员工，最近曾担任会计师事务所的项目合伙人；

（4）注册会计师接受客户的礼品或款待；

（5）会计师事务所的合伙人或高级员工与鉴证客户存在长期业务关系。

这里的项目合伙人是指会计师事务所中负责某项业务及其执行，并代表会计师事务所在报告上签字的合伙人。在有限责任制的会计师事务所，项目合伙人是指主任会计师、副主任会计师或具有同等职位的高级管理人员。如果项目合伙人以外的其他注册会计师在业务报告上签字，《职业道德守则》对项目合伙人作出的规定也适用于该签字注册会计师。

5. 外在压力导致不利影响的情形

外在压力导致不利影响的情形主要包括：

（1）会计师事务所受到客户解除业务关系的威胁；

（2）审计客户表示，如果会计师事务所不同意对某项交易的会计处理，则不再委托其承办协议中的非鉴证业务；

（3）客户威胁将起诉会计师事务所；

（4）会计师事务所受到降低收费的影响而不恰当地缩小工作范围；

（5）由于客户员工对所讨论的事项更具有专长，注册会计师面临服从其判断的压力；

（6）会计师事务所合伙人告知注册会计师，除非同意审计客户不恰当的会计处理，否则将影响晋升。

二、应对不利影响的防范措施

注册会计师应当运用判断，确定如何应对超出可接受水平的不利影响，包括采取防范措施消除不利影响或将其降低至可接受的水平，或者终止业务约定或拒绝接受业务委托。在运用判断时，注册会计师应当考虑：一个理性且掌握充分信息的第三方，在权衡注册会计师当时可获得的所有具体事实和情况后，是否很可能认为这些防范措施能够消除不利影响或将其降低至可接受的水平，以使职业道德基本原则不受损害。应对不利影响的防范措施包括法律法规和职业规范规定的防范措施和在具体工作中采取的防范措施。

在具体工作中，应对不利影响的防范措施包括会计师事务所层面的防范措施和具体业务层面的防范措施。

1. 会计师事务所层面的防范措施

会计师事务所层面的防范措施主要包括：

（1）领导层强调遵循职业道德基本原则的重要性；

（2）领导层强调鉴证业务项目组成员应当维护公众利益；

（3）制定有关政策和程序，实施项目质量控制，监督业务质量；

（4）制定有关政策和程序，识别对职业道德基本原则的不利影响，评价不利影响的严重程度，采取防范措施消除不利影响或将其降低至可接受的水平；

（5）制定有关政策和程序，保证遵循职业道德基本原则；

（6）制定有关政策和程序，识别会计师事务所或项目组成员与客户之间的利益或关系；

（7）制定有关政策和程序，监控对某一客户收费的依赖程度；

（8）向鉴证客户提供非鉴证服务时，指派鉴证业务项目组以外的其他合伙人和项目组，并确保鉴证业务项目组和非鉴证业务项目组分别向各自的业务主管报告工作；

（9）制定有关政策和程序，防止项目组以外的人员对业务结果施加不当影响；

（10）及时向所有合伙人和专业人员传达会计师事务所的政策和程序及其变化情况，并就这些政策和程序进行适当的培训；

（11）指定高级管理人员负责监督质量控制系统是否有效运行；

（12）向合伙人和专业人员提供鉴证客户及其关联实体的名单，并要求合伙人和专业人员与之保持独立；

（13）制定有关政策和程序，鼓励员工就遵循职业道德基本原则方面的问题与领导层沟通；

（14）建立惩戒机制，保障相关政策和程序得到遵守。

2. 具体业务层面的防范措施

具体业务层面的防范措施主要包括：

（1）对已执行的非鉴证业务，由未参与该业务的注册会计师进行复核，或在必要时提供建议；

（2）对已执行的鉴证业务，由鉴证业务项目组以外的注册会计师进行复核，或在必要时提供建议；

（3）向客户审计委员会、监管机构或注册会计师协会咨询；

（4）与客户治理层讨论有关的职业道德问题；

（5）向客户治理层说明提供服务的性质和收费的范围；

（6）由其他会计师事务所执行或重新执行部分业务；

（7）轮换鉴证业务项目组合伙人和高级员工。

3. 下列防范措施也有助于识别或制止违反职业道德基本原则的行为

（1）监管机构、注册会计师协会或会计师事务所建立有效的公开投诉系统，使会计师事务所合伙人和员工以及公众能够注意到违反职业道德基本原则的行为；

（2）法律法规、职业规范或会计师事务所政策明确规定，注册会计师有义务报告违反职业道德基本原则的行为。

注册会计师可以根据业务的性质考虑依赖客户采取的防范措施，但是仅依赖客户的防范措施，不可能将不利影响降低至可接受的水平。客户通过制定政策和程序采取的防范措施主要包括：

（1）要求由管理层以外的人员批准聘请会计师事务所；

（2）聘任具备足够经验和资历的员工，确保其能够做出恰当的管理决策；

（3）执行相关政策和程序，确保在委托非鉴证业务时做出客观选择；

（4）建立完善的公司治理结构，与会计师事务所进行必要的沟通，并对其服务进行适当的监督。

三、专业服务委托

1. 接受客户关系

在接受客户关系前，注册会计师应当确定接受客户关系是否对职业道德基本原则产生不利影响。注册会计师应当考虑客户的主要股东、关键管理人员和治理层是否诚信，以及客户是否涉足非法活动（如洗钱）或存在可疑的财务报告问题等。

客户存在的问题可能对注册会计师遵循诚信原则或良好职业行为原则产生不利影响，注册会计师应当评价不利影响的严重程度，并在必要时采取防范措施消除不利影响或将其降低至可接受的水平。防范措施主要包括：

（1）对客户及其主要股东、关键管理人员、治理层和负责经营活动的人员进行了解；

（2）要求客户对完善公司治理结构或内部控制做出承诺。

如果不能将客户存在的问题产生的不利影响降低至可接受的水平，注册会计师应当拒绝接受客户关系。如果向同一客户连续提供专业服务，注册会计师应当定期评价继续保持客户关系是否恰当。

2. 承接业务

注册会计师应当遵循专业胜任能力和应有的关注原则，仅向客户提供能够胜任的专业服务。在承接某一客户业务前，注册会计师应当确定承接该业务是否对职业道德基本原则产生不利影响。

如果项目组不具备或不能获得执行业务所必需的胜任能力，将对专业胜任能力和应有的关注原则产生不利影响。注册会计师应当评价不利影响的严重程度，并在必要时采取防范措施消除不利影响或将其降低至可接受的水平。防范措施主要包括：

（1）了解客户的业务性质、经营的复杂程度，以及所在行业的情况；

（2）了解专业服务的具体要求和业务对象，以及注册会计师拟执行工作的目的、性质和范围；

（3）了解相关监管要求或报告要求；

（4）分派足够的具有胜任能力的员工；

（5）必要时利用专家的工作；

（6）就执行业务的时间与客户达成一致意见；

（7）遵守质量控制政策和程序，以合理保证仅承接能够胜任的业务。

当利用专家的工作时，注册会计师应当考虑专家的声望、专长及其可获得的资源，以及适用的执业准则和职业道德规范等因素，以确定专家的工作结果是否值得依赖。注册会计师可以通过以前与专家的交往或向他人咨询获得相关信息。

3. 客户变更委托

如果应客户要求或考虑以投标方式接替前任注册会计师，注册会计师应当从专业角度或其他方面确定应否承接该业务。如果注册会计师在未了解所有相关情况前就承接业务，可能对专业胜任能力和应有的关注原则产生不利影响。注册会计师应当评价不利影响的严重程度。

由于客户变更委托的表面理由可能并未完全反映事实真相，根据业务性质，注册会计师可能需要与前任注册会计师直接沟通，核实与变更委托相关的事实和情况，以确定是否适宜承接该业务。

注册会计师应当在必要时采取防范措施，消除因客户变更委托产生的不利影响或将其降低至可接受的水平。防范措施主要包括：

（1）当应邀投标时，在投标书中说明，在承接业务前需要与前任注册会计师沟通，以了解是否存在不应接受委托的理由；

（2）要求前任注册会计师提供已知悉的相关事实或情况，即前任注册会计师认为，后任注册会计师在做出承接业务的决定前，需要了解的事实或情况；

（3）从其他渠道获取必要的信息。

如果采取的防范措施不能消除不利影响或将其降低至可接受的水平，注册会计师不得承接该业务。

注册会计师可能应客户要求在前任注册会计师工作的基础上提供进一步的服务。如果缺乏完整的信息，可能对专业胜任能力和应有的关注原则产生不利影响。注册会计师应当评价不利影响的严重程度，并在必要时采取防范措施消除不利影响或将其降低至可接受的水平。

采取的防范措施主要包括将拟承担的工作告知前任注册会计师，请其提供相关信息，以便恰当地完成该项工作。

前任注册会计师应当遵守保密原则。前任注册会计师是否可以或必须与后任注册会计师讨论客户的相关事务，取决于业务的性质、是否征得客户同意，以及法律法规或职业道德规范的有关要求。

注册会计师在与前任注册会计师沟通前，应当征得客户的同意，最好征得客户的书面同意。前任注册会计师在提供信息时，应当实事求是、清晰明了。如果不能与前任注册会计师沟通，注册会计师应当采取适当措施，通过询问第三方或调查客户的高级管理人员、治理层的背景等方式，获取有关对职业道德基本原则产生不利影响的信息。

四、利益冲突

注册会计师应当采取适当措施，识别可能产生利益冲突的情形。这些情形可能对职业道德基本原则产生不利影响。注册会计师与客户存在直接竞争关系，或与客户的主要竞争者存在合资或类似关系，可能对客观和公正原则产生不利影响。注册会计师为两个以上客户提供服务，而这些客户之间存在利益冲突或者对某一事项或交易存在争议，可能对客观和公正原则或保密原则产生不利影响。

注册会计师应当评价利益冲突产生不利影响的严重程度，并在必要时采取防范措施消除不利影响或将其降低至可接受的水平。在接受或保持客户关系和具体业务前，如果与客户或第三方存在商业利益或关系，注册会计师应当评价其所产生不利影响的严重程度。

注册会计师应当根据可能产生利益冲突的具体情形，采取下列防范措施：

（1）如果会计师事务所的商业利益或业务活动可能与客户存在利益冲突，注册会计师应当告知客户，并在征得其同意的情况下执行业务。

（2）如果为存在利益冲突的两个以上客户服务，注册会计师应当告知所有已知相关方，并在征得他们同意的情况下执行任务。

（3）如果为某一特定行业或领域中的两个以上客户提供服务，注册会计师应当告知客户，并在征得他们同意的情况下执行业务。

如果客户不同意注册会计师为存在利益冲突的其他客户提供服务，注册会计师应当终止为其中一方或多方提供服务。

除采取上述防范措施外，注册会计师还应当采取下列一种或多种防范措施：

（1）分派不同的项目组为相关客户提供服务。

（2）实施必要的保密程序，防止未经授权接触信息。例如，对不同的项目组实施严格的隔离程序，做好数据文档的安全保密工作。

（3）向项目组成员提供有关安全和保密问题的指引。

（4）要求会计师事务所的合伙人和员工签订保密协议。

（5）由未参与执行相关业务的高级员工定期复核防范措施的执行情况。

如果利益冲突对职业道德基本原则产生不利影响，并且采取防范措施无法消除不利影响或将其降低至可接受的水平，注册会计师应当拒绝承接某一特定业务，或者解除一个或多个存在冲突的业务的约定。

五、应客户的要求提供第二次意见

在某客户运用会计准则对特定交易和事项进行处理，且已由前任注册会计师发表意见的情况下，如果注册会计师应客户要求提供第二次意见，可能对职业道德基本原则产生不利影响。

如果第二次意见不是以前任注册会计师所获得的相同事实为基础，或依据的证据不充分，可能对专业胜任能力和应有的关注原则产生不利影响。不利影响存在与否极其严重程度，取决于业务的具体情况，以及为提供第二次意见所能获得的所有相关事实及证据。

如果被要求提供第二次意见，注册会计师应当评价不利影响的严重程度，并在必要时采取防范措施消除不利影响或将其降低至可接受的水平。

防范措施主要包括：

（1）征得客户同意与前任注册会计师沟通；

（2）在与客户沟通中说明注册会计师发表专业意见的局限性；

（3）向前任注册会计师提供第二次意见的副本。

如果客户不允许与前任注册会计师沟通，注册会计师应当在考虑所有情况后决定是否适宜提供第二次意见。

六、收费及其他类型的报酬

在专业服务的谈判中，注册会计师可以其认为适当的收费报价。但如果报价过低，可能导致不能按照适用的执业准则执行业务，将对专业胜任能力和应有的关注产生不利影响。不利影响存在与否及其重要程度取决于报价水平和所提供的服务。会计师事务所在确定收费时应当主要考虑专业服务所需的知识和技能、所需专业人员的水平和经验、各级别专业人员提供服务所需的时间和提供专业服务所需承担的责任。在专业服务得到良好的计划、监督及管理的前提下，收费通常以每一专业人员适当的小时收费标准或日收费标准为基础计算。

收费是否对职业道德基本原则产生不利影响，取决于收费报价水平和所提供的相应服务。注册会计师应当评价不利影响的严重程度，并在必要时采取防范措施消除不利影响或将其降低至可接受的水平。防范措施主要包括让客户了解业务约定条款，特别是确定收费的基础以及在收费报价内所能提供的服务；安排恰当时间和具有胜任能力的员工执行任务。

在承接业务时，如果收费报价过低，可能导致难以按照执业准则和职业道德规范的要求执行业务，从而对专业胜任能力和应有的关注原则产生不利影响。如果收费报价明显低于前任注册会计师或其他会计师事务所的相应报价，会计师事务所应当确保在提供专业服务时，遵守执业准则和职业道德规范的要求，使工作质量不受损害，使客户了解专业服务的范围和收费基础。

或有收费可能对职业道德基本原则产生不利影响。不利影响存在与否及其严重程度取决于下列因素：

（1）业务的性质；

（2）可能的收费金额区间；

（3）确定收费的基础；

（4）是否由独立第三方复核交易和提供服务的结果。

或有收费是指注册会计师的收费与否或收费多少以鉴证工作结果或实现特定目的为条件。注册会计师应当评价或有收费产生不利影响的严重程度，并在必要时采取防范措施消除不利影响或将其降低至可接受的水平。防范措施主要包括：

（1）预先就收费的基础与客户达成书面协议；

（2）向预期的报告使用者披露注册会计师所执行的工作及收费的基础；

（3）实施质量控制政策和程序；

（4）由独立第三方复核注册会计师已执行的工作。

注册会计师收取与客户相关的介绍费或佣金，可能对客观和公正原则以及专业胜任能力和应有的关注原则产生非常严重的不利影响，导致没有防范措施能够消除不利影响或将其降低至可接受的水平。注册会计师不得收取与客户相关的介绍费或佣金。注册会计师为获得客户而支付业务介绍费，可能对客观和公正原则以及专业胜任能力和应有的关注原则产生非常严重的不利影响，导致没有防范措施能够消除不利影响或将其降低至可接受的水平。注册会计师不得向客户或其他方支付业务介绍费。

七、专业服务营销

注册会计师通过广告或其他营销方式招揽业务，可能对职业道德基本原则产生不利影响。在向公众传递信息时，注册会计师应当维护职业声誉，做到客观、真实、得体。注册会计师在营销专业服务时，不得有下列行为：

（1）夸大宣传提供的服务、拥有的资质或获得的经验；

（2）贬低或无根据地比较其他注册会计师的工作；

（3）暗示有能力影响有关主管部门、监管机构或类似机构；

（4）做出其他欺骗性的或可能导致误解的声明。

注册会计师不得采用强迫、欺诈、利诱或骚扰等方式招揽业务。注册会计师不得对其能力进行广告宣传以招揽业务，但可以利用媒体刊登设立、合并、分立、解散、迁址、名称变更和招聘员工等信息。

八、礼品和招待

如果客户向注册会计师（或其近亲属）赠送礼品或给予款待，将对职业道德基本原则产生不利影响。注册会计师不得向客户索取、收受委托合同约定以外的酬金或其他财物，或者利用执行业务之便，谋取其他不正当的利益。

注册会计师应当评价接受款待产生不利影响的严重程度，并在必要时采取防范措施消除不利影响或将其降低至可接受的水平。如果款待超出业务活动中的正常往来，注册会计师应当拒绝接受。

九、保管客户资产

除非法律法规允许或要求，注册会计师不得提供保管客户资金或其他资产的服务。注册会计师保管客户资金或其他资产，应当履行相应的法定义务。保管客户资金或其他资产可能对职业道德基本原则产生不利影响，尤其可能对客观和公正原则以及良好职业行为原则产生不利影响。

注册会计师如果保管客户资金或其他资产，应当符合下列要求：

（1）将客户资金或其他资产与其个人或会计师事务所的资产分开；

（2）仅按照预定用途使用客户资金或其他资产；

（3）随时准备向相关人员报告资产状况及产生的收入、红利或利得；

（4）遵守所有与保管资产和履行报告义务相关的法律法规。

如果某项业务涉及保管客户资金或其他资产，注册会计师应当根据有关接受与保持客户关系和具体业务政策的要求，适当询问资产的来源，并考虑应当履行的法定义务。如果客户资金或其他资产来源于非法活动（如洗钱），注册会计师不得提供保管资产服务，并应当向法律顾问征询进一步的意见。

十、针对所有服务的客观性要求

在提供专业服务时，注册会计师如果在客户中拥有经济利益，或者与客户董事、高级管理人员或员工存在家庭和私人关系或商业关系，应当确定是否对客观和公正原则产生不利影响。

在提供专业服务时，对客观和公正原则的不利影响及其严重程度，取决于业务的具体情形和注册会计师所执行工作的性质。注册会计师应当评价不利影响的严重程度，并在必要时采取防范措施消除不利影响或将其降低至可接受的水平。防范措施主要包括：

（1）退出项目组；

（2）实施督导程序；

（3）终止产生不利影响的经济利益或商业关系；

（4）与会计师事务所内部较高级别的管理人员讨论有关事项；

（5）与客户治理层讨论有关事项。

如果防范措施不能消除不利影响或将其降低至可接受的水平，注册会计师应当拒绝接受业务委托或终止业务。

在提供鉴证服务时，注册会计师应当从实质上和形式上独立于鉴证客户，客观公正地提出结论，并且从外界看来没有偏见、无利益冲突、不受他人的不当影响。在执行审计和审阅业务以及其他鉴证业务时，为了达到保持独立性的要求，注册会计师应当分别遵守《中国注册会计师职业道德守则第4号——审计和审阅业务对独立性的要求》和《中国注册会计师职业道德守则第5号——其他鉴证业务对独立性的要求》的规定。

小提示：

2010年7月起实施《中国注册会计师协会会员职业道德守则》及《中国注册会计

师协会非执业会员职业道德守则》。

本章小结

注册会计师职业道德基本原则包括：诚信、独立性、客观与公正、专业胜任能力与应有的关注、保密、良好职业行为。职业道德概念框架是指用以指导注册会计师解决职业道德问题的思路和方法。职业道德概念框架适用于会员处理对职业道德基本原则产生不利影响的各种情形，其目的在于防止会员认为只要守则未明确禁止的情形就是允许的。可能对职业道德基本原则产生不利影响的因素包括自身利益、自我评价、过度推介、密切关系和外在压力。注册会计师遇到的不利影响或可能对职业道德基本原则的遵循产生不利影响的各种情形和关系，包括专业服务委托、利益冲突、应客户的要求提供第二次意见、收费及其他类型的报酬、专业服务营销、礼品和招待、保管客户资产、针对所有服务的客观性要求。注册会计师都应当对可能对职业道德基本原则产生不利影响的各种情形保持警惕，运用职业道德概念框架识别、评价和应对不利影响，从而使职业道德基本原则不受损害。道德规范只是注册会计师业务从业的最低要求，其无法穷尽所有可能损害职业信誉的行为，确定什么行为才符合职业标准，仍由从业人员自己决定。

关键概念

1. 独立性　2. 客观与公正　3. 专业胜任能力　4. 保密　5. 或有收费

思考题

1. 注册会计师行业为什么强调职业道德？
2. 注册会计师职业道德基本原则有哪些？
3. 注册会计师的保密责任具体有哪些内容？保密责任的例外指什么？
4. 哪些因素对遵循职业道德基本原则产生不利影响？
5. 遇到可能对职业道德基本原则的遵循产生不利影响的各种情形和关系事件，可以采取的防范措施有哪些？

练习题

一、单项选择题

1. 注册会计师接受客户审计委托，审核时发现其能力无法胜任该项工作，他应该（　　）。

A. 建议客户另请其他注册会计师

B. 发表拒绝表示意见的审计报告

C. 发表保留意见的审计报告

D. 依赖客户公司职员的能力协助完成本项审计工作

2. 注册会计师的保密原则要求（　　）必须遵循。

A. 客户　　B. 注册会计师

C. 第三方　　D. 管理当局

3. 注册会计师可以向外界透露被审计单位的机密信息的情况是（　　）。

A. 注册会计师认为这样做对被审单位有利

B. 注册会计师认为这样做对社会公众有利

C. 被审计单位不再委托该注册会计师审计时

D. 法律法规允许且被审计单位同意时

4. 下列有关注册会计师职业道德的说法正确的是（　　）。

A. 注册会计师利用所获知的涉密信息为第三方谋取利益

B. 注册会计师接受客户的礼品或款待

C. 注册会计师不承接专业不能胜任的业务

D. 会计师事务所为客户设计财务系统后，对其运行有效性出具鉴证报告

5. 下列有关注册会计师职业道德概念框架的具体运用内容，不正确的是（　　）。

A. 会计师事务所制定有关政策和程序，实施项目质量控制，监督业务质量

B. 承接业务时，注册会计师就执行业务的时间安排与客户达成一致

C. 被要求提供第二次意见时，注册会计师征得客户同意与前任注册会计师沟通

D. 注册会计师在营销专业服务时，暗示有能力影响有关主管部门、监管机构

二、判断题

1. 或有收费，是指收费与否或收费多少取决于所执行工作的结果或交易的结果。（　　）

2. 会计师事务所在招揽业务时，可以利用新闻媒体对其能力进行广告宣传。（　　）

3. 被审计单位不再委托注册会计师进行审计时，该注册会计师可以向外界披露被审计单位的机密信息。（　　）

4. 注册会计师不得对未来事项的可实现程度作出保证。（　　）

5. 独立性是指一种内心状态，即注册会计师在提出结论时，能够诚实公正，保持客观和职业怀疑态度。（　　）

第四章　法律责任

学习目标

1. 了解注册会计师法律责任与职业责任。
2. 了解注册会计师法律责任相关概念。
3. 了解我国注册会计师法律责任。
4. 了解注册会计师避免法律责任的措施。
5. 能运用课本知识分析注册会计师工作可能招致的法律责任的失误。

【导入案例】

HD 公司可以控告会计师事务所吗

HD 公司委托 A 会计师事务所审查财务报表以便新股票上市。审计完成后会计师事务所出具了一份无保留意见的审计报告。公司增发的 300 万新股顺利上市，每股售价 4 元。6 个月后，公司的一桩法律诉讼案判决该公司败诉，为此要支付巨额赔偿款和诉讼费达 80 万元，这完全出乎公司的意料。在审计时，审计人员已了解到公司正在打这场官司。当时公司的董事长和管理当局推测认为：这场官司胜券在握，只有本案的辩护律师认为获胜没有很大的把握。最后审计人员还是勉强同意了公司的提议，不在财务报表的附注中披露这一信息。但当公司要赔偿巨款的消息传开后，该公司在证券市场上的股票价格也恰好出现下跌，跌至每股 2 元。购买 HD 公司股票的某些投资人认为，该公司财务报表没有如实披露巨额的或有损失已构成虚伪不实的陈述及财务报表中存在着令人误解的信息，可以控告会计师事务所要求赔偿。你认为 HD 公司可以控告会计师事务所吗？

第一节　注册会计师的法律责任

一、注册会计师的法律责任概述

注册会计师是市场经济发展的产物，起着维护市场经济有序发展的作用。正是由于注册会计师在市场经济中的重要性，决定了其对社会负担着重大的责任，社会公众对其的期望值也很高。如果注册会计师在执业过程中，未能尽到应有的职业怀疑，未能遵循应有的专业标准，就会给审计服务的使用者带来重大的经济损失。在法律环境日益完善的社会中，后者必然追究注册会计师的法律责任。

世界各国的政治体制、发展进程等社会环境不同，造成其法律体系与内容也存在着相当大的差别。在考察各个国家注册会计师的法律责任时，必须结合各国的法律体系。

（一）职业责任与法律责任

审计目标是与民间审计服务有关的各个利益方经过博弈后，共同认可的审计工作最终应达到的境地，注册会计师的职业责任就是使审计工作达到标准。为了完成这种职业责任，注册会计师应当遵循审计职业组织颁发的审计准则、质量控制准则、职业道德规范及其他各种规则。注册会计师的法律责任是因为其工作失误而给他人造成损失，按照法律应当向他人及社会承担的法律义务。通常，界定注册会计师是否存在失误的衡量标准也就是上述的职业规则。

注册会计师的职业责任和法律责任关系密切。由于审计工作的特点，决定了它的审计过程只有公司管理当局可以观察到，与管理当局有利益冲突的公司外部利益集团只能看到审计的结果，即注册会计师表达的审计意见。注册会计师在其工作过程中是否遵循上述规则，公司外部的利益集团无法得知，他们只能依据审计意见对其投资决策的影响来进行判断，如果对其投资决策造成重大损失，那么他们就可能认定审计工作存在失误，要求注册会计师进行赔偿，即注册会计师可能要承担法律责任。

之所以是“可能”而不是“一定”，是因为存在损失事实只是法庭是否支持诉讼请求的要件之一，此外，法庭还要考虑注册会计师是否存在失误，以及注册会计师的工作失误是否是造成外部利益集团损失等原因。法庭判断注册会计师是否存在失误的重要标准就是看注册会计师是否履行其职业责任。由于审计工作的技术性很强，且诉讼双方都谋求自身利益最大化，因此，在实际过程中，有关注册会计师法律责任的制定就成为了十分复杂的问题。

（二）法律责任的若干基本概念

注册会计师的工作结果可能会招致法律的行政责任、民事责任或刑事责任，或者三者都有，但最常见的是注册会计师的民事责任。在民事诉讼中，以下的法律概念是十分关键的：

1. 谁可以成为起诉注册会计师的原告

从历史及法理上看，注册会计师只对依据其专业服务和报告的服务客户和第三者承担民事责任，即这两类人都可以成为起诉注册会计师的原告。

（1）客户起诉注册会计师的理由

①违反合同责任：注册会计师与客户之间存在着合约关系，即有法律效力的业务委托书。该合约条文就隐含了注册会计师应以合理技能和职业关注完成任务的责任，客户可以据此追究其违约责任。

②民事侵权责任：注册会计师由于发表错误审计意见（虚假陈述），造成客户或股东的损失，即注册会计师因工作过失而对原告造成民事侵权。

③违反保密要求：注册会计师对于在审计过程中获得的客户机密信息负有保密义务，如果注册会计师将这些信息泄露给他人（职业道德规定的例外情况除外），需要对

由此产生的后果向客户负责。

（2）第三者起诉注册会计师的理由

第三者是指与注册会计师没有合约关系的人，即不是业务委托书签约人。注册会计师被认定需对第三者承担法律责任，是因为其专业行为存在过失，即未能在审计过程中遵循相应的职业规范，而侵犯了第三者的利益。按照未能保持应有职业关注其程度可分为：

①一般过失。一般过失是指注册会计师在职业过程中缺乏“合理关注”。诉讼主要原因是未能严格按公认审计准则要求从事审计工作。

②重大过失。重大过失是指注册会计师在执业过程中缺乏“最起码的关注”，审计过程中没有依据公认审计准则的最低要求。

③推定欺诈。推定欺诈主要指没有合理的依据就相信财务报表的表述为真实公允的，因过失特别严重而视为欺诈。注册会计师是非故意的。有时，在法院的判决中，对重大过失和推定欺诈是比较难以区分的。

④欺诈。欺诈是指注册会计师明知财务报表虚假而故意作不实证明或隐瞒重要事实，是最为严重的。

2. 起诉注册会计师的法律依据

客户、第三者起诉注册会计师需有法律依据。

在英、美等西方国家，客户和第三者可以根据普通法（习惯法或称判例法），即依据法院在以往判决中所确定的原则来进行诉讼。运用普通法受环境、地区、律师、法官的影响，各原则间有出入，运用时须注意“适用性”。某一具体案例的结果往往不能作为在其他类似案例中注册会计师所负职责的指南，因为该结果并不完全取决于特定事实，还取决于多种因素。原告也可以根据按立法程序制定和颁布的法律，即成文法进行诉讼。在美国主要是指《证券法》和《证券交易法》，而英国主要是指《公司法》。

我国等大陆法系国家则只按照成文法进行诉讼。我国涉及注册会计师专业的成文法包括：《中华人民共和国注册会计师法》、《中华人民共和国民事诉讼法》、《中华人民共和国刑事诉讼法》、《中华人民共和国公司法》、《中华人民共和国证券法》等。

3. 侵权责任诉讼成立的要素

对注册会计师侵权责任诉讼成立要有以下要素：

（1）因依赖审计过的财务报表及其建议而导致损失

此处关键是说明侵权“损失”的客观存在及大小。注册会计师对利害关系人造成的损失主要是财产损失，包括直接损失和间接损失。直接损失是造成利害关系人现有财产的减少，如证券下跌、资产亏损额的程度；间接损失是指利害关系人本应得到的财产因受侵害而未得到，即可得利益的减少。对于这一要素应当是：谁起诉，谁主张，即证据应由原告提供。被告的注册会计师可以举证说明原告的损失并非依赖审计过的财务报表及其建议而引起。

（2）经过审计的财务报表及其建议是错误的

该要素是上一要素的前提，也由原告提供证据。这一要素的含义是需要证明注册会计师的行为存在过错，过错包括故意和过失两种。但是由于原告可能无法得知审计的具体情况，因此，也可能存在着举证责任倒置的情况，即由被告的注册会计师证明自己的工作结论不存在错误。

(3) 导致的损失与审计后的错误的财务报表及建议有因果关系

导致的损失与审计后的错误的财务报表及建议有因果关系，即第一要素和第二要素之间存在如下的因果关系：

在推断注册会计师是否需要承担法律责任时，辨明注册会计师的工作失误与原告损失之间的联系是十分关键的。为验证这种联系，通常需要举证说明：①财务报表及其建议进行的是原告决策的依据；②依据该财务报表及其建议进行的决策必然导致损失；③一般这种举证责任是由原告提供的。但是有时，法院根据其他信息直接判定，而不需要原告再行举证。

二、我国注册会计师法律责任的现状

在我国，注册会计师行业的恢复和发展是伴随着计划经济向市场经济的转轨进程的，转轨经济的一个显著特点是用行政的力量来推动市场化。我国的注册会计师行业起初就是靠行政力量的推动发展起来的，与此相应，国家政府部门一直是注册会计师审计的最主要的需求者。

(一) 我国注册会计师法律责任的形成

在我国注册会计师审计恢复之初的一段时间内，几乎不存在注册会计师法律责任的问题。这主要有两方面的原因：

第一，注册会计师审计的最初出现，并非企业的自愿行为，而是政府制定的各种政策法规要求企业进行注册会计师审计。注册会计师行业在社会权责结构中的地位实际上是政府监督职能的衍生，显示着强烈的准政府色彩。对于接受审计报告的具体职能部门（财政、审计、工商、税务、海关、外汇管理等）来说，企业的经营好坏与它们自身利益没有经济上的联系，接受审计报告只因为上级主管的要求。正是由于审计的需求者不能有效地利用审计报告，自然也不会关心其质量，更谈不上要求赔偿的问题，因此，在20世纪80年代初到90年代初的10年间，我国一直没有出台关于对注册会计师和会计师事务所的业务进行约束的国家性法律法规。

第二，起初，我国大量的会计师事务所是挂靠在各级财政等政府部门之下。政府部门实际上是事务所的所有者，他们提供了事务所开业的注册资本、办公场所、人员和设备，以政府机构的信用为其担保开展业务。因此，当政府作为审计需求者，要求注册会计师及会计师事务所就其服务质量问题进行赔偿时，实际上只能是“左手口袋交右手口袋”，即要求政府部门出资创办的事务所拿出赔偿金，交给受损害的政府部门，这样的赔偿起不到真正的赔偿与惩戒作用，也养成了注册会计师没有职业风险的观念。

直到1992年和1993年的深圳原野公司案和长城非法集资案及海南衡水信用证国际诈骗案发生后，“注册会计师行业只管收钱，而不用承担任何法律责任”的局面才引起了政府、立法机关和注册会计师行业自身的重视，从而推动行业法规的建设。1993 年 10 月，全国人大八届四次会议通过，并于 1994 年 1 月 1 日起实施的《中华人民共和国注册会计师法》，1993 年颁布的《中华人民共和国公司法》和《关于惩治违反公司法的犯罪的规定》都对注册会计师法律责任问题进行了规定。1997 年 3 月和 1998 年 12 月，全国人大通过了《中华人民共和国刑法修正案》和《中华人民共和国证券法》，再次对注册会计师和会计师事务所的法律责任做出了规定。与以前的规定相比，我国新颁布的《证券法》对违法行为的处罚措施更为严厉，处罚的幅度也有所提高，并突出了民事责任。尽管这些法规之间相互不够衔接，在法律制裁的决定权和实施权方面也不尽合理，存在着对注册会计师的行政责任及处罚规定较为明确而对注册会计师的民事责任的规定不甚明了等问题，但是这些法规的出台毕竟打破了注册会计师行业波澜不惊的法律风险观念。

第三，政府运用这些法规做出的处罚规定更为注册会计师敲响了警钟。如 1996 年，对大明公司虚假信息负有审计责任的山东会计师事务所处以警告并罚款 40 万元，暂停其从事证券业务 2 个月，责成该所对直接责任人做出处理并报告证监会。1997 年 11 月，证监会公布了对琼民源公司提供虚假财务报表的处理，撤销了中华会计师事务所海南分所，暂停了中华会计师事务所 6 个月从事证券业务的资格，并对负直接责任的注册会计师暂停从事证券业务资格 3 年。1998 年 11 月，中国证监会公布对红光实业股份有限公司虚假财务报表负责任的四川蜀都会计师事务所的处罚，没收其非法所得 30 万元，并处以罚款 60 万元，暂停其从事证券业资格 3 年，认定负直接责任的注册会计师受到罚款、警告、暂停资格或撤销资格等不同程度的处罚。这些处罚，更让注册会计师们切实感受到风险就在其身边。

（二）我国注册会计师法律责任的表现形式

我国注册会计师的法律责任主要表现为行政责任、民事责任和刑事责任，其关系如图 4 - 1 所示。

（1）我国注册会计师的行政责任

行政责任是指注册会计师或会计师事务所在提供专业服务时，因违反注册会计师行业管理的法律、法规或规章，受到行政管理部门专业处罚的一种责任。对注册会计师而言，行政责任意味着：警告、停止营业（最长期限为 12 个月）、吊销注册会计师资格等；对会计师事务所而言，行政责任意味着：警告、没收违法所得、罚款、停止执业、撤销。

我国涉及注册会计师行政责任的法律条款主要有：《注册会计师法》第 21 条是对审计责任的确定，在第 39 条中规定了违反规定后应承担的行政责任；《公司法》第 219 条对注册会计师的欺诈和过失责任进行了区分，提出二者可能承担的行政责任；《证券法》第 182、183、189、202 条界定了证券发行、交易等特定领域中注册会计师的法律责任；《关于惩治违反公司法的犯罪的规定》第 13 条提出了对违反公司法可能承担的行政责任、民事责任的赔偿顺序；《违反注册会计师法处罚暂行办法》也对注册会计师的行政责任进行了界定。

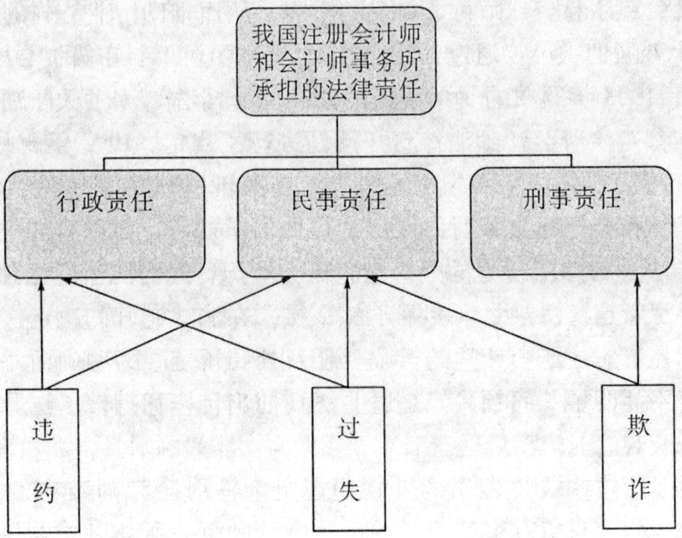

图4-1　我国注册会计师法律责任关系图

(2) 我国注册会计师的民事责任

民事责任是指会计师事务所、注册会计师对由于自己违反合同或民事侵权行为所引起的法律后果依法应承担的法律责任。它主要表现为经济赔偿。民事责任主要包括：对委托人的责任，具体地说，有违约责任和民事侵权责任；对第三者的责任，主要指对银行、股东、债权人、潜在投资者等所负的民事侵权责任。

我国规范注册会计师民事责任的法律条款主要有：《民事诉讼法》第106条涉及违约责任，第117条涉及过失责任。《注册会计师法》第42条规定了注册会计师承担的赔偿责任。《证券法》第161、202条分别规定了注册会计师和会计师事务所对证券发行与交易所承担的民事责任。《关于惩治违反公司法的犯罪的规定》第13条对违反《公司法》时，注册会计师和会计师事务所的民事和行政责任的履行程序做了规定。最高法院的［1996］56号文件、［1996］3号文件、［1997］10号文件和［1998］13号文件都分别对注册会计师在开展服务过程中承担的民事责任做出司法解释。其中，56号文件具有划时代的意义，它开创了出具虚假验资报告的事务所对客户经营活动产生的法律后果，应当对第三者承担赔偿责任的先例。此后，全国法院几乎都根据56号文件精神，判决了多起涉及注册会计师验资的诉讼案件。这在职业界内外引起相当大的震动，引发了行业内外对注册会计师验资业务法律责任，尤其是民事侵权责任的思考。

针对注册会计师的民事诉讼案件也从验资领域扩展到审计业务，如在琼民源虚假财务报表事件中，受到损害的股东对负责审计的会计师事务所提出了高达28亿元人民币的诉讼；成都红光虚假财务报表事件后，成都和上海两地社会投资者也起诉该公司发起人并要求注册会计师承担连带责任；亿安科技和银广夏出具虚假财务报表后，受损害的小股东也提起了集体诉讼。针对这类诉讼请求，最高法院于2002年1月发布了《关于受理证券市场因虚假陈述引发的民事纠纷案件有关问题的通知》，明确了将受理对经行政查处的上市公司连同涉案的会计师事务所等中介机构的侵权诉讼。2003年1

月 9 日又发布了《关于审理证券市场因虚假陈述引发的民事赔偿案件的若干规定》，对原告和被告的确定、诉讼方式的确定、虚假陈述的认定、因果关系的确定、归责和免责事由及赔偿范围和损失计算做出了更为明确的规定。

（3）我国注册会计师的刑事责任

刑事责任是指犯罪人因其实施犯罪行为而应当承担的最为严厉的一种处罚，即国家司法机关依照刑事法律对其犯罪行为予以追究，并给予刑事制裁所承担的法律责任。这是最为严厉的一种法律责任。

我国规范注册会计师刑事责任的法律条款主要有：《刑法》第 30、229、231 条，《注册会计师法》第 39 条，《证券法》第 189、202 条及《关于惩治违反公司法的犯罪的规定》第 13 条。所有刑事责任的承担者都有故意提供虚假信息的行为，因此，欺诈行为是会计师事务所和注册会计师承担刑事责任的前提条件。

刑事责任的对象可能是注册会计师，也可能是事务所的法人代表或主要负责人。按照我国《刑法》规定，注册会计师犯有“中介组织人员提供虚假证明文件罪”和“中介组织人员提供虚假证明文件重大失实罪”的，可以追究其刑事责任，包括注册会计师个人责任和事务所单位责任。就在 2001 年，银广夏和麦科特等案件已经移交司法处理，涉嫌注册会计师被刑事拘留。2003 年 9 月，法庭以出具证明文件重大失实分别判处被告人深圳中天勤会计师事务所两名合伙人有期徒刑二年零六个月、二年零三个月，并各处罚金 3 万元。这种处罚更让注册会计师认识到审计风险的危害之大，它已不再如国际上通常只限于经济上的赔偿那样，而波及更为严重的人身自由问题。

（三）我国关于注册会计师法律责任的争论

在判断注册会计师是否应该承担法律责任时，法庭和注册会计师之间是存在不同看法的。

（1）注册会计师的观点

注册会计师的观点是：只要其审计工作遵循了审计准则的要求，便尽到了职业责任。此时，即使审计后的财务报表依然被发现存在着舞弊，他们也不应承担法律责任。注册会计师做出这种判断是基于审计的本质所决定的。由于审计活动的固有风险，注册会计师对被审计的财务报表承担着“合理保证”的责任，并不绝对担保经过审计的财务报表中没有任何错误。对于那些与委托人串通舞弊的注册会计师，其出具的报告无疑是“虚假”的。但是，由于被审计客户舞弊手段高明，注册会计师由于审计权力的限制，无法从被审计单位之外的第三者获取有效的验证信息，或者是第三者（如银行、商检等机构）的证明也是虚假的，即使注册会计师出具的审计报告是“不实”的，也不应当承担法律责任。

（2）法律与公众的观点

然而，社会公众很难接受职业界的这种观点。在法律界及公众看来，如果说只要注册会计师的工作满足了审计准则的要求，就不能认为其工作存在过失，这种逻辑是十分荒唐的。这就等于说，审计报告的作用仅仅是在于向社会公众昭示，注册会计师切实执行了审计程序，至于审计结果，其不负责任。可以想象，当公众投资者就注册会计师审计报告提出索赔，注册会计师一味地以审计准则来摆脱法律责任时，人们就会对准则的权威性产生疑问。事实上，从现行立法来看，至少在民事责任领域内，法律并没有接受注册会计师界的观点，在多项司法条文中，“虚假”和“不实”是没有本质区别的，都意味着注册会计师要对利害关系人承担赔偿责任。

第二节　注册会计师如何避免法律诉讼

职业界为避免法律诉讼，采取了多种应对措施。这些措施可以分为两个层面，一是单个事务所的应对之策，另一个就是整个职业界的应对措施。

（一）审计职业界避免法律诉讼的对策

虽然诉讼表现为单个事务所的经济赔偿或个人责任，但是，一旦发生诉讼，将对注册会计师界整体声誉有所影响如安然事件后及我国的银广夏事件后，注册会计师在社会中的声誉受到严重的损害，这不利于整个行业的发展。此外，注册会计师在某一起诉讼中败诉后，会产生扩散效应，会鼓励更多的第三者仿照该案例起诉注册会计师，法院也会以该案例为参照对注册会计师进行判决。因此，站在行业发展的角度，避免诉讼绝不是某一个事务所或注册会计师个人的事情，而是涉及整个行业发展的大事。

从目前看，审计职业界避免法律诉讼或减轻法律责任的措施主要有：

（1）开展审计理论研究，建立更为完善的审计准则

尽管法庭判决并不以审计准则为标尺，但是，面对法律纠纷愈演愈烈的现实，各国的注册会计师协会都纷纷制定或修改其审计准则，作为衡量会计师事务所审计质量是否达到要求的准绳，并给予从业者更多地指导。比如，面对社会公众要求注册会计师承担起揭示舞弊责任的要求，美国注册会计师协会在 1988 年出台了 SAS NO. 53，取代了 SAS NO. 16，后来又在 1997 年出台 SAS NO. 82，取代了 SAS NO. 53，而 2002 年又以 SAS NO. 99 取代了 SAS NO. 82，如此频繁地更改准则，就是为了适应社会需求。

（2）开展同业复核与质量检查制度，提高行业整体工作水准

为了保障审计服务质量，审计职业界建立起同业复核制度，通过实行强制性的同业复核来检查各事务所所遵守质量控制准则的情况，同时对行为不当者给予处罚。虽然这种制度的有效性，尤其是对超大型会计师事务所之间质量互查的有效性存在着一些不同的看法，但是，这种从事务所外部对其质量进行检查与控制的思想无疑有助于提高审计服务的质量，从而减少审计失败及诉讼的可能性。

（3）改变事务所组织形式，规避无限责任

在采取普通合伙制下，事务所合伙人之间承担无限连带责任，这在法理上有欠公平。因为任何一位合伙人在执业过程中的过错，都将导致合伙所对利害关系人承担侵权赔偿责任，如果合伙人在合伙所中的共有财产不足以赔偿时，由于每个合伙人都对合伙的债务负连带责任，受损害的利害关系人往往向最具有偿债能力的合伙人索赔，而不是向过错合伙人索赔，这对无过错的合伙人来说太不合理。但是，职业界又希望

保持合伙。在合伙制下，合伙人只需要缴纳个人所得税，而不需缴纳企业所得税，因此，就有了有限合伙组织形式。

有限责任合伙是以普通合伙为基础的一种特殊的责任安排，即排除非过错合伙人的侵权责任，只有过错合伙人对他们的执业行为导致的侵权债务承担无限责任，非过错合伙人只承担有限责任。这种安排无疑符合法理上的公平原则，但不可讳言，这同时削弱了对被侵权者的保护。

目前在我国，事务所的组织形式只有合伙所和有限责任公司两种，审计职业界仅限于在理论上对实施有限责任合伙制进行了探讨。

（4）促使立法从连带责任转向按份责任

审计职业界认为，针对注册会计师的诉讼频发的一个重要的原因是“深口袋”原则的广泛运用。深口袋原则就是指诉讼的原告倾向于最有赔偿能力的一方进行索赔，而不考虑其过错责任的大小。由于在诉讼发生时，审计客户往往已经面临着经营失败，其赔偿能力明显地不足，而注册会计师却被认为是有赔偿能力的一方。注册会计师承担责任的深口袋能够变成现实，就是因为注册会计师承担连带责任。审计界努力使司法界认识到，从过错的角度看，不应该由注册会计师承担全部的责任，而应当按照不同过错的大小承担自己份额的按份责任。

从目前看，在西方国家也只有美国的一些州采取按份责任的方式，大部分国家从连带责任改为按份责任的实践都没有成功。在我国的司法实践中，也有律师提出按注册会计师过错比例承担责任的主张，法院也曾接受过这种观点。

（5）开展职业保险

职业保险是国外的一个很重要的险种。职业保险是对会计师事务所和注册会计师提供保护的基本做法。出现问题后，通常当事人直接到保险公司索赔，从而转嫁和分散事务所经营过程中不可避免的风险，保护事务所不会因为赔偿而被迫倒闭。不过，职业保险能否生存下去，并不取决于注册会计师界，而是看司法界对注册会计师的法律责任定得多大。如果法律责任过大，保险公司可能无力承担巨额的赔偿，或者是事务所无力投保巨额的保费。在西方，20 世纪 80 年代就曾要求注册会计师对无限的第三人负责，这使得从事职业保险的众多保险公司退出了这个险种。

目前，我国也开始实施注册会计师职业保险，不过，注册会计师界对职业保险的应保障范围、保险程度和保险费率的确定尚存在着一些不同意见。

（6）促进职业界与社会公众的交流

注册会计师界的研究表明，社会公众对审计应起作用的理解与注册会计师界行为结果及职业界自身对审计应起作用的看法之间存在着差异，这也被称为“审计期望差距”。从社会公众的角度看，他们希望注册会计师能及时通知被审计客户可能难以持续经营的有关情况，一旦获得无保留审计意见报告，他们就认为注册会计师已经对被审计客户的经营情况和财务状况做出了保证。一旦事实证明，被审计客户的经营不尽如人意时，他们往往认为是注册会计师失职。在此背景下，加强职业界与社会公众的交流，教育公众理解会计责任和审计责任的不同、审计活动存在的固有局限性、审计只是对被审计财务报表公允性的合理保证等无疑可以在一定程度上缩小审计期望差距，从而减轻诉讼的压力。

（二）会计师事务所及注册会计师避免法律诉讼的对策

会计师事务所及注册会计师如何才能减轻自己的责任，尽量避免法律诉讼呢？主要对策是建立有效的质量控制体系，并切实地予以执行，保持高质量的审计服务。具体来说主要有：

（1）接受业务委托前，谨慎地选择审计客户

防范法律诉讼的最彻底的办法是拒绝高风险的审计客户。客户经营出现了问题，通常会把签字注册会计师卷入诉讼中。当然，这并不是说注册会计师只能接受经营成功、管理良好，且在商业道德上无懈可击的客户，这在实务中很难行得通。强调谨慎地选择委托人，是要求事务所和合伙人仔细地辨认委托人的审计风险，只有在其能够承担的范围内接受审计客户。

（2）在业务委托书中明确委托双方的权利和义务

为了防止被审计客户或者是第三者对注册会计师的恶意诉讼，签订服务合同性质的业务委托书是十分必要的。在该文书中应该清楚地说明注册会计师提供服务的类型，以及双方的权利和义务。

（3）在审计过程中保持应有的职业谨慎，遵循审计规范

尽管法庭的判决并不完全以注册会计师行业制定的审计规范为标准，但是严格执行审计准则等规范无疑是避免法律诉讼的有效方式。由于目前在审计实务中，审计程序日渐标准化，因此，仅仅采取了审计准则要求的每一个步骤，并不足以保证审计工作的质量，更有甚者将执行审计准则的过程简化为单纯的打钩或打叉的过程。事实上，审计准则等规范只能是原则上的指导，在具体的审计工作中离不开职业判断。严格执行审计规范是要始终保持职业谨慎，以适当的关注在每个环节上做出谨慎的职业判断。

（4）执行审计业务时，取得客户的管理当局声明书和律师声明书

注册会计师在执业过程中，应当注意自我保护。如前面的章节中所介绍的那样，获取客户出具的管理当局声明书和其律师声明书就是一种自我保护。当然，这些声明书不是客观的审计证据，注册会计师不能因此而减少审计查核的工作量，这些文书的作用更多是心理上的。在某些国家的法庭判决中，如果是管理当局或律师出具虚假的声明，在一定程度上可减轻或免除注册会计师的法律责任。我国的司法实践表明，注册会计师并不能因获取这些声明书而减轻应负的法律责任。

（5）聘请熟悉注册会计师行业特点的律师进行诉讼辩护

在国际上，会计师事务所和注册会计师往往倾向于采取庭外和解等方式解决司法诉讼。这是因为，一旦进行诉讼，往往需要花费大量的时间和精力准备相关的资料，支付高额的律师费用，并且承受媒体连篇累牍地报道给事务所声誉带来的不利影响。这些因素综合起来，使得应诉成本极为高昂。但是，回避诉讼并不能为注册会计师减轻压力，反而更激发了公众起诉注册会计师的心理，因此，积极应诉并聘请熟悉行业特点的律师进行辩护无疑是反击诉讼的有力举措，好的律师是胜诉的关键。

（6）提取职业风险准备金并进行职业保险

审计风险的特性决定了风险控制措施只能在一定程度上减轻或降低风险及其带来的损失，而不能完全消除风险及由此而生的损失，因此，注册会计师和事务所还需要在财务上做好准备，准备面对可能发生的风险损失。

职业风险准备金和进行职业保险都是注册会计师和事务所应对审计风险的财务措施。我国注册会计师协会要求各个事务所不得将经营获得的收益完全用于分配，而是提取一定比例的职业风险准备金，以应对可能出现的审计质量事故。目前，各地对职业责任投保的要求并不完全一致。

本章小结

注册会计师的职业责任就是使审计工作达到标准，注册会计师的法律责任是因为其工作失误而给他人造成损失，按照法律应当向他人及社会承担的法律义务。注册会计师的职业责任和法律责任关系密切。注册会计师的工作结果可能会招致法律的行政责任、民事责任和刑事责任，或者三者都有。最常见的是注册会计师的民事责任。与会计师事务所签约的客户或者非签约的第三方都可能起诉注册会计师。客户可能以违反合同、民事侵权、违反保密要求起诉注册会计师。第三者可能以一般过失、重大过失、推定欺诈、欺诈等理由起诉注册会计师。不同的法律规范适用不同的情况，都规定了注册会计师承担法律责任的要件。注册会计师职业界为避免法律诉讼，采取了两个层面的应对措施，一是单个事务所的应对之策，另一个是整个职业界的应对举措。审计职业界的应对措施主要有：开展审计理论研究、同业复核与质量检查、改变事务所组织形式、促使立法从连带责任转向按份责任、开展职业保险、促进职业界与社会公众的交流等。单个事务所的应对措施包括：谨慎地选择审计客户、遵循审计规范、取得管理当局声明书和律师声明书、聘请律师进行辩护、提取职业风险准备金并进行职业保险等。

关键概念

1. 一般过失　2. 重大过失　3. 推定欺诈　4. 欺诈　5. 共同过失　6. 行政责任　7. 民事责任　8. 刑事责任

思考题

1. 什么是注册会计师职业责任和法律责任？
2. 第三者可能以何种理由起诉注册会计师？
3. 我国注册会计师的法律责任有哪些？
4. 面对诉讼，注册会计师可能的自我辩护理由有哪些？

5. 会计师事务所避免法律诉讼的措施主要有哪些?

练习题

一、单项选择题

1. 下列（　　）情形下，注册会计师必须负刑事责任。
   A. 拒绝将审计工作底稿交给委托人　　B. 执行审计时疏忽大意
   C. 故意提交虚假的审计报告　　D. 违背与委托人之间的契约
2. 注册会计师可能遭受的行政处罚不包括（　　）。
   A. 警告　　B. 没收违法所得与罚款
   C. 暂停执业　　D. 吊销注册会计师证书
3. 以下不属于第三者起诉注册会计师的理由是（　　）。
   A. 一般过失　　B. 重大过失
   C. 违反保密要求　　D. 欺诈
4. 以下属于单个会计师事务所避免法律诉讼对策的是（　　）。
   A. 开展同业复核，提高行业整体工作水准
   B. 促进职业界与社会公众的交流
   C. 开展职业保险
   D. 接受业务委托前，谨慎地选择审计客户
5. 下列关于我国注册会计师法律责任的表述，正确的是（　　）。
   A. 对注册会计师事务所的行政处罚中，停止执业的最长期限为 12 个月
   B. 民事责任主要表现为受到行政管理部门的专业处罚
   C. 对注册会计师而言，最严厉的法律责任是行政责任
   D. 我国注册会计师法律责任只有行政责任和民事责任

二、判断题

1. 注册会计师有责任查明被审计单位会计报表中存在的所有错误与舞弊。（　　）

2. 报表使用者因信赖了令人误解的财务报表而作出错误决策，使其蒙受损失，应追究审计人员的法律责任。（　　）

3. 职业风险准备金和职业保险都是注册会计师和事务所应对审计风险的财务措施。（　　）

4. 民事责任主要表现为经济赔偿，是最为常见的注册会计师承担法律责任的形式。（　　）

5. 我国注册会计师的法律责任主要表现为民事责任和刑事责任。（　　）

第五章　审计目标与审计程序

学习目标

1. 了解审计目标的含义及其演变。
2. 掌握审计总目标和具体审计目标。
3. 了解和掌握审计程序。

【引导案例】

A公司是一家国有大型企业。2007年年末，在外地出差的董事长电话指示公司总经理把财务会计报告做得漂亮一些，以掩盖公司效益下滑、面临亏损的不利局面。遵照指示，总经理安排总会计师对当年度的财务会计报告进行了技术处理，虚拟了若干笔无交易的销售收入，从而使公司报表由亏变盈。A公司聘请诚信会计师事务所对其财务报告进行审计后对外报出。2008年4月，当地财政部门发现该公司存在重大会计作假行为，依据我国《会计法》及相关法律、法规、制度，拟对A公司和诚信会计师事务所进行行政处罚，并分别下达了行政处罚告知书。诚信会计师事务所接到行政处罚告知书后，认为自己是无辜的，要求举行听证会。诚信会计师事务所的理由是其对A公司所进行的会计作假并不知情。但是，处罚结果是不可更改的。在此案例中，诚信会计师事务所确实存在过错，没有实现审计目标。

第一节　审计目标

审计目标是指在一定的历史环境下，审计主体通过审计实践活动所期望达到的境地或最终结果，包括财务报表审计的总体目标和各类交易、账户余额、列报相关的三个层次的具体审计目标。审计目标界定了注册会计师的责任范围，直接影响注册会计师在执业过程中审计计划和实施审计程序的性质、时间和范围，决定注册会计师如何发表审计意见。

一、财务报表审计总目标的演变

审计具有实用性，为了适应社会的要求，其目标也在不断变化。西方注册会计师审计在其发展的不同阶段，审计总体目标在不断变化。注册会计师审计自诞生以来，从其内容发展来说，主要经历了详细审计、资产负债表审计和会计报表审计三个重要阶段。每个阶段，审计总目标相应发生变化。其简介如下：

详细审计阶段：主要指1930年以前的审计阶段，查错防弊是其总体目标。由于当时公司中内部控制尚不完整，而且不被人重视，技术错误和舞弊行为经常发生。为了察觉营私舞弊，保证会计记录的正确和财产的安全，必须采取详细审计方法，对检查期内所有会计资料进行逐一查明，以取得充分的证据，便于做出有无错误和舞弊的结论。在详细审计阶段，查错防弊总目标主要在于判定被审计单位有无技术错误和舞弊行为。

资产负债表审计阶段：主要指1930年至1980年。在这一阶段，查错防弊的审计目标已退居第二位，审计更重要的是提供信用证明，对资产负债表进行公正性审计，因此，这一阶段审计目标是确定财务报表表达的公允性。这时的审计功能之所以能从防护性发展到公正性，一是因为当时的企业能够依靠内部牵制制度来控制和防止各种弊端和错误，使审计人员有可能摆脱账簿的束缚；二是因为银行信贷业务的发展，银行界需要进行企业信用调查，以判断企业的偿债能力，防止信用危机和维护银行家的权益。此阶段，审计总目标是通过对被审计单位一定时期内资产负债表所有项目余额的真实性、公允性审查，判断其财务状况和偿债能力。

会计报表审计阶段：主要指从1980年至今。在这一阶段，社会对审计的要求越来越高，由于审计诉讼案件频繁发生，查错防弊重新受到重视。这一阶段，审计除了要实现对财务报表的真实性、公允性审查的目标外，还要求揭露被审计单位的错弊和非法行为，这一阶段查错防弊和验证会计报表的真实公允性两目标并重。

二、我国财务报表审计的总目标

《中国注册会计师审计准则第1101号——财务报表审计的目标和一般原则》规定，财务报表审计的目标是注册会计师通过执行审计工作，对财务报表的下列方面发表审计意见：①财务报表是否按照适用的会计准则和相关会计制度的规定编制；②财务报表是否在所有重大方面公允反映被审计单位的财务状况、经营成果和现金流量。这两个方面体现为对合法性和公允性的审查。

合法性方面，注册会计师在评价财务报表是否按照适用的会计准则和相关会计制度的规定编制时，应当考虑下列内容：选择和运用的会计政策是否符合适用的会计准则和相关会计制度，并适合于被审计单位的具体情况；管理层做出的会计估计是否合理；财务报表反映的信息是否具有相关性、可靠性、可比性和可理解性；财务报表是否做出充分披露，使财务报表使用者能够理解重大交易和事项对被审计单位财务状况、经营成果和现金流量的影响。

在评价财务报表是否做出公允反映时，注册会计师应当考虑下列内容：经管理层调整后的财务报表是否与注册会计师对被审计单位及其环境的了解一致；财务报表的列报、结构和内容是否合理；财务报表是否真实地反映了交易和事项的经济实质。

财务报表审计属于鉴证业务。注册会计师作为独立第三方，运用其专业知识、技能和经验对财务报表进行审计并发表专业意见，旨在提高财务报表的可信赖程度。由于审计存在固有限制，审计工作不能对财务报表整体不存在重大错报提供绝对保证。虽然财务报表使用者可以根据财务报表和审计意见对被审计单位未来生存能力或管理层的经营效率、经营效果作出某种判断，但审计意见并不是对被审计单位未来生存能力或管理层经营效率、经营效果提供的保证。

三、具体审计目标

具体审计目标是审计总目标的进一步具体化。具体审计目标的确定，有助于注册会计师按照审计准则的要求收集充分、适当的审计证据，并根据项目的实际情况确定应收集的证据。一般来说，具体审计目标必须根据被审计单位管理当局的认定和审计总目标来确定。注册会计师理解了认定，就很容易确定每个项目的具体审计目标，并以此作为评估重大错报风险以及设计和实施进一步审计程序的基础。

认定是指管理层对财务报表组成要素的确认、计量、列报作出的明确或隐含的表达。认定与审计目标密切相关，注册会计师的基本职责就是确定被审计单位管理层对其财务报表的认定是否恰当。管理层在财务报表上的认定有些是明确表达的，有些则是隐含表达的。例如，管理层在资产负债表中列报存货及其金额，意味着做出了下列明确的认定：①记录的存货是存在的；②存货以恰当的金额包括在财务报表中，与之相关的计价或分摊调整已恰当记录。同时，管理层也做出下列隐含的认定：①所有应当记录的存货均已记录；②记录的存货都由被审计单位拥有。

管理层对财务报表各组成要素均做出了认定，注册会计师的审计工作就是要确定管理层的认定是否恰当。管理当局的认定包括以下三种：

1. 与各类交易和事项相关的审计目标

（1）发生：记录的交易和事项已发生且与被审计单位有关。由发生认定推导的审计目标是已记录的交易并且是真实的。例如，如果没有发生销售交易，但在销售日记账中记录了一笔销售，则违反了该目标。

发生认定所要解决的问题是管理层是否把那些不曾发生的项目记入财务报表，它主要与财务报表组成要素的高估有关。

（2）完整性：所有应当记录的交易和事项均已记录。例如，如果发生了销售交易，但没有在销售日记账和总账中记录，则违反了该目标。

（3）准确性：应当记录的交易和事项有关的金额及其他数据已恰当记录。由准确性认定推导出的审计目标是已记录的交易是按正确金额反映的。例如，如果在销售交易中，发出商品的数量与账单上的数量不符，或是开账单时使用了错误的销售价格，或是账单中的乘积或加总有误，或是在销售日记账中记录了错误的金额，则违反了该目标。

（4）截止：交易和事项已记录于正确的会计期间。由截止认定推导出的审计目标是接近于资产负债表日的交易记录于恰当的期间。例如，如果本期交易推到下期，或下期交易提到本期，均违反了截止目标。

（5）分类：交易和事项已记录于恰当的账户。由分类认定推导出的审计目标是被审计单位记录的交易经过适当分类。例如，如果将现销记录为赊销，将出售经营性固定资产所得的收入记录为营业收入，则导致交易分类的错误，违反了分类的目标。

各类交易和事项层次的认定与具体审计目标对应关系归纳如表5－1。

表 5-1　　各类交易和事项层次的认定与对应的具体审计目标

认定	各类认定的含义	具体审计目标（注册会计师需要确认的事项）
发生	记录的交易和事项已发生且与被审计单位有关	已记录的交易是真实的
完整性	所有应当记录的交易和事项均已记录	已发生的交易确实已经记录
准确性	与交易和事项有关的金额及其他数据已恰当记录	已记录的交易是按正确金额反映的
截止	交易和事项已记录于正确的会计期间	接近于资产负债表日的交易记录于恰当的期间
分类	交易和事项已记录于恰当的账户	被审计单位记录的交易经过适当分类

2. 与期末账户余额相关的审计目标

（1）存在：记录的资产、负债和所有者权益是存在的。由存在认定推导的审计目标是记录的金额确实存在。

（2）权利和义务：记录的资产由被审计单位拥有或控制，记录的负债是被审计单位应当履行的偿还义务。

（3）完整性：所有应当记录的资产、负债和所有者权益均已记录。

（4）计价和分摊：资产、负债和所有者权益以恰当的金额包括在财务报表中，与之相关的计价或分摊调整已恰当记录。

与期末账户余额相关的认定和相应具体审计目标的关系归纳见表 5-2。

表 5-2　　期末账户余额层次的认定与对应的具体审计目标

认定	各类认定的含义	具体审计目标（注册会计师需要确认的事项）
存在	记录的资产、负债和所有者权益是存在的	记录的金额确实存在
权利和义务	记录的资产由被审计单位拥有或控制，记录的负债是被审计单位应当履行的偿还义务	资产归属于被审计单位，负债属于被审计单位的义务
完整性	所有应当记录的资产、负债和所有者权益均已记录	已存在的金额均已记录
计价和分摊	资产、负债和所有者权益以恰当的金额包括在财务报表中，与之相关的计价或分摊调整已恰当记录	资产、负债和所有者权益以恰当的金额包括在财务报表中，与之相关的计价或分摊调整已恰当记录

3. 与列报相关的审计目标

各类交易和账户余额的认定正确只是为列报正确打下了必要的基础，财务报表还可能因被审计单位误解有关列报的规定或舞弊等而产生错报。基于此，注册会计师对列报运用的认定通常分为下列类别：

（1）发生及权利和义务：披露的交易、事项和其他情况已发生，且与被审计单位有关。如，资产用于抵押或担保。

（2）完整性：所有应当包括在财务报表中的披露均已包括。例如，检查关联方和关联交易，以验证其在财务报表中是否得到充分披露，即是对列报的完整性认定的运用。

（3）分类和可理解性：财务信息已被恰当地列报和描述，且披露内容表述清楚。

（4）准确性和计价：财务信息和其他信息已公允披露，且金额恰当。例如，检查财务报表附注是否分别对原材料、在产品和产成品等存货成本核算方法作了恰当说明，即是对列报的准确性和计价认定的运用。

与列报相关的认定和相应具体审计目标的关系归纳见表5－3。

表5－3　　列报层次的认定与对应的具体审计目标

认定	各类认定的含义	具体审计目标（注册会计师需要确认的事项）
发生及权利和义务	披露的交易、事项和其他情况已发生，且与被审计单位有关	交易、事项或与被审计单位有关的交易和事项包括在财务报表中
完整性	所有应当记录的资产、负债和所有者权益均已披露	应当披露的事项均包含在财务报表中
分类和可理解性	财务信息已被恰当的列报和描述，且表述清楚	财务信息已被恰当的列报和描述，且披露的内容表述清楚
准确性和计价	财务信息和其他信息已公允披露，且金额恰当	财务信息和其他信息已公允披露，且金额恰当

小提示：

具体审计目标必须根据审计总目标和管理层的认定相应确定。

注册会计师的审计均围绕管理层认定展开，最后对管理层的认定是否合法和公允发表意见，出具审计报告。

第二节　审计程序

一、审计程序的含义

审计是在审计目标的指引下通过制订、执行审计计划，有组织、系统地采用科学的程序收集和评价审计证据，完成审计任务，最终实现审计目标的系统过程。审计程序也称审计过程，是指审计组织及其审计人员开展审计工作，从准备工作到审计任务完成的全部过程中采取的行动与步骤。

从过程来看，审计程序一般包括三个主要阶段：计划阶段、实施阶段和完成阶段，如图5－1所示。

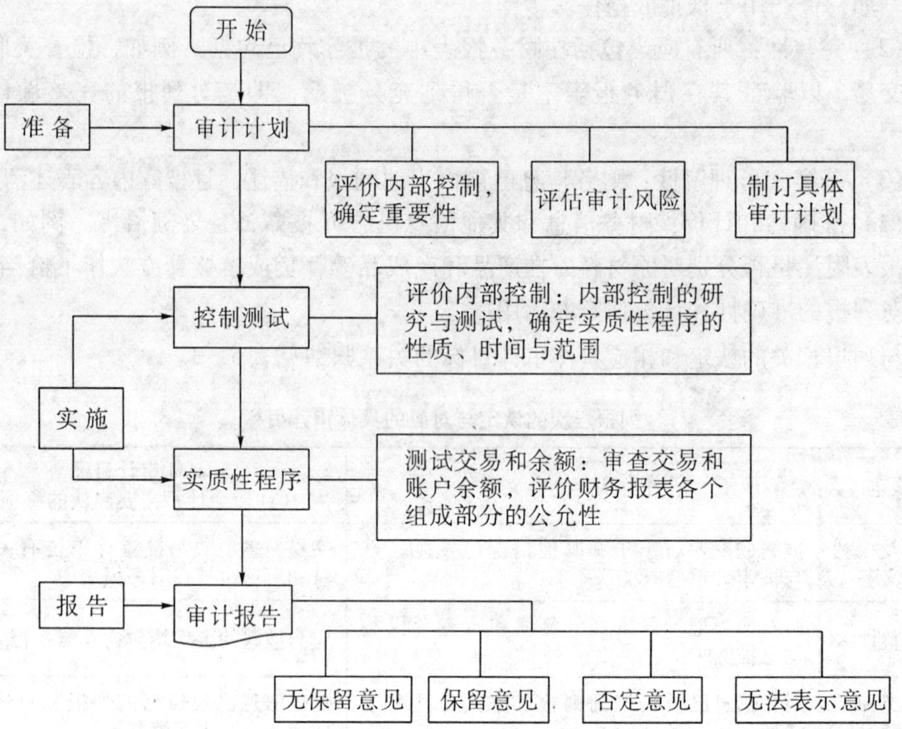

图 5－1

二、注册会计师审计的审计程序

注册会计师审计一般包括以下五个阶段：接受业务委托、计划审计工作、实施风险评估程序、实施控制测试和实质性程序、完成审计工作和编制审计报告。

（一）接受业务委托

会计师事务所应当按照执业准则的规定，谨慎决策是否接受或保持某客户关系和具体审计业务。在接受委托前，注册会计师应当初步了解审计业务环境，包括业务约定事项、审计对象特征、使用的标准、预期使用者的需求、责任方及其环境的相关特征，以及可能对审计业务产生重大影响的事项、交易、条件和惯例等其他事项。

只有在了解后认为符合专业胜任能力、独立性和应有的关注等职业道德要求、并且拟承接的业务具备审计业务特征时，注册会计师才能将其作为审计业务予以承接。如果审计业务的工作范围受到重大限制，或者委托人试图将注册会计师的名字和审计对象不适当地联系在一起，则该项业务可能不具有合理的目的。接受业务委托阶段的主要工作包括：了解和评价审计对象的可审性；决策是否考虑接受委托；商定业务约定条款；签订审计业务约定书等。

（1）了解和评价审计对象的可审性。会计师事务所在接到审计委托人的审计委托后，首先要对被审计单位的基本情况进行初步了解，分析业务给事务所带来的收益，承受的风险是否在可以接受的水平内，评审客户的可审性。

（2）决策是否考虑接受委托。其主要考虑在可以盈利和风险在可控范围内的情况下，分析会计师事务所的业务胜任能力和独立性的保持问题，在审计质量可以保证的情况下签约。会计师事务所评价的内容包括三个方面：一是评价执行审计的能力（确定审计小组的关键成员和考虑在审计过程中向外界专家寻求协助的需要）；二是评价独立性；三是评价保持应有谨慎的能力。如果会计师事务所不具备专业胜任能力，应当拒绝接受委托。

（3）商定业务约定条款。在签订商定业务约定条款时，注册会计师应当与特定主体进行沟通，确保其已经清楚理解拟执行的商定程序和业务约定条款。注册会计师应当就下列事项与特定主体沟通，并达成一致意见：①业务性质，包括说明执行的商定程序并不构成审计或审阅，不提出鉴证结论；②委托目的；③拟执行商定程序的财务信息；④拟执行的具体程序的性质、时间和范围；⑤预期的报告样本；⑥报告分发和使用的限制。

（4）签订审计业务约定书。审计业务约定书，是指会计师事务所与委托人共同签署的，据以确认审计业务的委托与受托关系，明确委托目的、审计范围及双方应负责任与义务事项的书面合同。审计业务约定书应由会计师事务所和委托人双方的法定代表人或其授权人共同签订，并加盖委托人和会计师事务所的印章。签订后的审计业务约定书具有法定约束力，具有其他根据《中华人民共和国经济合同法》签订的经济合同一样（同等）的法律效力，成为委托人和受托人双方之间在法律上的生效契约。如果出现法律诉讼，它是确定双方责任的首要依据之一。从审计工作本身来看，当委托和受托目标全部实现后，即审计工作全部完成后，注册会计师应将审计业务约定书妥善保管，并作为一项重要的审计资料，纳入审计档案管理。

审计业务约定书的具体内容应当包括下列主要方面：

（1）财务报表审计的目标；

（2）管理层对财务报表的责任；

（3）管理层编制财务报表采用的会计准则和相关会计制度；

（4）审计范围，包括指明在执行财务报表审计业务时遵守的中国注册会计师审计准则；

（5）执行审计工作的安排，包括出具审计报告的时间要求；

（6）审计报告格式和对审计结果的其他沟通形式；

（7）由于测试的性质和审计的其他固有限制，以及内部控制的固有局限性，不可避免地存在着某些重大错报可能仍然未被发现的风险；

（8）管理层为注册会计师提供必要的工作条件和协助；

（9）注册会计师不受限制地接触任何与审计有关的记录、文件和所需要的其他信息；

（10）管理层对其作出的与审计有关的声明予以书面确认；

（11）注册会计师对执业过程中获知的信息保密；

（12）审计收费，包括收费的计算基础和收费安排；

（13）违约责任；

（14）解决争议的方法；

（15）签约双方法定代表人或其授权代表的签字盖章，以及签约双方加盖的公章。

（二）计划审计工作

计划审计工作十分重要，计划不周不仅会导致盲目实施审计程序，无法获得充分、适当的审计证据以将审计风险降至可接受的低水平，影响审计目标的实现，而且还会浪费有限的审计资源，增加不必要的审计成本，影响审计工作的效率。因此，对于任何一项审计业务，注册会计师在执行具体审计程序之前，都必须根据具体情况指定科学、合理的计划，使审计业务以有效的方式得到执行。一般来说，计划审计工作不是审计业务的一个孤立阶段，而是一个持续的、不断修正的过程，贯穿于整个审计业务的始终。计划审计工作主要包括：

（1）执行初步的分析程序

在审前准备阶段，使用分析性程序的主要目的是使内部审计人员对被审计机构的经营状况获得更多的了解，确认资料间异常的关系和意外的波动，找出可能潜在的风险领域，以确定被审计机构的重要会计问题和重点审计领域，制定出具有针对性的审计计划，使得接下来的现场审计更有效率和效果。审计人员在这一阶段执行分析性程序时，通常需实施以下步骤：确定将要执行的计算与比较；估计期望值；运用各种方法执行计算和比较；分析数据及确认重大差异；调整重大的非预期差异；确定对审计计划的影响。通过调集审计对象的业务数据，编制各种业务数据模型，综合运用各种分析方法，对被审计机构进行连续、全面、逐层深入的分析，对被审计机构存在的问题、疑点和异常的相关客户、账户和交易进行定位，为现场审计提供翔实的线索，为制定审计计划提供支持。

（2）确定重要性水平

为了指导审计工作，编制审计计划时应当确定财务报表层次的重要性水平和各类交易、账户余额、列报认定层次的重要性水平。审计重要性是指被审计单位财务报表中可能存在的不影响财务报表使用者做出经济决策和判断的错报及漏报的最大限额。根据《中国注册会计师审计准则1221号——重要性》：重要性取决于在具体环境下对错报金额和性质的判断。如果一项错报单独或连同其他错报可能影响财务报表使用者依据财务报表做出的经济决策，则该项错报是重大的。由于财务报表提供的信息由各类交易、账户余额、列报认定层次的信息汇集加工而成，注册会计师只有通过对各类交易、账户余额、列报认定层次实施审计，才能得出财务报表是否公允反映的结论。因此，注册会计师还应当考虑各类交易、账户余额、列报认定层次的重要性。

（3）制定总体审计策略和具体审计计划

制定总体审计策略和具体审计计划是计划审计阶段中的最后一项工作。总体审计计划是对审计的预期范围和实施方式所做的规划，是注册会计师从接受审计委托到出具审计报告整个过程基本工作内容的综合计划。具体审计计划是依据总体审计计划制定的，是对实施总体审计计划所要的审计程序的性质、时间和范围所做的详细规划与说明。

总体审计策略用以确定审计范围、时间和方向，并指导制定具体审计计划。总体审计策略的制定应当包括：①确定审计业务的特征，包括采用的会计准则和相关会计制度、特定行业的报告要求以及被审计单位组成部分的分布等，以界定审计范围；②明确审计业务的报告目标，以计划审计的时间安排和所需沟通的性质，包括提交审计报告的时间要求，预期与管理层和治理层沟通的重要日期等；③考虑影响审计业务的重要因素，以确定项目组工作方向，包括确定适当的重要性水平，初步识别可能存在较高的重大错报风险的领域，初步识别重要的组成部分和账户余额，评价是否需要针对内部控制的有效性获取审计证据，识别被审计单位、所处行业、财务报告要求及其他相关方面最近发生的重大变化等。在制定总体审计策略时，注册会计师还应考虑初步业务活动的结果，以及为被审计单位提供其他服务时所获得的经验。

具体审计计划是依据总体审计计划制定的，是对实施总体审计计划所需要的审计程序的性质、时间和范围所做的详细规划与说明。其一般是通过编制审计程序表的方式体现的。具体审计计划的基本内容包括：审计目标、审计程序、执行人及执行日期、审的索引号和其他有关内容。

（三）实施风险评估程序

注册会计师了解被审计单位及其环境，目的是为了识别和评估财务报表重大错报风险。为了解被审计单位及其环境而实施的程序称为风险评估程序。注册会计师应当实施下列风险评估程序，以了解被审计单位及其环境：①询问被审计单位管理层和内部其他相关人员；②分析程序；③观察和检查。

1. 询问被审计单位管理层和内部其他相关人员

询问被审计单位管理层和内部其他相关人员是注册会计师了解被审计单位及其环境的一个重要信息来源。注册会计师可以考虑向管理层和财务负责人询问下列事项：

（1）管理层所关注的主要问题。如新的竞争对手、主要客户和供应商的流失、新的税收法规的实施以及经营目标或战略的变化等。

（2）被审计单位最近的财务状况、经营成果和现金流量。

（3）可能影响财务报告的交易和事项，或者目前发生的重大会计处理问题。如重大的购并事宜等。

（4）被审计单位发生的其他重要变化。如所有权结构、组织结构的变化，以及内部控制的变化等。

2. 实施分析程序

分析程序是指注册会计师通过研究不同财务数据之间以及财务数据与非财务数据之间的内在关系，对财务信息做出评价，还包括调查识别出的与其他信息不一致或与预期数据严重偏离的波动和关系。

实施分析程序有助于识别异常的交易或事项，以及对财务报表和审计产生影响的金额、比率和趋势。在实施分析程序时，注册会计师应当预期可能存在的合理关系，并与被审计单位记录的金额、依据记录金额计算的比率或趋势相比较，如果发现异常或未预期到的关系，注册会计师应当在识别重大错报风险时考虑这些比较结果。

3. 观察和检查

观察和检查程序可以印证对管理层及其他相关人员的询问结果，并可提供有关被审计单位及其环境的信息。具体实施如下程序：

（1）观察被审计单位的生产经营活动。

（2）检查文件、记录和内部控制手册。

（3）阅读由管理层和治理层编制的报告。

（4）实地察看被审计单位的生产经营场所和设备。

（5）执行穿行测试，追踪交易在财务报告信息系统中的处理过程。

（四）实施控制测试和实质性程序

审计计划制定后，审计就进入了按既定计划执行控制测试和实质性程序阶段，也称实施阶段。所谓控制测试，是指注册会计师为了取得关于被审计单位的内部控制制度设计是否存在缺陷、运行是否有效以及是否得到一贯遵循的证据所进行的测试。控制性测试的目的在于验证注册会计师信赖的内部控制制度是否有效，并根据测试结果修改实质性程序的程序、执行时间和范围。实质性程序是指注册会计师为了取得关于被审计单位各类业务和账户的会计处理是否恰当的证据所进行的测试。实质性程序的目的是通过账户余额、发生额的检查，获取有关经济业务的会计处理是否合理的直接证据。实质性程序的范围和数量通常是根据控制性测试的结果来确定的。

1. 控制测试

在测试控制运行的有效性时，注册会计师应当从下列方面获取关于控制是否有效运行的审计证据：①控制在所审计期间的不同时点是如何运行的；②控制是否得到一贯执行；③控制由谁执行；④控制以何种方式运行（如人工控制或自动化控制）。从这四个方面来看，控制运行有效性强调的是控制能够在各个不同时点按照既定设计得以一贯执行。因此，在了解控制是否得到执行时，注册会计师只需抽取少量的交易进行检查或观察某几个时点。但在测试控制运行的有效性时，注册会计师需要抽取足够数量的交易进行检查或对多个不同时点进行观察。

如果在评估认定层次的重大错报风险时预期控制的运行是有效的，注册会计师应当实施控制测试，就控制在相关期间或时点的运行有效性获取充分、适当的审计证据。注册会计师通过实施风险评估程序，可能发现某项控制的设计是存在的，也是合理的，同时得到了执行。在这种情况下，出于成本效益的考虑，注册会计师可能预期，如果相关控制在不同时点都得到了一贯执行，与该项控制有关的财务报表认定发生重大错报的可能性就不会很大，也就不需要实施很多的实质性程序。为此，注册会计师可能会认为值得对相关控制在不同时点是否得到了一贯执行进行测试，即实施控制测试。这种测试主要是出于成本效益的考虑，其前提是注册会计师通过了解内部控制以后认为某项控制存在着被信赖和利用的可能。因此，只有认为控制设计合理、能够防止或发现和纠正认定层次的重大错报，注册会计师才有必要对控制运行的有效性实施测试。

如果认为仅实施实质性程序获取的审计证据无法将认定层次重大错报风险降至可接受的低水平，注册会计师应当实施相关的控制测试，以获取控制运行有效性的审计证据。控制测试应包括两个方面：

一是控制设计测试，即对被审计单位的内部控制政策和程序的设计是否适当所进行的审计程序。目的是确定被审计单位的内部控制是否能够防止和发现特定财务报表认定的重大错报或漏报。例如：注册会计师了解到，会计人员记录存货购入时，必须有检验部门出具的检验报告、仓库管理人员签字的入库单和采购部门认可的购货发票。据此，注册会计师可以推断，该项控制可以防止由于虚假购货产生的存货高估的风险。

二是控制执行测试，即被审计单位的内部控制政策和程序是否发挥应有的作用。如果被审计单位的控制政策和程序未能发挥其应有的作用，即使设计得再完整，也不能减少财务报表中出现重大错报或漏报的风险。因此，针对被审计单位现已存在的内部控制，注册会计师应测试其是否得到有效执行。对此，注册会计师应测试其是否得到有效执行。对上述控制，注册会计师就应检查会计人员所记录的购货是否均附有入库单、验收报告和采购部门认可的购货发票。

作为进一步审计程序的类型之一，控制测试并非在任何情况下都需要实施。当存在下列情形之一时，注册会计师应当实施控制测试：①在评估认定层次重时，预期控制的运行是有效的；②仅实施实质性程序不足以提供认定层次充分、适当的审计证据。

2. 实质性分析程序

分析性程序是指注册会计师通过研究不同财务数据之间以及财务数据与非财务数据之间的内在关系，对财务信息做出评价。

实质性分析程序用以了解被审计单位及其环境并评估重大错报风险，帮助注册会计师发现财务报中的异常变化，或者预期发生而未发生的变化，识别存在潜在重大错报风险的领域，可以帮助注册会计师发现财务状况或盈利能力发生变化的信息和征兆，识别那些表明被审计单位持续经营能力问题的事项。

当使用分析程序比细节测试能更有效地将认定层次的检查风险降至可接受的水平时，可以用作实质性程序。它与细节测试都可用于收集审计证据，以识别财务报表认定层次的重大错报风险。在针对评估的重大错报风险实施进一步审计程序时，注册会计师可以将分析程序作为实质性程序的一种，单独或结合其他细节测试实施，收集充分、适当的审计证据。这样可以减少细节测试的工作量，节约审计成本，而且可以降低审计风险，使审计工作更有效率和效果。

实质性分析程序实施的前提：第一，当使用分析程序比细节测试能更有效地将认定层次的检查风险降至可接受的水平时，注册会计师可以考虑单独或结合细节测试，运用实质性分析程序。第二，如果重大错报风险较低且数据之间存在稳定的预期关系，注册会计师可以单独使用实质性分析程序获取充分、适当的审计证据。

3. 交易的实质性程序

交易的细节测试是对各类交易、账户余额、列报的具体细节进行测试的程序，目的在于直接识别财务报表认定是否存在错报。细节测试适用于对各类交易、账户余额、列报认定的测试，尤其是对存在或发生、计价认定的测试。对于细节测试，审计准则第六十条第一款规定，注册会计师应当针对评估的风险设计细节测试，获取充分、适当的审计证据，以达到认定层次所计划的保证水平。该规定的含义是，注册会计师需要根据不同的认定层次的重大错报风险设计有针对性的细节测试。例如，在针对存在或发生认定设计细节测试时，注册会计师应当选择包含在财务报表金额中的项目，并获取相关审计证据；又如，在针对完整性认定设计细节测试时，注册会计师应当选择有证据表明应包含在财务报表金额中的项目，并调查这些项目是否确实包括在内。如为应对被审计单位漏记本期应付账款的风险，注册会计师可以检查期后付款记录。

审计人员在实质性程序中要做以下主要工作：

（1）盘点实物。审计人员对有形资产账户所记载的内容均应进行实物盘点，包括库存现金、有价证券、材料、固定资产、在产品和产成品等，通过盘点确定财产物资的实际情况。

（2）检查凭证。审计人员要抽查凭证，以确定账簿记录数据的真实性和经济业务的合理性、合法性。

（3）核实账户记录的余额。

（4）核对有关记录。

（5）对相关资产和负债的期末余额进行函证。函证是审计人员为印证被审计单位会计记录所载事项而向第三者发函询证。对于应收账款、应付账款等结算类业务，采用函证方法来取得证据一般较为有效。在被审计单位的往来客户较多的情况下，对应收账款、应付账款等结算类业务的函证，可以根据金额的大小、账龄的长短以及是否存在疑问来选择函证的对象。

（6）对计算结果进行复算。审计人员要对被审计单位有关计算的结果进行复算，以确定被审计单位有无故意歪曲计算结果或者计算存在差错的情况，包括合计数的复算，如工资汇总表的复算，有关调整数和分配数的复算，有关生产费用的分配情况的复算，有关计算表的复算。

（7）向有关人员进行查询。在审计过程中审计人员对有关事项存在的疑问，可以向有关当事人进行查询。

（8）其他必要的工作。审计人员有时还要做其他的工作，直至取得满意的审计证据。

实质性程序的方法主要包括：检查（核对）文件、检查资产、直接函证和重新计算。

实质性程序的时间选择与控制测试的时间选择有共同点，也有很大差异。共同点在于，两类程序都面临着对期中审计证据和对以前审计获取的审计证据的考虑。两者的差异在于：①在控制测试中，期中实施控制测试并获取期中关于控制运行有效性审计证据的做法更具有一种“常态”；而由于实质性程序的目的在于更直接地发现重大错报，在期中实施实质性程序时更需要考虑其成本效益的权衡；②在本期控制测试中拟信赖以前审计获取的有关控制运行有效性的审计证据，已经受到了很大的限制；而对于以前审计中通过实质性程序获取的审计证据，本准则采取了更加慎重的态度和更严格的限制。

（五）完成审计工作和编制审计报告

注册会计师在完成财务报表所有循环的进一步审计程序后，还应当按照有关审计准则的规定做好审计完成阶段的工作，并根据所获取的各种证据，合理运用专业判断，形成适当的审计意见。本阶段主要工作有：审计期后事项；检查或有事项；评估客户持续经营能力；与治理层和管理层沟通；编制审计报告等。

1. 检查期后事项

期后事项是指资产负债表日至审计报告日之间发生的事项以及审计报告日后发现的事实。

如果这类期后事项的金额重大，应提请被审计单位对本期财务报表及相关的账户金额进行调整。诸如：①资产负债表日后诉讼案件结案，法院判决证实了企业在资产负债表日已经存在现时义务，需要调整原先确认的与该诉讼案件相关的预计负债，或确认一项新负债；②资产负债表日后取得确凿证据，表明某项资产在资产负债表日发生了减值或者需要调整该项资产原先确认的减值金额；③资产负债表日后进一步确定了资产负债表日前购入资产的成本或售出资产的收入；④资产负债表日后发现了财务报表舞弊或差错。

除此外，被审计单位在资产负债表日后发生的，需要在财务报表上披露而非调整的事项，如资产负债表日后发生重大诉讼、仲裁、承诺，资产负债表日后资产价格、税收政策、外汇汇率发生重大变化等。

如果所知悉的期后事项属于调整事项，注册会计师应当考虑被审计单位是否已对财务报表做出适当的调整。如果所知悉的期后事项属于非调整事项，注册会计师应当考虑被审计单位是否在财务报表附注中予以充分披露。

2. 检查或有事项

或有事项，是指过去的交易或者事项形成的，其结果需由某些未来事项的发生或不发生才能决定的不确定事项。常见的或有事项主要包括：未决诉讼或仲裁、债务担保、产品质量保证（含产品安全保证）、承诺、亏损合同、重组义务、商业承兑汇票背书转让或贴现、环境污染整治等。其中，亏损合同、重组义务是特别规定的或有事项。

之所以将或有事项的审计放入完成审计阶段，有两方面的考虑：一是有利于注册会计师掌握有关或有事项的最新信息，有利于提高审计效率和效果；二是在完成审计阶段，需要专门实施一些程序，验证或复核或有事项的完整性。

3. 评估客户持续经营能力

持续经营假设，是指被审单位在编制财务报表时，假定其经营活动在可预见的将来会继续下去，不拟也不必终止经营或破产清算，可以在正常的经营过程中变现资产、清偿债务。可预见的将来通常是指资产负债表日后 12 个月。审计准则 1324 号第六条指出，管理层对持续经营能力的评估涉及在特定时点对事项或情况的未来结果作出判断，这些事项或情况的未来结果具有固有的不确定性。在执行财务报表审计时，注册会计师的责任是考虑管理层在编制财务报表时运用持续经营假设的适当性，并考虑是否存在需要在财务报表中披露的有关持续经营能力的重大不确定性。可以从以下两个方面理解：第一，注册会计师的责任是在执行财务报表审计业务时，考虑管理层运用持续经营假设的适当性和披露的充分性。第二，财务报表审计的目标，是注册会计师对被审计单位财务报表的合法性和公允性发表意见，注册会计师的审计意见旨在提高财务报表的可信赖程度。因此，未提及持续经营能力存在重大不确定性的审计报告，不应被视为注册会计师对被审单位能够持续经营做出的保证。

如果认为被审单位在编制财务报表时运用持续经营假设是适当的，但可能导致对持续经营能力产生重大疑虑的事项或情况存在重大不确定性，注册会计师应当考虑：①财务报表是否已充分描述导致对持续经营能力产生重大疑虑的主要事项或情况，以及管理层针对这些事项或情况提出的应对计划；②财务报表是否已清楚指明可能导致对持续经营能力产生重大疑虑的事项或情况存在重大不确定性，被审计单位可能无法在正常的经营过程中变现资产、清偿债务。如果认为被审计单位在编制财务报表时运用持续经营假设是不恰当的，注册会计师应考虑出具合适的审计意见类型。

4. 与治理层和管理层沟通

治理层是指对被审计单位战略方向以及管理层履行经营管理责任负有监督责任的人员或组织，治理层的责任还包括对财务报告过程的监督。一般认为董事会和监事会属于治理层。被审计单位的治理层与注册会计师在财务报告过程监督和财务报表审计职责方面存在着共同的关注点，在履行职责方面存在着很强的互补性，这也正是注册会计师需要与治理层保持有效的双向沟通的根本原因。与治理层沟通的主要内容包括注册会计师的责任、计划的审计范围和时间、审计工作中发现的问题、注册会计师的独立性等。

此外，由于管理层对被审计业务最清楚，审计师为避免工作失误和管理层对审计意见的看法，还有必要同管理层进行沟通。因此，注册会计师在根据准则的规定与治理层沟通特定事项前，通常先与管理层进行讨论，除非这些事项不适合与管理层讨论。

5. 编制审计报告

注册会计师在完成了每一个审计目标和每一个财务报表账户的全部程序后，就有必要将所获得的信息综合起来，形成对财务报表是否公允反映的总体结论。为了实现审计目标，注册会计师必须正确运用专业判断，综合所收集到的各种证据，根据审计准则，形成适当的审计意见，出具审计报告。

小提示：

正确、合理的审计程序是审计质量的保证，也是提高审计效率、降低审计成本的根本。

本章小结

审计目标是在一定历史环境下，人们通过审计实践活动所期望达到的境地或最终结果，是审计工作的出发点和归宿地。随着社会经济的不断向前发展，审计目标也在不断发展变化，从查错防弊到确定财务报表表达的公允性，再到目前的查错防弊和验证会计报表的公允性两目标并重。审计目标分为审计总目标和具体审计目标，审计总目标是对被审计单位会计报表的公允性表示意见。财务报表是公司管理层认定的集中体现，明确管理当局的认定，对于确定具体审计目标至关重要，财务审计的具体目标必须结合管理当局的认定加以确定。从不同的认定层次看，具体审计目标可以分为三类：与各类交易与事项相关的审计目标、与期末账户余额相关的审计目标、与列报相关的审计目标。为实现审计目标，审计人员在审计过程中必须采取合理、有效的审计程序。审计程序是从审计工作开始到审计结束的基本工作步骤与内容，审计程序主要包括接受业务委托、计划审计工作、执行控制测试和实质性程序、完成审计工作并签发审计报告等几个阶段。正确、合理的审计程序是审计质量的根本保证，是提高审计效率的和降低审计成本的关键。

关键概念

1. 审计总目标　2. 具体审计目标　3. 认定　4. 审计程序

思考题

1. 审计目标的含义及其演变过程?
2. 什么是认定? 企业管理当局的认定有哪些?
3. 具体审计目标与管理当局的认定之间的关系?
4. 审计程序的主要内容包括哪些?
5. 控制测试和实质性程序在审计过程中的地位与作用比较。

练习题

一、单项选择题

1. 下列认定中，(　　) 属于与列报相关的认定。
   A. 发生以及权利和义务　　B. 发生
   C. 分类　　D. 准确性
2. 整个审计工作的起点是 (　　)。
   A. 实质性程序　　B. 控制测试
   C. 计划审计工作　　D. 风险评估程序
3. 下列关于审计计划的说法中，正确的是 (　　)。
   A. 计划审计工作不是整个审计工作的起点
   B. 注册会计师可以在具体执行审计程序后制定审计计划
   C. 审计计划仅仅包括总体审计策略
   D. 计划审计工作不是审计业务的一个孤立的阶段，而是一个连续的、不断修正的过程，贯穿于整个审计过程的始终
4. 下列不属于注册会计师在财务报表审计中的具体审计计划所包括的内容是 (　　)。

A. 计划实施的进一步审计程序
B. 风险评估程序
C. 确定财务报表层次的重要性水平
D. 计划实施的其他审计程序

5. 其组成要素与“权利和义务”认定有关的是（　　）。
A. 审计项目目标　　B. 审计总目标
C. 利润表　　D. 资产负债表

二、多项选择题

1. 下列审计目标中，属于与交易和事项相关的审计目标的有（　　）。
A. 发生　　B. 完整性
C. 计价和分摊　　D. 截止
E. 分类

2. 下列审计目标中，属于与期末账户余额相关的审计目标的有（　　）。
A. 发生　　B. 完整性
C. 计价和分摊　　D. 权利和义务
E. 分类

3. 审计程序的主要内容包括（　　）。
A. 接受业务委托　　B. 计划审计工作
C. 实施风险评估程序　　D. 实施控制测试和实质性程序
E. 完成审计工作和编制审计报告

4. 完成审计工作阶段，包括的主要工作有（　　）。
A. 审计期初余额、比较数据、期后事项和或有事项
B. 考虑持续经营问题和获取管理层声明
C. 汇总审计差异，并提请被审计单位调整或披露
D. 复核审计工作底稿和财务报表
E. 与管理层和治理层沟通

5. 具体审计计划应当包括的大类程序有（　　）。
A. 风险评估程序　　B. 计划实施的进一步审计程序
C. 其他审计程序　　D. 重新执行
E. 分析程序

三、判断题

1. 一般地说，审计具体目标是根据被审计单位管理当局的认定和审计总体目标来确定的。（　　）

2. “发生”认定所解决的问题是管理当局是否把应该包括的项目给遗漏了。（　　）

3. “完整性”认定主要与财务报表组成要素低估有关。（　　）

4. “发生”的认定主要与财务报表组成要素低估有关。（　　）

5. 如果被审计单位未将“一年内到期的长期借款”列入“流动负债”，则违反了“计价和分摊”的认定。（　　）

6. 如果被审计单位在账簿中登记了未发生的经济业务，则其违反了“完整性”认定。（　　）

第六章　审计证据与审计工作底稿

学习目标

1. 了解审计证据的含义、分类。
2. 掌握审计证据的收集、鉴定和整理。
3. 了解和掌握审计工作底稿的种类、作用和基本要求。

【引导案例】

2001 年 12 月 2 日，名列《财富》杂志“美国 500 强”第七位的能源巨人——安然公司一夜之间轰然倒塌，在美国引起极大震动。后来的调查表明，此前的 10 月 12 日，为安然公司进行年度报表审计的美国五大会计师事务所之一的安达信会计师事务所指使员工销毁了安然公司的审计工作底稿等审计档案。事发后，美国司法部、联邦调查局和美国证券交易委员会（SEC）等部门就此丑闻对安达信事务所展开刑事调查，发现安达信曾帮助安然公司隐瞒了自 1997 年以来虚报约 6 亿美元的盈利。在沸沸扬扬的安然事件中，最让会计职业界意想不到的是安达信居然销毁数以千计的审计证据、审计工作底稿等重要档案。销毁审计档案不仅使安达信的信誉丧失殆尽，而且使这一事件升级为刑事案件。最后，安达信被裁决有罪并终结了其将近一个世纪的职业生涯。该案例表明了审计工作底稿的重要性。

第一节　审计证据

审计人员实现审计目标的过程就是审计证据的收集、鉴定和整理的过程，构成审计工作的主体部分。审计证据是决定审计质量高低的最重要环节。

一、审计证据的含义

审计证据是指注册会计师为了得出审计结论、形成审计意见而使用的所有信息，包括财务报表依据的会计记录中含有的信息和其他信息。

审计证据的含义包含两个要点：一是审计证据是审计机构和审计人员在审计过程中按规定程序和手续收集的，非审计过程中或用不符合规定的程序和手续获取的资料不能作为审计证据；二是审计证据是为了证实审计事项的真相和形成审计结论而收集的。

审计证据的收集、处理过程是审计工作的关键，审计证据的质量决定了审计质量的高低，具体而言，审计证据的重要作用体现在：

（1）审计证据是审计意见的支柱。任何公正、正确的审计意见都必须依靠审计证据来支持，使审计意见建立在可靠的客观事实基础之上。没有证据的审计意见只能是审计人员的主观猜想、估计和判断，难以为公众接受。

（2）审计证据是做出审计决定的依据。任何审计决定地做出都必须建立在客观、可靠的审计证据基础之上，才具有说服力。

（3）审计证据是解除或追究被审计人的经济责任的依据。审计人员根据审计工作收集的可靠证据，证明被审计单位和被审计人员履行其经济责任的情况，从而做出解除或追究其经济责任的判断。

二、审计证据的种类

研究审计证据的种类，有助于加深对审计证据的理解，使审计人员提高收集审计证据的效率，也有利于对审计证据的筛选和综合整理。

（一）按表现形式分类

按表现形式，审计证据可分为实物证据、书面证据、口头证据、环境证据。

1. 实物证据

实物证据是指注册会计师通过实地观察和参加清查盘点所获得的，用以证明有关实物资产是否存在的证据。实物证据对某项实物资产是否存在的证明力最强，效果最为显著。它可以对该实物的状态、数量、特征给予有力的证明。因此，在对现金、存货、固定资产等项目进行审计时，注册会计师首先考虑通过清查、监督或参与盘点来取得实物证据以证明它们是否存在。但是我们也可以看出实物证据并不能完全证明该项实物资产的价值及其所有权的归属。就实物资产价值的确定而言，它主要取决于实物资产的质量，而实物资产的质量不能完全依据它的外形和状态来确认。就实物资产的所有权而言，也许注册会计师看到纳入盘存清点的实物中包括外单位寄存的实物、被审计单位经营性租入的设备、已售出待发运的商品。毋庸置疑，这些实物的所有权与被审计单位毫不相干。因此，实物证据不能证实资产价值和所有权的认定，可以说是它的一种局限性，这种局限性需要通过另行审计并取得其他形式的审计证据方可得以完善补充。

2. 书面证据

书面证据是注册会计师通过实施测试程序和运用不同的方法所获取的以书面资料为存在形式的审计证据。诸如：有关的原始凭证、记账凭证、会计账簿、各种明细项目表、各种合同、会议记录和文件、函件、通知书、报告书、声明书、程序手册等。书面证据是注册会计师收集的数量最多、范围最广的一种证据。注册会计师发表审计意见基本上都以书面证据为基础。

书面证据具有如下特点：第一是数量多；第二是覆盖范围广；第三是来源渠道多样化；第四是容易被篡改。根据这些特点，注册会计师在大量收集有关的书面证据时，还要注意对书面证据进行认真细致的鉴定和分析，运用专业判断，辨别真伪，充分正确地利用书面证据。

3. 口头证据

口头证据是经注册会计师询问而由被审计单位有关人员或其他人员进行口头答复所形成的审计证据。通常，口头证据本身不能完全证明事实的真相，因为被调查或询问人可能有意隐瞒实情或由于对过去事情记忆上的模糊或遗漏而导致口头证据不准确、不完整。因此，获取口头证据的同时，还应实施其他审计程序以获取其他形式的审计证据。

4. 环境证据

环境证据亦称状况证据，是指影响被审事项的各种环境事实。环境证据一般不属于基本证据，不能用于直接证实有关被审事项，但它可以帮助注册会计师了解被审事项所处的环境或发展的状况，为判断被审事项和确证已收集其他证据的程度提供依据。因而，环境证据仍然是注册会计师进行判断所必须掌握的资料。具体地划分，环境证据包括：反映内部控制状况的环境证据、反映管理素质的环境证据、反映管理水平和管理条件的环境证据。

环境证据最突出的特点是它能帮助注册会计师正确评价有关资料所反映信息在总体或大体上的可靠程度，亦即它对证实总体合理性这一审计目标有着积极的意义。通常，运用调查、询问和观察等手段是注册会计师获取环境证据的有效途径。注册会计师可以通过设计调查表、记录询问观察事项等方式来形成审计工作底稿，作为发表审计意见依据的环境证据。

（二）按来源不同分类

审计证据按其来源渠道可以分为内部证据和外部证据。

1. 内部证据

内部证据是指由被审计单位内部机构或职员编制并提供的有关书面证据。内部书面证据的可靠性一般不如外部书面证据强，而且内部书面证据由于形式的不同其可靠性也不尽相同。

根据内部证据的处理过程，可以划分以下两类：

第一类是只在审计客户内部流传的证据，如被审计单位的各种账簿资料、管理制度、董事会决议、管理层的声明书以及其他各种由被审计单位编制和提供的书面文件。这类证据的可靠性完全取决于经手人员的素质、内部控制的有效制约程度，因而它的可靠性程度为最低。但是不能否定的是：当内部控制健全有效，而且相关的内部证据能相互印证时，注册会计师仍然可以信赖其可靠性。对于被审计单位管理当局声明书，由于它涉及被审计单位在会计报表审计过程中所做的重要陈述或保证，是一种态度或意图的反映，主观色彩十分浓厚，因而其可靠性较低，这便要求注册会计师不能一味地信赖这份声明书，而应该通过实施其他必要的审计程序来判断会计报表的合法性、公允性和会计处理的一贯性程度如何。

第二类是由被审计单位产生，但在被审计单位外部流传，并获得其他单位或个人认可的内部证据。如由税务监制的销货发票（含普通发票和增值税专用发票）、银行统一印制的各种支票和汇票，由财政部门监制的财政收费收据等，这类证据的可靠性对各种内部证据而言是最强的，因为这类证据资料的填制情况往往要受到相应管理部门突击性或定期检查监督，当被审计单位内部控制较为健全有效时，这类证据仍不失为一种可靠性强的审计证据。

2. 外部证据

外部证据是指由被审计单位以外的，与被审事项有一定联系的第三者提供的相关证据。外部证据除有关单位提供的业务询证证据和书面证明以外，还包括有不在书面证据范围内的有关实物证据和外部人员的陈述等。具体地讲，外部书面证据形式有三类。

第一类由被审计单位以外的组织机构或人士编制，并直接递交给注册会计师的外部证据。其包括应收账款的回函、被审计单位的律师或其他独立专家关于被审计单位资产所有权或负债的证明函件、保险公司的证明函件、寄售企业或代售企业的证明函件、证券经纪人的证明书等。这些外部书面证据一般由被审计单位以外的第三者直接提供给注册会计师，而没有经过被审计单位职员之手，不存在被涂改和被伪造的可能性。因此，是证明力较强的一种审计证据。

第二类由被审计单位以外的组织机构或人士编制，但由被审计单位持有并递交给注册会计师的外部证据。诸如银行对账单、购货发票、应收票据、顾客订货单、有关的合同和契约等。这些证据都是由被审计单位以外的单位所出具，但是由被审计单位有关业务人员进行保存和处理，难免存在被涂改甚至伪造的可能性。因此，注册会计师评价其可靠性时必须考虑这一因素，把这类证据确定为其证明力略低于第一类外部书面证据，并对这类证据中有被涂改或伪造的痕迹予以高度的关注和警觉。

第三类是注册会计师亲自获得的证据。由注册会计师（包括助理人员、外聘专家）通过运用专业判断和相应的程序与方法，对被审事项的有关资料进行计算和分析而得到的证据，包括注册会计师动手编制的各种计算表、分析表等。对于书面证据而言，这类证据强调的是注册会计师对有关基础资料（证据）必须进行重新加工，按照既定的目标所确定的程序进行计算和分析，因此，它具有较其他来源形式证据更为可靠的证明力。

三、审计证据的特征

审计证据的特征主要指充分性和适当性。审计证据充分性和适当性的总体要求是注册会计师应当保持职业怀疑态度，运用职业判断，评价审计证据的充分性和适当性。注册会计师必须以质疑的思维方式评价所获取的审计证据的有效性，并对相互矛盾的审计证据进行重点分析，以及引起对文件记录或管理层和治理层提供的信息的可靠性产生怀疑的审计证据保持警觉。

（一）审计证据的充分性

审计证据的充分性是对审计证据数量的衡量，主要与注册会计师确定的样本量有关。例如，对某个审计项目实施某一选定的审计程序，按一定标准从200个样本中获得的证据要比从100个样本中获得的证据更充分。注册会计师需要获取的审计证据的数量受错报风险的影响。错报风险越大，需要的审计证据可能越多。具体来说，在可接受的审计风险水平一定的情况下，重大错报风险越大，注册会计师就应实施越多的测试工作，将检查风险降至可接受水平，以将审计风险控制在可接受的低水平范围内。例如，注册会计师对某公司进行审计，经过分析认为，受被审计单位行业性质的影响，存货陈旧的可能性相当高，存货计价的错报可能性就比较大。为此，注册会计师在审计中，就要选取更多的存货样本进行测试，以确定存货陈旧的程度，从而确认存货的价值是否被高估。

（二）审计证据的适当性

审计证据的适当性是对审计证据质量的衡量，即审计证据在支持各类交易、账户余额、列报的相关认定，或发现其中存在错报方面具有相关性和可靠性。相关性和可靠性是审计证据适当性的核心内容，只有相关且可靠的审计证据才是高质量的。

审计证据的相关性是指审计证据要有证明力，必须与注册会计师的审计目标相关。例如，注册会计师在审计过程中怀疑被审计单位发出存货却没有给顾客开票，需要确认销售是否完整。注册会计师应当从发货单中选取样本，追查与每张发货单相应的销售发票副本，以确定是否每张发货单均已开具发票。如果注册会计师从销售发票副本中选取样本，并追查至与每张发票相应的发货单，由此所获得的证据与完整性目标就不相关。审计证据是否相关必须结合具体审计目标来考虑。在确定审计证据的相关性时，注册会计师应当考虑：①特定的审计程序可能只为某些认定提供相关的审计证据，而与其他认定无关。例如，检查期后应收账款收回的记录和文件可以提供有关存在和计价的审计证据，但是不一定与期末截止是否适当相关。②针对同一项认定可以从不同来源获取审计证据或获取不同性质的审计证据。例如，注册会计师可以分析应收账款的账龄和应收账款的期后收款情况，以获取与坏账准备计价有关的审计证据。③只与特定认定相关的审计证据并不能代替与其他认定相关的审计证据。例如有关存货存在的审计证据并不能代替与存货计价相关的审计证据。

审计证据的可靠性是指证据的可信程度。例如，注册会计师亲自检查存货所获得的证据，就比被审计单位管理层提供给注册会计师的存货数据更可靠。审计证据的可靠性受其来源和性质的影响，并取决于获取审计证据的具体环境。注册会计师在判断审计证据的可靠性时，通常会考虑下列原则：

（1）从外部独立来源获取的审计证据比从其他来源获取的审计证据更可靠。从外部独立来源获取的审计证据由完全独立于被审计单位以外的机构或人士编制并提供，未经被审计单位有关职员之手，从而减少了伪造、更改凭证或业务记录的可能性，因而其证明力最强。此类证据如银行询证函回函、应收账款询证函回函、保险公司等机构出具的证明等。相反，从其他来源获取的审计证据，由于证据提供者与被审计单位存在经济或行政关系等原因，其可靠性应受到质疑。此类证据如被审计单位内部的会计记录、会议记录等。

（2）内部控制有效时内部生成的审计证据比内部控制薄弱时内部生成的审计证据

更可靠。如果被审计单位有着健全的内部控制且在日常管理中得到一贯地执行，会计记录的可信赖程度将会增加。如果被审计单位的内部控制薄弱，甚至不存在任何内部控制，被审计单位内部凭证记录的可靠性就大为降低。例如，如果与销售业务相关的内部控制有效，注册会计师就能从销售发票和发货单中取得比内部控制不健全时更加可靠的审计证据。

（3）直接获取的审计证据比间接获取或推论得出的审计证据更可靠。例如，注册会计师观察某项控制的运行得到的证据比询问被审计单位某项内部控制的运行得到的证据更可靠。间接获取的证据有被涂改及伪造的可能性，降低了可信赖程度。推论得出的审计证据，其主观性较强，人为因素较多，可信赖程度也受到影响。

（4）以文件、记录形式（无论是纸质、电子或其他介质）存在的审计证据比口头形式的审计证据更可靠。例如，会议的同步书面记录比对讨论事项事后的口头表述更可靠。口头证据本身并不足以证明事实的真相，仅仅提供一些重要线索，为进一步调查确认所用。如注册会计师在对应收账款进行账龄分析后，可以向应收账款负责人询问逾期应收账款收回的可能性。如果该负责人的意见与注册会计师自行估计的坏账损失基本一致，则这一口头证据就可成为证实注册会计师对有关坏账损失的判断的重要证据。但在一般情况下，口头证据往往需要得到其他相应证据的支持。

（5）从原件获取的审计证据比从传真件或复印件获取的审计证据更可靠。注册会计师可审查原件是否有被涂改或伪造的迹象，排除伪证，提高证据的可信赖程度。而传真件或复印件容易是变造或伪造的结果，可靠性较低。

注册会计师在按照上述原则评价审计证据的可靠性时，还应当注意可能出现的重要例外情况。例如，审计证据虽是从独立的外部来源获得，但如果该证据是由不知情者或不具备资格者提供，审计证据也可能是不可靠的。同样，如果注册会计师不具备评价证据的专业能力，那么即使是直接获取的证据，也可能不可靠。例如，如果注册会计师无法区分人造玉石与天然玉石，那么他对天然玉石存货的检查就不可能提供有关天然玉石是否实际存在的可靠证据。

（三）充分性和适当性之间的关系

充分性和适当性是审计证据的两个重要特征，两者缺一不可，只有充分且适当的审计证据才是有证明力的。注册会计师需要获取的审计证据的数量也受审计证据质量的影响。审计证据质量越高，需要的审计证据数量可能越少。也就是说，审计证据的适当性会影响审计证据的充分性。例如，被审计单位内部控制健全时生成的审计证据更可靠，注册会计师只需获取适量的审计证据，就可以为发表审计意见提供合理的基础。需要注意的是，尽管审计证据的充分性和适当性相关，但如果审计证据的质量存在缺陷，那么注册会计师仅靠获取更多的审计证据可能无法弥补其质量上的缺陷。例如，注册会计师应当获取与销售收入完整性相关的证据，实际获取到的却是有关销售收入真实性的证据，审计证据与完整性目标不相关，即使获取的证据再多，也证明不了收入的完整性。同样的，如果注册会计师获取的证据不可靠，那么证据数量再多也难以起到证明作用。

四、审计证据的收集、鉴定、整理和评价

（一）审计证据的收集

收集或获取审计证据是审计工作的核心，也是考核审计工作质量的重要依据，并关系着审计工作的成败。

《中国注册会计师审计准则第1301号——审计证据》规定，审计人员在审计过程中可以采用以下方式获取审计证据：

1. 检查记录或文件

检查记录或文件是指注册会计师对被审计单位内部或外部生成的，以纸质、电子或其他介质形式存在的记录或文件进行审查，目的是对财务报表所包含或应包含的信息进行验证。检查记录或文件可提供可靠程度不同的审计证据，审计证据的可靠性取决于记录或文件的来源和性质。由于某些外部凭证编制过程非常谨慎，通常由律师或其他有资格的专家进行复核，因而具有较高的可靠性，如土地使用权证、保险单、契约和合同等文件。

2. 检查有形资产

检查有形资产是指注册会计师对资产实物进行审查。检查有形资产程序主要适用于存货和现金，也适用于有价证券、应收票据和固定资产等。检查有形资产可为其存在性提供可靠的审计证据，但不一定能够为权利和义务或计价认定提供可靠的审计证据。

3. 观察

观察是指注册会计师察看相关人员正在从事的活动或执行的程序。例如，对客户执行的存货盘点或控制活动进行观察。观察提供的审计证据仅限于观察发生的时点，并且在相关人员已知被观察时，相关人员从事活动或执行程序可能与日常的做法不同，从而会影响注册会计师对真实情况的了解。因此，注册会计师有必要获取其他类型的佐证证据。

4. 询问

询问是指注册会计师以书面或口头方式，向被审计单位内部或外部的知情人员获取财务信息和非财务信息，并对答复进行评价的过程。虽然通过询问可以从被审计单位处得到相当多的证据，但是这些证据不能作为一种结论来使用，因为这种证据的来源是不独立的，可能会带有被询问者的主观倾向性。因此当审计人员通过询问的方式获得审计证据时，还需要通过其他审计程序获得相关的信息来佐证。例如，审计人员想获悉客户在记录和控制会计业务方面的措施时，他可以先向客户询问有关的内部控制是如何运行的，然后通过执行检查、观察等方法来判断业务是否按照客户所述的方式予以记录和授权。

5. 函证

函证是指注册会计师为了获取影响财务报表或相关披露认定的项目的信息，通过直接来自第三方的对有关信息和现存状况的声明，获取和评价审计证据的过程。函证

是注册会计师获取审计证据的重要审计程序，多用于执行审计和验资业务。通过函证获取的证据可靠性较高，因此，函证是受到高度重视并经常被使用的一种重要程序。

6. 重新计算

重新计算是指注册会计师以人工方式或使用计算机辅助审计技术，对记录或文件中的数据计算的准确性进行核对。重新计算通常包括计算销售发票和存货的总金额，加总日记账和明细账，检查折旧费用和预付费用的计算，检查应纳税额的计算等。

7. 重新执行

重新执行是指注册会计师以人工方式或使用计算机辅助审计技术，重新独立执行作为被审计单位内部控制组成部分的程序或控制。要注意的是，重新执行只能用于控制测试。

8. 分析程序

分析程序是指注册会计师通过研究不同财务数据之间以及财务数据与非财务数据之间的内在关系，对财务信息做出评价。分析程序还包括调查识别出的、与其他相关信息不一致或与预期数据严重偏离的波动和关系。

小提示：

一般而言，外部证据比内部证据的证明力更强，审计人员亲自获得的证据比被审计单位提供的证据证明力更强。

第二节　审计工作底稿

一、审计工作底稿的含义

审计工作底稿是审计证据的载体，是审计人员在执行审计业务过程中形成的全部审计工作记录和获取的资料。审计工作底稿所反映的内容是从制定审计计划开始，一直到实施审计计划终结的审计工作的轨迹，是审计人员在整个审计过程中形成的全部资料的载体，是审计人员作出审计判断、发表审计意见的直接依据。一般不向被审单位公开，更不能向其他与审计无关的单位和个人泄露。审计工作底稿可以是审计人员自己编制、编写的，如编制和实施审计计划，也可以是由被审计单位或其他方面提供的，但必须经过审计人员审查认可才允许作为自己的工作底稿，如询证函等。审计工作底稿是一种审计记录，它注重记录审计过程中发现的问题、线索及审计人员的审计工作程序和步骤。

二、审计工作底稿的作用

审计工作底稿的作用主要体现为以下几点：

1. 审计工作底稿是联结整个审计工作的纽带

审计项目小组一般由多人组成，项目小组内要进行合理的分工，不同的审计程序、不同会计账项的审计往往由不同的审计人员来执行，而最终形成审计结论和发表审计意见时，则主要针对被审计单位的会计报表进行。因此，必须把不同人员的审计工作有机地联结起来，以便对整体会计报表发表意见，而这种联结只能借助于审计工作底稿。

2. 审计工作底稿是审计人员形成审计结论、发表审计意见的直接依据

审计结论和审计意见是根据审计人员获取的各种审计证据，以及审计人员一系列的专业判断形成的。而审计人员所收集到的审计证据和做出的专业判断，都完整地记录在审计工作底稿中。因此，审计工作底稿理当成为审计结论与审计意见的直接依据。

3. 审计工作底稿便于佐证和解释审计报告

审计报告具有综合性和概括性的特征，因此，审计报告中所揭示的问题以及所陈述的意见，不可能非常具体和详细，这就需要审计工作底稿来加以补充说明。

4. 审计工作底稿是解脱或减轻审计人员的审计责任、评价或考核审计人员工作业绩的依据

审计人员只有按照审计准则的要求实施了必要的审计程序，才能解脱或减轻其审计责任。审计人员专业能力的大小、工作业绩的好坏，主要体现在对审计程序的选择、执行和有关的专业判断上，而审计人员是否实施了必要的审计程序，审计程序的选择是否合理，专业判断是否准确，都必须通过审计工作底稿来体现和衡量。

5. 审计工作底稿是审计质量控制和监督的主要依据

审计工作底稿可以清晰地反映出全部审计工作的轨迹，因此，无论是审计机构的领导人，审计工作负责人，还是其他一些外部监督者（如注册会计师协会），在对审计质量进行控制和监督时，无一不是将审计工作底稿作为最重要的依据。

6. 审计工作底稿对未来的审计业务具有参考备查价值

通常，被审计单位对审计组织审计业务的委托具有一定的连续性，同一被审计单位前后年度的审计业务具有众多的联系或共同点，因此，前期的审计工作底稿，能够为后期的审计工作提供参考或备查作用。

三、审计工作底稿的形式与基本内容

（一）审计工作底稿的形式

审计工作底稿可以以纸质、电子或其他介质形式存在。随着信息技术的广泛应用，审计工作底稿的形式已从纸质形式扩展到电子或其他介质形式。

但无论以哪种形式形成的审计工作底稿，均不应该改变审计工作底稿的基本功能，会计师事务所都应当针对审计工作底稿设计和实施适当的控制，以实现如下目标：

（1）审计工作底稿能够清晰地显示其生成、修改和复核的时间和人员。

（2）在审计业务的所有阶段，必须保护信息的完整性和安全性。

（3）防止在未经授权的情况下对审计工作底稿进行修改。

（4）为提高审计工作效率，允许项目组和其他经过授权的成员为履行职责接触审计工作底稿。

在审计实务开展过程中，为了工作的方便与需要，如质量控制、外部检查或调查，注册会计师可以将审计工作底稿电子版转化为纸质版，并一并归档。

（二）审计工作底稿的基本内容

审计工作底稿通常包括总体审计策略、具体审计计划、分析表、问题备忘录、重大事项概要、询证函回函、管理层声明书、核对表、有关重大事项的往来信件（包括电子邮件），以及对被审计单位文件记录的摘要或复印件等。另外，审计工作底稿通常不包括已被取代的审计工作底稿的草稿或财务报表的草稿、对不全面或初步思考的记录、存在印刷错误或其他错误而作废的文本，以及重复的文件记录等。

四、审计工作底稿的格式、内容和范围

（一）编制审计工作底稿的总体要求

注册会计师编制的审计工作底稿，应当使得未曾接触该项审计工作的有经验的专业人士清楚了解：

（1）按照审计准则的规定实施的审计程序的性质、时间和范围；

（2）实施审计程序的结果和获取的审计证据；

（3）就重大事项得出的结论。

有经验的专业人士，是指对下列方面有合理了解的人士：审计过程；相关法律法规和审计准则的规定；被审计单位所处的经营环境；与被审计单位所处行业相关的会计和审计问题。

（二）确定审计工作底稿的格式、内容和范围时考虑的基本因素

在确定审计工作底稿的格式、内容和范围时，注册会计师必须考虑的基本要素包括：

（1）实施审计程序的性质。由于不同的审计程序使得注册会计师获取不同性质的审计证据，由此要编制不同的审计工作底稿。如：注册会计师编制有关函证程序的审计工作底稿和监盘程序的审计工作底稿，它们在内容和格式方面是不同的。

（2）已识别的重大错报风险。识别和评估的重大错报风险的水平不同，注册会计师将采取不同的审计程序，获取不同的审计证据，由此要编制不同的审计工作底稿。比如，注册会计师已经识别出应收账款存在重大错报风险，而其他应收款不存在重大错报风险，则注册会计师应该对应收账款实施较多审计程序并获取较多审计证据，因而对应收账款的记录比其他的要多，范围更广，从而编制不同的审计工作底稿。

（3）在执行审计工作和评价审计结果时需要作出判断的范围。审计程序的选择和审计证据的评价再到审计结论地做出，通常需要注册会计师做出不同程度的职业判断。如，运用非统计抽样对应收账款进行函证时，必须分析应收账款的账龄、可收回的可能性，是否是关联方交易等，对这些所做出的职业判断必须做相应的记录。因此，做出职业判断时所考虑的因素及范围可能使注册会计师做出不同的记录。

（4）已获取审计证据的重要程度。针对不同的审计目标，注册会计师采取不同的

审计程序获取不同的审计证据，这些审计证据的相关性和适当性均存在差异，有些质量较高，有些较低，注册会计师必须进行区分。因此，审计证据的重要程度将影响审计工作底稿的格式、内容和范围。

（5）已识别的例外事项的性质和范围。这些例外的事项要求做不同的记录，使得审计工作底稿的内容、格式不同。

（6）当从已执行审计工作或获取审计证据的记录中不易确定结论或结论的基础时，记录结论或结论的基础的必要性。

（7）使用的审计方法和工具。

注册会计师在考虑以上因素时应当注意，根据不同情况确定审计工作底稿的内容、格式和范围，完成相应的审计目标。

（三）审计工作底稿的基本要素

一般来说，审计工作底稿包括下列全部或部分要素：

（1）审计工作底稿的标题。

（2）审计过程记录：注册会计师的审计轨迹与专业判断的记录。注册会计师应将其实施审计所达到审计目标的过程记录在审计工作底稿中。

（3）审计结论：注册会计师通过实施必要的审计程序后，对某一审计事项所作的专业判断的结果。在记录审计结论时需注意，在审计工作底稿中记录的审计程序和审计证据是否足以支持所得出的审计结论。

（4）审计标识及其说明：审计标识是注册会计师为便于表达审计含义而采用的符号。为了便于他人理解，注册会计师应在审计工作底稿中说明各种审计标识所代表的含义，或采用审计标识及其说明表的形式统一说明。审计标识应前后一致。

（5）索引号及编号：注册会计师为整理利用审计工作底稿，将具有同一性质或反映同一具体审计事项的审计工作底稿分别归类，形成相互联系、相互控制所作的特定编号即为索引号；页次是在同一索引号下不同的审计工作底稿的顺序编号。

（6）编制者姓名及编制日期。

（7）复核者姓名及复核日期。

（8）其他应说明事项。其他应说明事项主要是注册会计师根据其专业判断，认为应在审计工作底稿中予以记录的其他相关事项。

在记录审计过程时，应当特别注意以下几个方面：

1. 特定项目或事项的识别特征

识别特征是指被测试的项目或事项表现出的征象或标志。识别特征因审计程序的性质和所测试的项目或事项不同而不同。对某一个具体项目或事项而言，其识别特征通常具有唯一性，这种特性可以使其他人员根据识别特征在总体中识别该项目或事项并重新执行该测试。

2. 重大事项

在审计过程中，注册会计师应当根据具体情况判断某一事项是否属于重大事项。重大事项通常包括：

（1）引起特别风险的事项。

（2）实施审计程序的结果，该结果表明财务信息可能存在重大错报，或需要修正以前对重大错报风险的评估和针对这些风险拟采取的应对措施。

（3）导致注册会计师难以实施必要审计程序的情形。

（4）导致出具非标准审计报告的事项。

3. 针对重大事项如何处理矛盾或不一致的情况

如果识别出的信息与针对某重大事项得出的最终结论相矛盾或不一致，注册会计师应当记录形成最终结论时如何处理该矛盾或不一致的情况。对如何解决这些矛盾或不一致的记录要求并不意味着注册会计师需要保留不正确的或被取代的资料。

五、审计工作底稿的复核

（一）审计工作底稿复核的要点

目前我国实行多层次的复核制度，而不同层次的复核其复核重点可能会不完全相同，但是就复核工作的基本要点看，主要有以下几点：①所引用的资料是否翔实可靠。②所取得审计证据是否充分、适当。③审计判断是否恰当。④审计结论是否恰当。⑤是否能够支持所要形成的审计意见。

（二）审计工作底稿的三级复核制度

为了保证审计工作底稿复核工作的质量，目前我国规定会计师事务所应实行三级复核制度。所谓审计工作底稿三级复核制度，是指会计师事务所制定的以主任会计师、部门经理、项目经理为复核人的制度。

项目经理（或者项目负责人）复核是三级复核制度中的第一级复核，称为详细复核。它要求项目经理对下属审计人员形成的审计工作底稿逐张复核，发现问题及时指出，并督促审计人员及时修改完善。部门经理是三级复核制度中的第二级复核，称为一般复核。它是在项目经理完成了详细复核之后，在对审计工作底稿中重要会计账项的审计、重要审计程序的执行以及审计调整事项等进行复核。部门经理复核既是对项目经理复核的一种再监督，也是对重要审计事项的重点把关。主任会计师复核是三级复核中的最后一级复核，又称为重点复核。它是对审计过程中的重大会计审计问题、重大审计调整事项及重要的审计工作底稿所进行的复核。主任会计师复核既是对前面二级复核的再监督，也是对整个审计工作的计划、进度、质量的重点把握。

六、审计工作底稿的归档与管理

（一）审计工作底稿归档的期限

注册会计师应当按照会计师事务所质量控制政策和程序的规定，及时将审计工作底稿归整为最终审计档案。审计工作底稿的归档期限为审计报告日后60天内。如果注册会计师未能完成审计业务，审计工作底稿的归档期限为审计业务终止后的60天内。

（二）审计工作底稿归档的性质

在审计报告日后将审计工作底稿归整为最终审计档案是一项事务性的工作，不涉及实施新的审计程序或得出新的结论。

如果在归档期间对审计工作底稿做出的变动属于事务性的，注册会计师可以做出变动，主要包括：①删除或废弃被取代的审计工作底稿；②对审计工作底稿进行分类、整理和交叉索引；③对审计档案归整工作的完成核对表签字认可；④记录在审计报告日前获取的、与审计项目组相关成员进行讨论并取得一致意见的审计证据。

审计工作底稿通常不包括已被取代的审计工作底稿的草稿或财务报表的草稿、对不全面或初步思考的记录、存在印刷错误或其他错误而作废的文本，以及重复的文件记录等。由于这些草稿、错误的文本或重复的文件记录不直接构成审计结论和审计意见的支持性证据，因此，注册会计师通常无需保留这些记录，在审计工作底稿归档时予以清理。

（三）审计工作底稿归档的保存期限

1. 审计档案的类别

基于具体实务中对审计档案使用的时间，审计档案分为永久性档案和当期档案。

（1）永久性档案。永久性档案是指那些记录内容相对稳定，具有长期使用价值，并对以后审计工作具有重要影响和直接作用的审计档案。例如，被审计单位的组织结构、批准证书、营业执照、章程、重要资产的所有权或使用权的证明文件复印件等。若永久性档案中的某些内容已发生变化，注册会计师应当及时予以更新。为保持资料的完整性以便满足日后查阅历史资料的需要，永久性档案中被替换下的资料一般也需保留。例如，被审计单位因增加注册资本而变更了营业执照等法律文件，被替换的旧营业执照等文件，可以汇总在一起，与其他有效的资料分开，作为单独部分归整在永久性档案中。

（2）当期档案。当期档案是指那些记录内容经常变化，主要供当期和下期审计使用的审计档案。例如，总体审计策略和具体审计计划。

2. 审计工作底稿的保存期限

会计师事务所应当自审计报告日起，对审计工作底稿至少保存 10 年。如果注册会计师未能完成审计业务，会计师事务所应当自审计业务中止日起，对审计工作底稿至少保存 10 年。值得注意的是，对于连续审计的情况，当期归整的永久性档案虽然包括以前年度获取的资料（有可能是 10 年以前），但由于其作为本期档案的一部分，并作为支持审计结论的基础。因此，注册会计师对于这些对当期有效的档案，应视为当期取得并保存 10 年。

（四）审计工作底稿归档后的变动

在审计报告日后，如果发现例外情况要求注册会计师实施新的或追加的审计程序，或导致注册会计师得出新的结论，注册会计师应当记录：①遇到的例外情况；②实施的新的或追加的审计程序，获取的审计证据以及得出的结论；③对审计工作底稿做出变动及其复核的时间和人员。

例外情况主要是指审计报告日后发现与已审计财务信息相关，且在审计报告日已经存在的事实，该事实如果被注册会计师在审计报告日前获知，可能影响审计报告。

小提示：

审计师任何审计结论地做出都必须以审计证据为基础，审计证据是构成审计工作底稿的主要内容。

本章小结

审计证据是审计人员做出审计结论的依据与基础，审计结论离不开审计证据的支持，审计人员的审计工作主要体现为审计证据的收集与整理。按照不同的分类标准，审计证据可以划分为不同的类别。审计证据的证明力受相关性、可靠性、充分性、及时性等因素的影响，一般而言，外部证据比内部证据的证明力更强，审计人员亲自获得的证据比被审计单位提供的证据证明力更强。审计证据的基本特点包括充分性和适当性，两者既有区别又有联系，有一定的互补性。针对不同类型的审计证据，审计人员必须采取相应的方法来获取，既确保审计证据的证明力，同时也有利于提高审计效率，降低审计成本。总的来说，审计人员在审计过程中，主要通过检查记录或文件、检查有形资产、观察、询问、函证、重新计算、重新执行、分析程序等方法收集审计证据。审计证据本身、审计证据收集的方法和收集过程构成审计工作底稿的主要内容，审计人员必须按一定的要求编制审计工作底稿。为提高审计工作质量，任何审计工作底稿一般均需经过三级复核，确保审计结论的正确性。审计工作底稿最终以审计档案的形式保管起来，成为重要的备查文件。

关键概念

1. 审计证据 2. 审计证据收集方法 3. 审计工作底稿 4. 三级复核

思考题

1. 审计证据的可靠性在审计程序上受到哪些因素的影响？
2. 审计证据的特征有哪些？
3. 收集审计证据的主要方法有哪些？
4. 审计工作底稿的作用有哪些？
5. 对审计工作底稿复核的原因以及三级复核制度的主要内容有哪些？

练习题

一、单项选择题

1. 下列四项审计证据中，证明力最强的是（　　）。

A. 应收账款回函　　B. 董事会决议

C. 银行对账单　　D. 销售发票

2. 下列与审计证据相关的表述中，正确的是（　　）。

A. 如果审计证据的数量足够，就可以弥补审计证据的质量缺陷

B. 不应考虑获取审计证据的成本与获取信息的有用性之间的关系

C. 会计记录中含有的信息本身不足以提供充分的审计证据作为对财务报表发表审计意见的基础

D. 审计工作通常不涉及鉴定文件的真伪，对用作审计证据的文件记录，只需考虑相关内部控制的有效性

3. 在评价审计证据的充分性和适当性时，注册会计师的以下考虑中不正确的是（　　）。

A. 审计证据的质量越高，需要的审计证据数量可能越少

B. 如果在实施审计程序时使用被审计单位生成的信息，注册会计师应当就这些信息的准确性和完整性获取审计证据

C. 如果从不同来源获取的审计证据或获取的不同性质的审计证据不一致，表明某项审计证据可能不可靠，此时注册会计师应当追加必要的审计程序

D. 如果存货监盘成本高、难以实施，可以不执行该程序

4. 下列有关审计工作底稿的说法中正确的是（　　）。

A. 为全面地反映审计工作，已被取代的审计工作底稿的草稿也应当一并予以归档

B. 在完成最终审计档案的归整工作后，注册会计师不得在规定的保存期届满前删除或废弃审计工作底稿

C. ABC 会计师事务所同时承接了甲公司 2009 年财务报表审计业务和审阅业务，出具了两个不同的报告，报告日期分别为 3 月 10 日和 3 月 21 日，在归档时，会计师事务所应将其视为同一业务一并予以归档

D. 审计工作底稿只能以纸质形式存在

5. 注册会计师获取的下列审计证据中，可靠性最弱的是（　　）。

A. 应收账款函证回函　　B. 销售发票

C. 购货发票　　D. 入库单

二、多项选择题

1. 注册会计师在判断证据是否充分时，以下考虑正确的有（　　）。

A. 一般错报风险越大，则所需收集的证据的数量就越多

B. 越是重要的审计项目，注册会计师就越需要获取充分的审计证据以支持其审计意见

C. 在审计过程中发现舞弊或错误行为，则应相应减少审计证据的数量

D. 审计证据的质量越高，注册会计师所需获取的审计证据的数量就可减少

E. 如果被审计单位的客户数量众多，交易频繁且数额较大，那么，就应该增加审计证据的数量

2. 审计证据适当性的核心内容包括（　　）。

A. 相关性　　B. 充分性

C. 可靠性　　D. 统一性

E. 完整性

3. 审计证据的可靠性受其来源和性质的影响，并取决于获取审计证据的具体环境。下列对审计证据可靠性原则的说法中正确的有（　　）。

A. 会议的同步书面记录比对讨论事项事后的口头表述更可靠

B. 注册会计师询问被审计单位某项内部控制的运行得到的证据比观察某项内部控制的运行得到的证据更可靠

C. 如果与销售业务相关的内部控制有效，注册会计师就能从销售发票和发货单中取得比内部控制不健全时更加可靠的审计证据

D. 银行对账单比银行询证函回函更可靠

E. 从原件获取的审计证据比从传真件或复印件获取的审计证据更可靠

4. 获取审计证据的审计程序有多种，以下有关说法正确的有（　　）。

A. 风险评估程序能够识别出所有的重大错报风险，本身可以为发表审计意见提供充分、适当的审计证据

B. 控制测试并不是必须要实施的审计程序

C. 无论评估的重大错报风险结果如何，注册会计师均应当针对所有重大的各类交易、账户余额、列报实施实质性程序，以获取充分、适当的审计证据

D. 询问本身不足以发现认定层次存在的重大错报，但足以测试内部控制运行的有效性

E. 检查有形资产可为其存在性提供可靠的审计证据，但不一定能够为权利和义务或计价认定提供可靠的审计证据

5. 审计证据按证据外在形式分为（　　）。

A. 实物证据　　B. 书面证据

C. 口头证据　　D. 环境证据

E. 外部证据

三、判断题

1. 注册会计师需要获取的审计证据的数量也受审计证据质量的影响。审计证据质量越高，需要的审计证据可能越少。（　　）

2. 以文件记录形式（无论是纸质、电子或其他介质）存在的审计证据比口头形式的审计证据更可靠。（ ）

3. 实物证据的存在本身就具有很大的可靠性，所以实物证据具有较强的证明力。（ ）

4. 为了证实审计结论，审计人员取得相关的审计证据越多越好。（ ）

5. 注册会计师对单位进行审计，并形成审计工作底稿，该工作底稿应归其所有。（ ）

6. 注册会计师获取审计证据时，不应将获取审计证据的成本高低和难易程度作为减少不可替代的审计程序的理由。（ ）

第七章 审计计划

学习目标

1. 了解初步业务活动及审计业务约定书的内容。
2. 熟悉整体审计策略和具体审计计划的含义和内容。
3. 掌握审计重要性的含义、重要性水平的确定方法及评价错报的影响。
4. 掌握审计风险的含义、组成要素及其相互关系。

【导入案例】

美国联区金融集团是一家从事金融服务的企业。至1981年底，该公司进攻型市场策略的弊端开始显现，未收回的应收租赁款接近4亿美元，占合并总资产的35%。但公司始终没有对应收租赁款计提充足的坏账准备金。

塔奇·罗丝会计师事务所负责该公司1981年度会计报表的审计，在编制审计计划及设计审计程序时，没有充分考虑存在于公司的大量审计风险因素。联邦机构指责其审计“没有进行充分的计划和监督”。美国证券交易委员会调查后发现，1981年度的审计计划“大部分是以前年度审计计划的延续”，存在着如下缺陷：①没有对超期应收租赁款账户的内部会计控制加以测试；②审计计划只要求测试一小部分（8%）未收回的应收租赁款；③没有要求外勤审计人员去确定客户坏账核销政策是否被实际执行；④大多数执行1981年度审计聘约的审计人员对客户以及租赁行业的情况非常陌生。

最后，美国证券交易委员会决定对该事务所进行惩罚，要其承担公司提供虚假财务报告所带来的损失。

第一节 计划审计工作

凡事预则立、不预则废，审计工作亦是如此。计划审计工作是财务报表审计工作的起点，对于注册会计师顺利完成审计工作和控制审计风险具有非常重要的意义。同时，计划审计工作又是一个持续的过程，通常在前一期审计工作结束后即开始本期的审计计划工作，直到本期审计工作结束为止。在计划审计工作时，注册会计师需要开展初步业务活动、制定总体审计策略和具体审计计划等。

一、初步业务活动

（一）初步业务活动的目的

初步业务活动是指注册会计师在本期审计业务开始时开展的有利于计划和执行审计工作，实现审计目标的活动的总称。在计划审计工作前，注册会计师需要开展初步业务活动，以达到以下目的：①确保注册会计师具备执行业务所需要的独立性和专业胜任能力；②确定不存在因管理层诚信问题而影响注册会计师保持该项业务意愿的情况；③确保与被审计单位不存在对业务约定条款的误解。

（二）初步业务活动的内容

初步业务活动包括如下内容：

1. 针对保持客户关系和具体审计业务实施相应的质量控制程序

针对保持客户关系和具体审计业务实施质量控制程序，并且根据实施相应程序的结果作出适当的决策是注册会计师控制审计风险的重要环节。注册会计师执业准则含有与客户关系和具体业务的接受与保持相关的要求，注册会计师应当按照其规定开展初步业务活动。

2. 评价遵守职业道德要求的情况

评价遵守职业道德要求的情况也是一项非常重要的初步业务活动。质量控制准则含有包括独立性在内的有关职业道德要求，注册会计师应当按照其规定执行。虽然保持客户关系及具体审计业务和评价职业道德的工作贯穿审计业务的全过程，但是这两项活动需要安排在其他审计工作之前，以确保注册会计师已具备执行业务所需要的独立性和专业胜任能力，且不存在因管理层诚信问题而影响注册会计师保持该项业务意愿等情况。

3. 就审计业务约定条款达成一致

在作出接受或保持客户关系及具体审计业务的决策后，注册会计师应当在审计业务开始前，与被审计单位就审计业务约定条款达成一致意见，签订或修改审计业务约定书，以避免双方对审计业务的理解产生分歧。

（三）审计的前提条件

1. 财务报告编制基础

承接鉴证业务的条件之一是《中国注册会计师鉴证业务基本准则》中提及的标准适当且预期使用者能够获取该标准。在确定编制财务报表所采用的财务报告编制基础的可接受性时，注册会计师需要考虑下列相关因素：①被审计单位的性质（例如，被审计单位是商业企业、公共部门实体还是非营利组织）；②财务报表的目的（例如，编制财务报表是用于满足广大财务报表使用者共同的财务信息需求，还是用于满足财务报表特定使用者的财务信息需求）；③财务报表的性质（例如，财务报表是整套财务报表还是单一财务报表）；④法律法规是否规定了适用的财务报告编制基础。

2. 就管理层的责任达成一致意见

管理层的责任包括：

（1）按照适用的财务报告编制基础编制财务报表，并使其实现公允反映（如适用）；

（2）设计、执行和维护必要的内部控制，以使财务报表不存在由于舞弊或错误导致的重大错报；

（3）向注册会计师提供必要的工作条件，包括允许注册会计师接触与编制财务报表相关的所有信息（如记录、文件和其他事项），向注册会计师提供审计所需要的其他信息，允许注册会计师在获取审计证据时不受限制地接触其认为必要的内部人员和其他相关人员。

二、审计业务约定书

（一）审计业务约定书的含义

审计业务约定书是指会计师事务所与被审计单位签订的，用以记录和确认审计业务的委托与受托关系、审计目标和范围、双方的责任以及报告的格式等事项的书面协议。

审计业务约定书的含义可从以下几个方面加以理解：

（1）签约主体通常是会计师事务所和被审计单位，但也存在委托人与被审计单位不是同一方的情形，在这种情形下，签约主体通常还包括委托人；

（2）约定内容主要涉及审计业务的委托与受托关系、审计目标和范围、双方责任以及报告的格式；

（3）文件性质属于书面协议，具有委托合同的性质，一经有关签约主体签字或盖章，在各签约主体之间即具有法律约束力。

（二）审计业务约定书的基本内容

审计业务约定书的具体内容和格式可能因被审计单位的不同而不同，但应当包括以下主要内容：

（1）财务报表审计的目标与范围；

（2）注册会计师的责任；

（3）管理层的责任；

（4）指出用于编制财务报表所适用的财务报告编制基础；

（5）提及注册会计师拟出具的审计报告的预期形式和内容，以及对在特定情况下对出具的审计报告可能不同于预期形式和内容的说明。

（三）审计业务约定书的特殊考虑

1. 考虑特定需要

如果情况需要，注册会计师应当考虑在审计业务约定书中列明下列内容：①在某些方面对利用其他注册会计师和专家工作的安排；②与审计涉及的内部审计人员和被审计单位其他员工工作的协调；③预期向被审计单位提交的其他函件或报告；④与治理层整体直接沟通；⑤在首次接受审计委托时，对与前任注册会计师沟通的安排；⑥注册会计师与被审计单位之间需要达成进一步协议的事项。

2. 组成部分的审计

如果母公司的注册会计师同时也是组成部分注册会计师，需要考虑下列因素，决定是否向组成部分单独致送审计业务约定书：①组成部分注册会计师的委托人；②是否对组成部分单独出具审计报告；③与审计委托相关的法律法规的规定；④母公司占组成部分的所有权份额；⑤组成部分管理层相对于母公司的独立程度。

3. 连续审计

对于连续审计，注册会计师应当根据具体情况评估是否需要对审计业务约定条款作出修改，以及是否需要提醒被审计单位注意现有的条款。

注册会计师可以决定不在每期都致送新的审计业务约定书或其他书面协议。然而，下列因素可能导致注册会计师修改审计业务约定条款或提醒被审计单位注意现有的业务约定条款：①有迹象表明被审计单位误解审计目标和范围；②需要修改约定条款或增加特别条款；③被审计单位高级管理人员近期发生变动；④被审计单位所有权发生重大变动；⑤被审计单位业务的性质或规模发生重大变化；⑥法律法规的规定发生变化；⑦编制财务报表采用的财务报告编制基础发生变更；⑧其他报告要求发生变化。

4. 审计业务约定条款的变更

在完成审计业务前，如果被审计单位或委托人要求将审计业务变更为保证程度较低的业务，注册会计师应当确定是否存在合理理由予以变更。下列原因可能导致被审计单位要求变更业务：①情况变化对审计服务的需求产生影响；②对原来要求的审计业务的性质存在误解；③审计范围存在限制。

如果审计业务约定条款发生变更，注册会计师应当与管理层就新的业务约定条款达成一致意见，并记录于业务约定书或其他适当形式的书面协议中。如果注册会计师不同意变更审计业务约定条款，而管理层又不允许继续执行原审计业务，注册会计师应当：①在适用的法律法规允许的情况下，解除审计业务约定；②确定是否有约定义务或其他义务向治理层、所有者或监管机构等报告该事项。

三、总体审计策略

审计计划分为总体审计策略和具体审计计划两个层次，如图 7－1 所示。

总体审计策略用以确定审计范围、时间安排和方向，并指导具体审计计划的制订。在制定总体审计策略时，注册会计师应当考虑以下主要事项，同时这些事项也会影响具体审计计划。

（一）审计范围

在确定审计范围时，注册会计师需要考虑下列事项：

（1）编制拟审计的财务信息所依据的财务报告编制基础；

（2）特定行业的报告要求，如某些行业监管机构要求提交的报告；

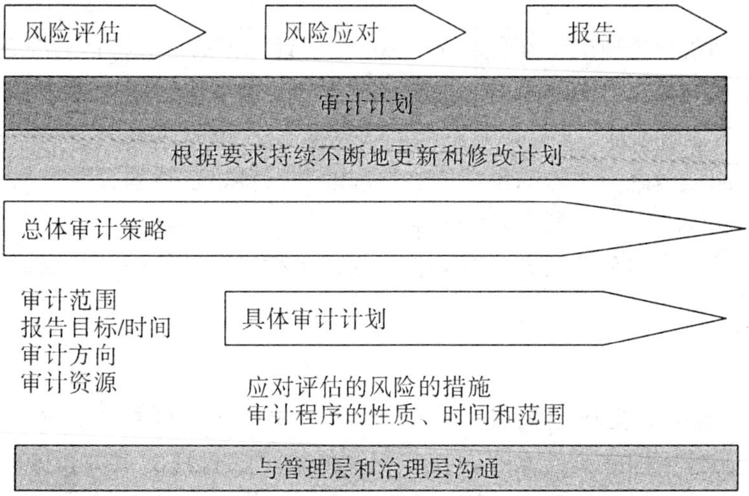

图 7－1　审计计划的两个层次

（3）预期审计工作涵盖的范围，包括应涵盖的组成部分的数量及所在地点；

（4）母公司和集团组成部分之间存在的控制关系的性质，以确定如何编制合并财务报表；

（5）由组成部分注册会计师审计组成部分的范围；

（6）拟审计的经营分部的性质，包括是否需要具备专门知识；

（7）外币折算，包括外币交易的会计处理、外币财务报表的折算和相关信息的披露；

（8）除为合并目的执行的审计工作之外，对个别财务报表进行法定审计的需求；

（9）内部审计工作的可获得性及注册会计师拟信赖内部审计工作的程度；

（10）被审计单位使用服务机构的情况，及注册会计师如何取得有关服务机构内部控制设计和运行有效性的证据；

（11）对利用在以前审计工作中获取的审计证据（如获取的与风险评估程序和控制测试相关的审计证据）的预期；

（12）信息技术对审计程序的影响，包括数据的可获得性和对使用计算机辅助审计技术的预期；

（13）协调审计工作与中期财务信息审阅的预期涵盖范围和时间安排，以及中期审阅所获取的信息对审计工作的影响；

（14）与被审计单位人员的时间协调和相关数据的可获得性。

（二）报告目标、时间安排和所需沟通的性质

为计划报告目标、时间安排及所需沟通的性质，需要考虑的事项有：

（1）被审计单位对外报告的时间表，包括中间阶段和最终阶段；

（2）与管理层和治理层举行会谈，讨论审计工作的性质、时间安排和范围；

（3）与管理层和治理层讨论注册会计师拟出具的报告的类型和时间安排以及沟通的其他事项（口头或书面沟通），包括审计报告、管理建议书和向治理层通报的其他

事项；

（4）与管理层讨论预期就整个审计业务中对审计工作的进展进行的沟通；

（5）与组成部分注册会计师沟通拟出具的报告的类型和时间安排，以及与组成部分审计相关的其他事项；

（6）项目组成员之间沟通的预期的性质和时间安排，包括项目组会议的性质和时间安排，以及复核已执行工作的时间安排；

（7）预期是否需要和第三方进行其他沟通，包括与审计相关的法定或约定的报告责任。

（三）审计方向

总体审计策略的制定应当包括考虑影响审计业务的重要因素，以确定项目组工作方向，包括确定适当的重要性水平，初步识别可能存在较高的重大错报风险的领域，初步识别重要的组成部分和账户余额，评价是否需要针对内部控制的有效性获取审计证据，识别被审计单位、所处行业、财务报告要求及其他相关方面最近发生的重大变化等。

在确定审计方向时，注册会计师需要考虑下列事项：

（1）重要性方面。具体包括：在制订审计计划时确定的重要性水平；为组成部分确定重要性且与组成部分的注册会计师沟通；在审计过程中重新考虑重要性；识别重要的组成部分和账户余额。

（2）重大错报风险较高的审计领域。

（3）评估的财务报表层次的重大错报风险对指导、监督及复核的影响。

（4）项目组成员的选择（在必要时包括项目质量控制复核人员）和工作分工，包括向重大错报风险较高的审计领域分派具备适当经验的人员。

（5）项目预算，包括考虑为重大错报风险可能较高的审计领域分配适当的工作时间。

（6）向项目组成员强调在收集和评价审计证据过程中保持职业怀疑必要性的方式。

（7）以往审计中对内部控制运行有效性评价的结果，包括所识别的控制缺陷的性质及应对措施。

（8）管理层重视设计和实施健全的内部控制的相关证据，包括这些内部控制得以适当记录的证据。

（9）业务交易量规模，以基于审计效率的考虑确定是否信赖内部控制。

（10）管理层对内部控制重要性的重视程度。

（11）影响被审计单位经营的重大发展变化，包括信息技术和业务流程的变化，关键管理人员变化，以及收购、兼并和分立。

（12）重大的行业发展情况，如行业法规变化和新的报告规定。

（13）会计准则及会计制度的变化。

（14）其他重大变化，如影响被审计单位的法律环境的变化。

此外，注册会计师还应考虑初步业务活动的结果，以及为被审计单位提供其他服务时所获得的经验。

（四）审计资源

注册会计师应当在总体审计策略中清楚地说明审计资源的规划和调配，包括确定执行审计业务所必需的审计资源的性质、时间安排和范围。

（1）向具体审计领域调配的资源，包括向高风险领域分派有适当经验的项目组成员，就复杂的问题利用专家工作等。

（2）向具体审计领域分配资源的数量，包括安排到重要存货存放地观察存货盘点的项目组成员的数量，对其他注册会计师工作的复核范围，对高风险领域安排的审计时间预算等。

（3）何时调配这些资源，包括是在期中审计阶段还是在关键的截止日期调配资源等。

（4）如何管理、指导、监督这些资源的利用，包括预期何时召开项目组预备会和总结会，预期项目负责人和经理如何进行复核，是否需要实施项目质量控制复核等。

总体审计策略的格式如表 7－1 所示：

表 7－1　　总体审计策略参考格式

被审计单位：________ 项目：总体审计策略 编制：________ 日期：________	索引号：________ 财务报表截止日/期间：________ 复核：________ 日期：________

一、审计范围

报告要求	
适用的会计准则或制度	
适用的审计准则	
与财务报告相关的行业特别规定	例如：监管机构发布的有关信息披露法规、特定行业主管部门发布的与财务报告相关的法规等
需审计的集团内组成部分的数量及所在地点	
需要阅读的含有已审计财务报表的文件中的其他信息	例如：上市公司年报
制定审计策略需考虑的其他事项	例如：单独出具报告的子公司范围等

二、审计业务时间安排

（一）对外报告时间安排：________________

（二）执行审计时间安排

执行审计时间安排	时间
1. 期中审计	
（1）制定总体审计策略	
（2）制定具体审计计划	
……	
2. 期末审计	
（1）存货监盘	
……	

（三）沟通的时间安排

所需沟通	时间
与管理层及治理层的会议	
项目组会议（包括预备会和总结会）	
与专家或有关人士的沟通	
与其他注册会计师沟通	
与前任注册会计师沟通	
……	

三、影响审计业务的重要因素

（一）重要性

确定的重要性水平	索引号
……	

（二）可能存在较高重大错报风险的领域

可能存在较高重大错报风险的领域	索引号
……	

（三）重要的组成部分和账户余额

填写说明：

1. 记录所审计的集团内重要的组成部分；

2. 记录重要的账户余额，包括本身具有重要性的账户余额（如存货），以及评估出存在重大错报风险的账户余额。

重要的组成部分和账户余额	索引号
1. 重要的组成部分	
……	
2. 重要的账户余额	
……	

四、人员安排

（一）项目组主要成员的责任

职位	姓名	主要职责
……		

注：在分配职责时可以根据被审计单位的不同情况按会计科目划分，或按交易类别划分。

（二）与项目质量控制复核人员的沟通（如适用）

复核的范围：______________________________

沟通内容	负责沟通的项目组成员	计划沟通时间
风险评估、对审计计划的讨论		
对财务报表的复核		
……		

五、对专家或有关人士工作的利用（如适用）

注：如果项目组计划利用专家或有关人士的工作，需要记录其工作的范围和涉及的主要会计科目等。另外，项目组还应按照相关审计准则的要求对专家或有关人士的能力、客观性及其工作等进行考虑及评估。

（一）对内部审计工作的利用

主要报表项目	拟利用的内部审计工作	索引号
存货	内部审计部门对各仓库的存货每半年至少盘点一次。在中期审计时，项目组已经对内部审计部门盘点步骤进行观察，其结果满意，因此项目组将审阅其年底的盘点结果，并缩小存货监盘的范围。	
……		

（二）对其他注册会计师工作的利用

其他注册会计师名称	利用其工作范围及程度	索引号

（三）对专家工作的利用

主要报表项目	专家名称	主要职责及工作范围	利用专家工作的原因	索引号
……				

（四）对被审计单位使用服务机构的考虑

主要报表项目	服务机构名称	服务机构提供的相关服务及其注册会计师出具的审计报告意见及日期	索引号
……			

四、具体审计计划

具体审计计划又称审计程序计划，是依据总体审计策略制订的，对实施总体审计策略所需要的审计程序的性质、时间和范围等所作的详细规划和说明。具体审计计划比总体审计策略更加详细，其内容包括为获取充分、适当的审计证据以将审计风险降至可接受的低水平，项目组成员拟实施的审计程序的性质、时间和范围。

（一）总体审计策略和具体审计计划之间的关系

总体审计策略是具体审计计划的指导，具体审计计划是总体审计策略的延伸。

注册会计师应当针对总体审计策略中所识别的不同事项，制订具体审计计划，并考虑通过有效利用审计资源以实现审计目标。虽然制定总体审计策略的过程通常在具体审计计划之前，但是两项计划活动并不是孤立、不连续的过程，而是内在紧密联系的，对其中一项的决定可能会影响甚至改变对另外一项的决定。

因此，注册会计师应当根据实施风险评估程序的结果，对总体审计策略的内容予以调整。在实务中，注册会计师将制定总体审计策略和具体审计计划相结合进行，可能会使计划审计工作更有效率及效果，并且注册会计师也可以采用将总体审计策略和具体审计计划合并为一份审计计划文件的方式，以提高编制及复核工作的效率，增强其效果。

（二）具体审计计划的内容

具体审计计划应当包括风险评估程序、计划实施的进一步审计程序和其他审计程序。

1. 风险评估程序

风险评估程序是指通过了解被审计单位及其环境来识别和评估财务报表重大错报风险的程序。为了足够识别和评估财务报表重大错报风险，注册会计师需要计划风险评估程序的性质、时间和范围。

2. 进一步审计程序

进一步审计程序是指为了应对评估的认定层次重大错报风险而实施的审计程序，包括控制测试和实质性程序。针对评估的认定层次的重大错报风险，注册会计师需要计划进一步审计程序的性质、时间和范围。

随着审计工作的推进，对审计程序的计划会一步步深入，并贯穿于整个审计过程。例如，计划风险评估程序通常在审计开始阶段进行，计划进一步审计程序则需要依据风险评估程序的结果进行。因此，为达到编制具体审计计划的要求，注册会计师需要完成风险评估程序，识别和评估重大错报风险，并针对评估的认定层次的重大错报风险，计划实施进一步审计程序的性质、时间和范围。

通常，注册会计师计划的进一步审计程序可以分为进一步审计程序的总体方案和拟实施的具体审计程序（包括进一步审计程序的具体性质、时间和范围）两个层次。进一步审计程序的总体方案主要是指注册会计师针对各类交易、账户余额和列报决定采用的总体方案（包括实质性方案和综合性方案）。具体审计程序则是对进一步审计程序的总体方案的延伸和细化，它通常包括控制测试和实质性程序的性质、时间和范围。在实务中，注册会计师通常单独编制一套包括这些具体程序的“进一步审计程序表”，待具体实施审计程序时，注册会计师将基于所计划的具体审计程序，进一步记录所实施的审计程序及结果，并最终形成有关进一步审计程序的审计工作底稿。

另外，完整、详细的进一步审计程序的计划会包括对各类交易、账户余额和列报实施的具体审计程序的性质、时间和范围，包括抽取的样本量等。在实务中，注册会计师可以统筹安排进一步审计程序的先后顺序，如果对某类交易、账户余额或列报已经作出计划，则可以安排先行开展工作，与此同时再制定其他交易、账户余额和列报的进一步审计程序。

3. 其他审计程序

其他审计程序可以包括上述进一步程序的计划中没有涵盖的、根据其他审计准则的要求注册会计师应当执行的既定程序。例如，阅读含有已审计财务报表的文件中的其他信息，与被审计单位律师直接沟通等。

小提示：

计划审计工作是一个持续、不断修正的过程，贯穿于整个审计业务的始终。由于未预期事项、条件的变化或在实施审计程序中获取的审计证据等原因，注册会计师应当对总体审计策略和具体审计计划进行必要的更新和修改。

第二节　审计重要性

审计重要性是审计学中的一个重要概念。审计重要性的运用贯穿于整个审计过程，注册会计师在制订审计计划、实施审计程序和评价审计结果时都要考虑审计重要性问题。

一、审计重要性及其运用

重要性是指被审计单位会计报表中的错报和漏报对会计报表使用者所做决策的影响程度，这一程度在特定环境下可能影响会计报表使用者的判断或决策。重要性取决于在具体环境下对错报金额和性质的判断。

重要性概念可从下列方面进行理解：

（1）如果合理预期错报（包括漏报）单独或汇总起来可能影响财务报表使用者依据财务报表作出的经济决策，则通常认为错报是重大的。

（2）对重要性的判断是根据具体环境作出的，并受错报的金额或性质的影响，或受两者共同作用的影响。

（3）判断某事项对财务报表使用者是否重大，是在考虑财务报表使用者整体共同的财务信息需求的基础上作出的。由于不同财务报表使用者对财务信息的需求可能差异很大，因此不考虑错报对个别财务报表使用者可能产生的影响。

在审计开始时，就必须对重大错报的规模和性质做出一个判断，包括制定财务报表层次的重要性和特定交易类别、账户余额和披露的重要性水平。审计中可能存在未被发现的错报和单项非重大错报汇总后就变成重大错报的情况。为允许可能存在的这种情况，注册会计师应当制定一个比重要性水平更低的金额，以便评估风险和设计进一步审计程序。注册会计师使用整体重要性水平（将财务报表作为整体）的目的有：①决定风险评估程序的性质、时间安排和范围；②识别和评估重大错报风险：③确定进一步审计程序的性质、时间安排和范围。在整个业务过程中，随着审计工作的进展，注册会计师应当根据所获得的新信息更新重要性。在形成审计结论阶段，要使用整体重要性水平和为了特定交易类别、账户余额和披露而制定的较低金额的重要性水平来评价已识别的错报对财务报表的影响和对审计报告中审计意见的影响。

二、重要性水平的确定

在计划审计工作时，注册会计师应当确定一个重要性水平。注册会计师确定重要性水平需要考虑对被审计单位及其环境的了解、审计目标、财务报表各项目的性质及其相互关系、财务报表项目的金额及其波动幅度。具体在确定重要性水平时，应从错报的数量和性质两个方面加以考虑。

（一）从数量方面考虑重要性

重要性水平是一个经验值，注册会计师只能通过职业判断加以确定。在审计过程中，注册会计师应当考虑财务报表层次和特定交易、账户余额、列报认定层次的重要性水平。

1. 财务报表层次的重要性水平

由于财务报表审计的目标是注册会计师通过执行审计工作对财务报表发表审计意见，因此，注册会计师应当确定财务报表层次的重要性水平，并以此作为判断财务报表公允与否的标准。

注册会计师在制定总体审计策略时，就应当确定财务报表层次的重要性水平。确定多大错报会影响到财务报表使用者所作决策，是注册会计师运用职业判断的结果。注册会计师在确定重要性水平时，通常先选择一个恰当的基准，再选用适当的百分比乘以该基准，从而得出财务报表层次的重要性水平，即：

财务报表层次的重要性水平 = 恰当的基准 × 适当的百分比

在实务中，有许多汇总性财务数据可以用作确定财务报表层次重要性水平的基准，如总资产、净资产、销售收入、费用总额、毛利、净利润等。在选择适当的基准时，注册会计师应当考虑的因素包括：

（1）财务报表要素（如资产、负债、所有者权益、收入和费用）；

（2）是否存在特定会计主体的财务报表使用者特别关注的项目（如为了评价财务业绩，使用者可能更关注利润、收入或净资产）；

（3）被审计单位的性质、所处的生命周期阶段以及所处行业和经济环境；

（4）被审计单位的所有权结构和融资方式（例如，如果被审计单位仅通过债务而非权益进行融资，财务报表使用者可能更关注资产及资产的索偿权，而非被审计单位的收益）；

（5）基准的相对波动性。

注册会计师通常选择一个相对稳定、可预期且能够反映被审计单位正常规模的基准。对于以营利为目的的实体，通常以经常性业务的税前利润作为基准。如果经常性业务的税前利润不稳定，选用其他基准可能更加合适，如毛利或营业收入。

注册会计师通常运用职业判断合理选择百分比，据以确定重要性水平。例如，对以营利为目的的制造行业实体，可能认为经常性业务的税前利润的5%是适当的；对非营利组织，注册会计师可能认为总收入或费用总额的1%是适当的。

2. 特定交易、账户余额、报表认定层次的重要性水平

下列因素可能表明存在一个或多个特定类别的交易、账户余额或披露，其发生的错报金额虽然低于财务报表整体的重要性，但合理预期将影响财务报表使用者依据财务报表作出的经济决策：

（1）法律法规或适用的财务报告编制基础是否影响财务报表使用者对特定项目（如关联方交易、管理层和治理层的薪酬）计量或披露的预期；

（2）与被审计单位所处行业相关的关键性披露（如制药企业的研究与开发成本）；

（3）财务报表使用者是否特别关注财务报表中单独披露的业务的特定方面（如新收购的业务）。

在根据被审计单位的特定情况考虑是否存在上述交易、账户余额或披露时，注册会计师可能发现了解治理层和管理层的看法和预期是有用的。

（二）从性质方面考虑重要性

在某些情况下，金额相对较少的错报可能会对财务报表产生重大影响。例如一项不重大的违法支付或者没有遵循某项法律规定，但该支付或违法行为可能导致一项重大的或有负债、重大的资产损失或者收入损失，就认为上述事项是重大的。注册会计师在判断错报的性质是否重要时应该考虑的具体情况包括：

（1）对财务报表使用者需求的感知（比如他们对财务报表的哪一方面最感兴趣）；

（2）获利能力趋势；

（3）因没有遵守贷款契约、合同约定、法规条款和法定的或常规的报告要求而产生错报的影响；

（4）计算管理层报酬（奖金等）的依据；

（5）由于错误或舞弊而使一些账户项目对损失的敏感性；

（6）重大或有负债；

（7）通过一个账户处理大量的、复杂的和相同性质的个别交易；

（8）关联方交易；

（9）可能的违法行为、违约和利益冲突；

（10）财务报表项目的重要性、性质、复杂性和组成；

（11）可能包含了高度主观性的估计、分配或不确定性；

（12）管理层的偏见，管理层是否有动机将收益最大化或者最小化；

（13）管理层一直不愿意纠正已报告的与财务报告相关的内部控制的缺陷；

（14）与账户相关联的核算与报告的复杂性；

（15）自前一个会计期间以来账户特征发生的改变（例如，新的复杂性、主观性或交易的种类）；

（16）个别极其重大但不同的错报抵消产生的影响。

（三）实际执行的重要性

实际执行的重要性是指注册会计师确定的低于财务报表整体的重要性的一个或多个金额，旨在将未更正和未发现错报的汇总数超过财务报表整体的重要性的可能性降至适当的低水平。实际执行的重要性可能还包括注册会计师确定的低于特定类别的交易、账户余额或披露的重要性水平的一个或多个金额。

仅为发现单项重大的错报而计划审计工作将忽视这样一个事实，即单项非重大错报的汇总数可能导致财务报表出现重大错报，更不用说还没有考虑可能存在的未发现错报。确定财务报表整体的实际执行的重要性（根据定义可能是一个或多个金额），旨在将财务报表中未更正和未发现错报的汇总数超过财务报表整体的重要性的可能性降至适当的低水平。确定特定交易、账户余额或披露的认定的实际执行的重要性，旨在将这些交易、账户余额或披露中未更正与未发现错报的汇总数超过这些交易、账户余额或披露的重要性水平的可能性降至适当的低水平。

确定实际执行的重要性需要注册会计师运用职业判断，并考虑下列因素的影响：①对被审计单位的了解（这些了解在实施风险评估程序的过程中得到更新）；②前期审计工作中识别出的错报的性质和范围；③根据前期识别出的错报对本期错报作出的预期。

实际执行的重要性的经验值通常为财务报表整体重要性的50% ~75%，如表7－2所示：

表7－2 实际执行的重要性的经验值

经验值	情形
1. 接近财务报表整体重要性50%的情况	（1）经常性审计； （2）以前年度审计调整较多，项目总体风险较高（如处于高风险行业，经常面临较大市场压力，首次承接的审计项目或者需要出具特殊目的报告等）。
2. 接近财务报表整体重要性75%的情况	（1）经常性审计，以前年度审计调整较少； （2）项目总体风险较低（如处于低风险行业，市场压力较小）。

计划的重要性与实际执行的重要性之间的关系如图7－2所示：

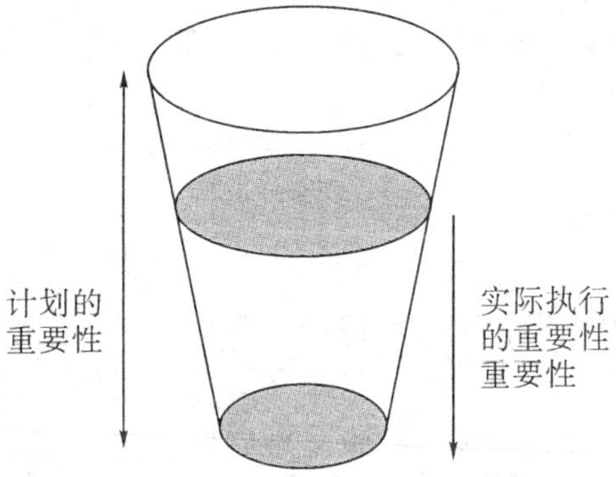

图7－2 计划重要性与实际执行重要性的关系

（四）审计过程中修改审计重要性

注册会计师可能需要修改财务报表整体的重要性和特定类别的交易、账户余额或披露的认定重要性水平。修改重要性水平的原因包括：①审计过程中情况发生重大变化（如决定处置被审计单位的一个重要组成部分）；②获取新信息；③通过实施进一步审计程序，注册会计师对被审计单位及其经营的了解发生变化。

三、评价审计过程中识别出的错报

（一）错报的定义

错报是指某一财务报表项目的金额、分类、列报或披露，与按照适用的财务报告编制基础应当列示的金额、分类、列报或披露之间存在的差异；或根据注册会计师的判断，为使财务报表在所有重大方面实现公允反映，需要对金额、分类、列报或披露作出的必要调整。

错报可能由下列事项导致：①收集或处理用以编制财务报表的数据时出现错误；②遗漏某项金额或披露；③由于疏忽或明显误解有关事实导致作出不正确的会计估计；④注册会计师认为管理层对会计估计作出不合理的判断或对会计政策作出不恰当的选择和运用。

（二）累积识别出的错报

注册会计师应当累积识别出的错报，但对于明显微小的错报则不需要累积。所谓明显微小的错报，是指其汇总数明显不会对财务报表产生重大影响，无论单独或者汇总起来，无论从规模、性质或其发生的环境来看都是明显微不足道的。"明显微小"不等同于"不重大"。明显微小错报的金额的数量级，与确定的重要性的数量级相比，是完全不同的（明显微小错报的数量级更小）。如果不确定一个或多个错报是否明显微小，就不能认为这些错报是明显微小的。

注册会计师在评价审计过程中累积错报的影响以及与管理层和治理层沟通错报事项时，一般将错报区分为事实错报、判断错报和推断错报。

（1）事实错报。事实错报是指与客观事实不相符合的错报。这类错报产生于被审计单位收集和处理数据的错误，对事实的忽略或误解，或故意舞弊行为。例如，注册会计师在审计测试中发现最近购入存货的实际价值为 15 000 元，但账面记录的金额却为 10 000 元。因此，存货和应付账款分别被低估了 5 000 元，这里被低估的 5 000 元就是已识别的对事实的具体错报。

（2）判断错报。判断错报是指管理层对会计估计作出不合理的判断或不恰当地选择和运用会计政策而导致的错报。这类错报产生于两种情况：一是管理层和注册会计师对会计估计值的判断差异，例如，由于包含在财务报表中的管理层做出的估计值超出了注册会计师确定的一个合理范围，导致出现判断差异；二是管理层和注册会计师对选择和运用会计政策的判断差异，由于注册会计师认为管理层选用会计政策造成错报，管理层却认为选用会计政策适当，导致出现判断差异。

（3）推断错报。注册会计师对总体存在的错报作出的最佳估计数，涉及根据在审计样本中识别出的错报来推断总体的错报。推断错报通常包括：

①通过测试样本估计出的总体的错报减去在测试中发现的已经识别的具体错报。例如，应收账款年末余额为 2 000 万元，注册会计师抽查 10% 样本发现金额有 100 万元的高估，高估部分为账面金额的 20%，据此注册会计师推断总体的错报金额为 400 万元（即 2 000 ×20%），那么上述 100 万元就是已识别的具体错报，其余 300 万元即推

断误差。

②通过实质性分析程序推断出的会计错报。例如，注册会计师根据客户的预算资料及行业趋势等要素，对客户年度销售费用独立做出估计，并与客户账面金额比较，发现两者间有50%的差异；考虑到估计的精确性有限，注册会计师根据经验认为10%的差异通常是可接受的，而剩余40%的差异需要有合理解释并取得佐证性证据；假定注册会计师对其中10%的差异无法得到例题解释或不能取得佐证，则该部分差异金额即为推断误差。

（三）对审计过程识别出的错报的考虑

错报可能不会孤立发生，一项错报的发生还可能表明存在其他错报。抽样风险和非抽样风险可能导致某些错报未被发现。审计过程中累积错报的汇总数接近注册会计师确定的重要性，则表明存在比可接受的低风险更大的风险，即可能未被发现的错报连同审计过程中累积错报的汇总数，可能超过重要性。

注册会计师可能要求管理层检查某类交易、账户余额或披露，以使管理层了解注册会计师识别出的错报的产生原因，并要求管理层采取措施以确定这些交易、账户余额或披露实际发生错报的金额，以及对财务报表作出适当的调整。例如，在从审计样本中识别出的错报推断总体错报时，注册会计师可能提出这些要求。

（四）评价未更正错报的影响

未更正错报，是指注册会计师在审计过程中累积的且被审计单位未予更正的错报。注册会计师在计划阶段根据对被审计单位财务结果的估计，确定了计划的重要性，在评价未更正错报的影响之前，注册会计师可能有必要依据实际的财务结果对重要性作出修改。但是，如果注册会计师对重要性或重要性水平（如适用）进行的重新评价导致需要确定较低的金额，则应重新考虑实际执行的重要性和进一步审计程序的性质、时间安排和范围的适当性，以获取充分、适当的审计证据，作为发表审计意见的基础。

注册会计师需要考虑每一单项错报，以评价其对相关类别的交易、账户余额或披露的影响，包括评价该项错报是否超过特定类别的交易、账户余额或披露的重要性水平。如果注册会计师认为某一单项错报是重大的，则该项错报不太可能被其他错报抵消。例如，如果收入存在重大高估，即使这项错报对收益的影响完全可被相同金额的费用高估所抵消，注册会计师仍认为财务报表整体存在重大错报。对于同一账户余额或同一类别的交易内部的错报，这种抵消可能是适当的。然而，在得出抵消非重大错报是适当的这一结论之前，需要考虑可能存在其他未被发现的错报的风险。

确定一项分类错报是否重大，需要进行定性评估。例如，分类错报对负债或其他合同条款的影响，对单个财务报表项目或小计数的影响，以及对关键比率的影响。即使分类错报超过了在评价其他错报时运用的重要性水平，注册会计师可能仍然认为该分类错报对财务报表整体不产生重大影响。例如，如果资产负债表项目之间的分类错报金额相对于所影响的资产负债表项目金额较小，并且对利润表或所有关键比率不产生影响，注册会计师可以认为这种分类错报对财务报表整体不产生重大影响。即使某些错报低于财务报表整体的重要性，但因与这些错报相关的某些情况，在将其单独或连同在审计过程中累积的其他错报一并考虑时，注册会计师也可能将这些错报评价为重大错报。

可能影响评价的情况包括：

（1）错报对遵守监管要求的影响程度。

（2）错报对遵守债务合同或其他合同条款的影响程度。

（3）错报与会计政策的不正确选择或运用相关，这些会计政策的不正确选择或运用对当期财务报表不产生重大影响，但可能对未来期间财务报表产生重大影响。

（4）错报掩盖收益的变化或其他趋势的程度（尤其是在结合宏观经济背景和行业状况进行考虑时）。

（5）错报对用于评价被审计单位财务状况、经营成果或现金流量的有关比率的影响程度。

（6）错报对财务报表中披露的分部信息的影响程度。例如，错报事项对某一分部或对被审计单位的经营或盈利能力有重大影响的其他组成部分的重要程度。

（7）错报对增加管理层薪酬的影响程度。例如，管理层通过达到有关奖金或其他激励政策规定的要求以增加薪酬。

（8）相对于注册会计师所了解的以前向财务报表使用者传达的信息（如盈利预测），错报是重大的。

（9）错报对涉及特定机构或人员的项目的相关程度。例如，与被审计单位发生交易的外部机构或人员是否与管理层成员有关联关系。

（10）错报涉及对某些信息的遗漏，尽管适用的财务报告编制基础未对这些信息作出明确规定，但是注册会计师根据职业判断认为这些信息对财务报表使用者了解被审计单位的财务状况、经营成果或现金流量是重要的。

（11）错报对其他信息（如包含在“管理层讨论与分析”或“经营与财务回顾”中的信息）的影响程度，这些信息与已审计财务报表一同披露，并被合理预期可能影响财务报表使用者作出的经济决策。

小提示：

重要性与审计证据之间存在反向关系。重要性水平越低，注册会计师就越要收集更多的审计证据。

第三节　审计风险

在计划审计工作时，注册会计师还应当对审计风险进行评估，以便确定进一步审计程序的性质、时间和范围。

一、审计风险的含义

审计风险是指财务报表存在重大错报而注册会计师发表不恰当审计意见的可能性。

审计风险并不包含下面这种情况，即财务报表不含有重大错报，而注册会计师错误地发表了财务报表含有重大错报的审计意见的风险。

审计业务是一种保证程度较高的鉴证业务，注册会计师能够为财务报表不存在重大错报提供相当高程度的保证（合理保证），但不能提供百分之百的保证，这就意味着审计风险是客观存在的。合理保证与审计风险互为补数，即合理保证与审计风险之和等于100%。

注册会计师在审计过程中应将审计风险降至可接受的低水平，以对财务报表不存在重大错报提供合理保证。因此，如何降低审计风险，增加审计结论的可靠性是注册会计师在整个审计过程中要考虑的一个重要问题。在计划审计工作时，注册会计师要根据可接受的审计风险水平来规划具体审计程序。

二、审计风险的组成

审计风险由重大错报风险和检查风险组成，它们之间的关系用模型表示为：

审计风险＝重大错报风险×检查风险

（一）重大错报风险

重大错报风险是指财务报表在审计前存在重大错报的可能性。重大错报风险与被审计单位的风险相关，且独立存在于财务报表的审计，不受注册会计师的控制。注册会计师只能通过实施风险评估程序来正确评估重大错报风险，并根据评估的重大错报风险采取应对措施。在设计审计程序以确定财务报表整体是否存在重大错报时，注册会计师应当从财务报表层次和各类交易、账户余额、列报认定层次考虑重大错报风险。

1. 财务报表层次重大错报风险

财务报表层次重大错报风险与财务报表整体存在广泛联系，它可能影响多项认定。此类风险通常与控制环境有关，如管理层缺乏诚信、治理层形同虚设而不能对管理层进行有效监督等；但也可能与其他因素有关，如经济萧条、企业所在行业处于衰退期。此类风险难以被界定于某类交易、账户余额、列报的具体认定，相反，此类风险增大了一个或多个不同认定发生重大错报的可能性，与由舞弊引起的风险特别相关。

注册会计师应当评估财务报表层次的重大错报风险，并根据评估结果确定总体应对措施。

2. 认定层次的重大错报风险

认定层次的重大错报风险与特定的各类交易、账户余额、列报的认定相关。例如，被审计单位存在复杂的联营或合资，这一事项表明长期股权投资账户的认定可能存在重大错报风险。又如，被审计单位存在重大的关联方交易，该事项表明关联方及关联方交易的披露认定可能存在重大错报风险。

注册会计师应当评估认定层次的重大错报风险，并根据既定的审计风险水平和评估的认定层次重大错报风险确定可接受的检查风险水平。注册会计师应当考虑各类交易、账户余额、列报认定层次的重大错报风险，以便于针对认定层次计划和实施进一步审计程序。

认定层次的重大错报风险可以进一步划分为固有风险和控制风险，即：

认定层次重大错报风险 = 固有风险 × 控制风险

固有风险是指假设不存在相关的内部控制，某一认定发生重大错报的可能性，无论该错报单独考虑，还是连同其他错报构成重大错报。固有风险受交易及账户的性质的影响，也受环境的影响。如技术进步可能导致产品陈旧，进而导致存货易于发生高估错报（计价认定）。

控制风险是指某项认定发生了重大错报，无论该错报单独考虑，还是连同其他错报构成重大错报，而该错报没有被企业的内部控制及时防止、发现和纠正的可能性。控制风险的高低取决于与财务报表相关的内部控制设计和运行的有效性。

（二）检查风险

检查风险又称测试风险，是指某一认定存在错报，该错报单独或连同其他错报是重大的，但注册会计师未能发现这种错报的可能性。

检查风险取决于审计程序设计的合理性和执行的有效性。注册会计师通常无法将检查风险降低为零，其原因主要有两点：一是注册会计师通常并不对所有的交易、账户余额和列报进行检查；二是注册会计师可能选择了不恰当的审计程序，或是审计程序执行不当，或是错误理解了审计结论。第二方面的原因可以通过适当计划、在项目组成员之间进行恰当的职责分配、保持职业怀疑态度以及监督、指导和复核助理人员所执行的审计工作得以解决。

注册会计师应当合理设计审计程序的性质、时间和范围，并有效执行审计程序，以控制检查风险。

（三）审计风险模型中各要素之间的关系

1. 检查风险与重大错报风险的关系

在既定的审计风险水平下，可接受的检查风险水平与认定层次重大错报风险的评估结果成反向关系。评估的重大错报风险越高，可接受的检查风险越低；评估的重大错报风险越低，可接受的检查风险越高。两者的关系如图 7 - 3 所示：

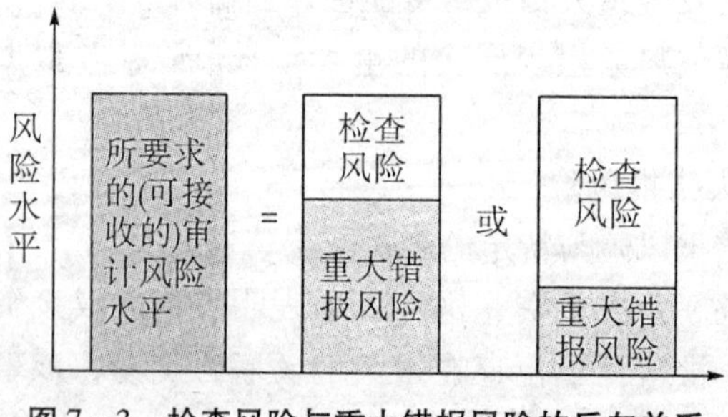

图 7 - 3　检查风险与重大错报风险的反向关系

2. 审计风险与检查风险的关系

在既定的重大错报风险水平下，可接受审计风险与可接受的检查风险呈正向关系。审计人员可接受的审计风险越高，可接受的检查风险水平就越高；反之，审计人员可接受的审计风险水平越低，可接受的检查风险水平就越低。

三、审计风险与重要性和审计证据的关系

（一）审计风险与重要性的关系

重要性与审计风险之间存在反向关系。重要性水平越高，审计风险越低；重要性水平越低，审计风险越高。这里所说的重要性水平高低指的是金额的大小。通常，4 000元的重要性水平比2 000 元的重要性水平高。在理解两者之间的关系时，必须注意，重要性水平是注册会计师从财务报表使用者的角度进行判断的结果。如果重要性水平是4 000 元，则意味着低于4 000 元的错报不会影响到财务报表使用者的决策，此时注册会计师需要通过执行有关审计程序合理保证能发现高于4 000 元的错报。如果重要性水平是2 000 元，则金额在2 000 元以上的错报就会影响财务报表使用者的决策，此时注册会计师需要通过执行有关审计程序合理保证能发现金额在2 000 元以上的错报。显然，重要性水平为2 000 元时审计不出这样的重大错报的可能性即审计风险，要比重要性水平为4 000 元时的审计风险高。审计风险越高，越要求注册会计师收集更多更有效的审计证据，以将审计风险降至可接受的低水平。因此，重要性和审计证据之间也是反向变动关系，如图7－4所示：

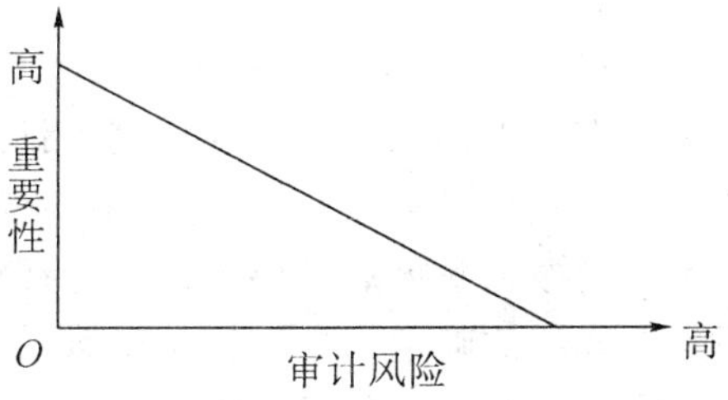

图7－4 重要性与审计风险之间的反向关系

值得注意的是，注册会计师不能通过人为不合理地调高重要性水平来降低审计风险。因为重要性是依据重要性概念中所述的判断标准确定的，而不是由主观期望的审计风险水平决定。

由于重要性和审计风险存在上述反向关系，而且这种关系对注册会计师将要执行的审计程序的性质、时间和范围有直接的影响，因此，注册会计师应当综合考虑各种因素，合理确定重要性水平。

（二）审计风险与审计证据的关系

审计风险与审计证据之间的关系如图7－5所示。

注册会计师拟接受的审计风险与审计证据之间是反向关系，注册会计师拟接受的审计风险越低，就需要执行更多的审计程序，收集更多的审计证据。

重大错报风险与审计证据之间是正向关系。重大错报风险越高，所需要的审计证据就越多，以将审计风险降低到可接受的水平。

检查风险与审计证据之间是反向关系，计划的检查风险水平越低，所需的审计证

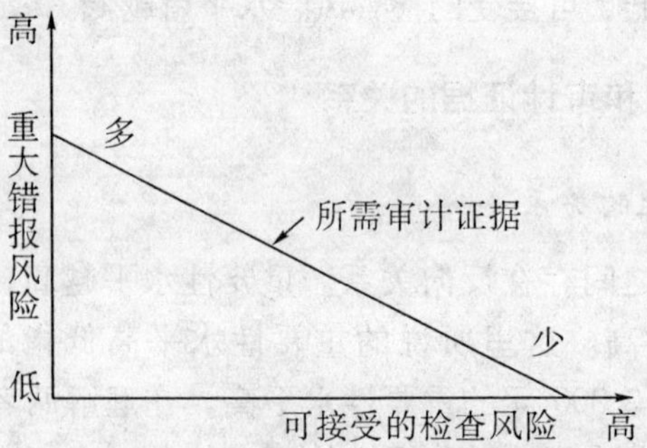

图7-5　审计风险与审计证据的关系

据数量就越多。

小提示：

在实务中，注册会计师不一定用绝对数量来表达审计风险水平，而可能用“高”、“中”、“低”等文字进行描述。

本章小结

计划审计工作是财务报表审计工作的起点。在计划审计工作中，注册会计师要开展初步业务活动、签订业务约定书、制定总体审计策略和具体审计计划。

审计重要性是财务报表中错报和漏报的重要程度，它在审计的计划阶段和评价审计结果阶段都有重要作用。重要性的确定需要从错报的数量和性质两方面考虑。从数量方面考虑，注册会计师要考虑报表层次的重要性水平和特定交易、账户余额、列报认定层次的重要性水平。报表层次的重要性水平是恰当基准和适当百分比的乘积，而各类交易、账户余额、列报从性质方面考虑，金额不大但性质严重的错报同样视为重要的错报。实际执行的重要性通常低于计划的重要性。在审计结束阶段，注册会计师需要累积识别出的错报和评价未更正错报的影响。

审计风险是财务报表存在重大错报而注册会计师发表不恰当审计意见的可能性。审计风险=重大错报风险×检查风险。重大错报风险是指财务报表在审计前存在重大错报的可能性，它包括报表层次的重大错报风险和认定层次的重大错报风险。检查风险是某一认定存在错报，该错报单独或连同其他错报是重大的，但注册会计师未能发现这种错报的可能性。审计风险与重要性和审计证据之间都存在反向关系。

本章的重点为审计重要性与审计风险，难点为审计重要性的确定及审计重要性、审计风险、审计证据三者之间的关系。

关键概念

1. 审计业务约定书　2. 总体审计策略　3. 具体审计计划　4. 重要性　5. 错报

6. 审计风险　7. 重大错报风险　8. 检查风险

思考题

1. 如何开展初步业务活动？
2. 审计业务约定书包括哪些内容？
3. 总体审计策略和具体审计计划包括哪些内容？
4. 如何理解审计重要性？如何确定重要性水平？
5. 什么是审计风险？其组成要素有哪些？
6. 审计风险与重要性和审计证据之间是什么关系？

练习题

一、单项选择题

1. 一般在本期审计开始时进行初步业务活动，下列活动中不属于初步业务活动主要包括的内容是（　　）。

A. 针对保持客户关系和具体审计业务实施相应的质量控制程序

B. 评价遵守职业道德规范的情况

C. 及时签订或修改审计业务约定书

D. 实施风险评估程序

2. 注册会计师在制定总体审计策略时，对审计范围的考虑事项不包括（　　）。

A. 编制财务报表适用的会计准则和相关会计制度

B. 其他注册会计师参与审计集团内组成部分的范围

C. 评估的财务报表层次的重大错报风险对指导、监督及复核的影响

D. 需审计的业务分部性质，包括是否需要具备专门知识

3. 在既定的审计风险水平下，下列表述错误的是（　　）。

A. 评估的认定层次重大错报风险越低，可接受的检查风险越高

B. 可接受的检查风险与认定层次重大错报风险的评估结果成正向关系

C. 评估的认定层次重大错报风险越高，可接受的检查风险越低

D. 可接受的检查风险与认定层次重大错报风险的评估结果成反向关系

4. 重大错报风险是审计风险的组成部分，以下关于重大错报风险的说法中，不正确的是（　　）。

A. 认定层次重大错报风险通常与控制环境有关，但也可能与其他因素有关

B. 财务报表层次重大错报风险与财务报表整体存在广泛联系，可能影响多项认定

C. 认定层次重大错报风险可以界定于具体的某类交易、账户余额、列报的具体认定

D. 重大错报风险是财务报表在审计前存在的重大错报的可能性，与审计项目组人员的学识、技术和能力无关

5. 下列有关重要性、审计风险和审计证据的说法中，不正确的是（　　）。

A. 重要性与客观存在的审计风险之间存在反向关系

B. 重要性和审计证据的数量之间存在反向变动关系

C. 可接受的审计风险与审计证据的数量之间存在反向变动关系

D. 注册会计师可以通过调高重要性水平来降低审计风险

二、多项选择题

1. 下列属于审计业务约定书的基本内容的有（　　）。

A. 财务报表审计的目标

B. 组成部分管理层的独立程度

C. 审计收费

D. 在首次接受委托时，对与前任注册会计师沟通的安排

2. 注册会计师可以根据被审计单位的性质和环境来具体确定重要性的基准。以下说法中，你认同的有（　　）。

A. 对于资产管理公司来说，净资产可能是一个适当的基准

B. 对于收益不稳定的被审计单位或非营利组织来说，选择税前利润或税后净利润作为判断重要性水平的基准可能比较合适

C. 对于以营利为目的的被审计单位而言，来自经常性业务的税前利润或税后净利润可能是一个适当的基准

D. 由于销售收入和总资产具有相对稳定性，注册会计师经常将其用作确定计划重要性水平的基准

3. 在确定计划实施的审计程序后，如果注册会计师决定接受更低的重要性水平，下列方法中可以将审计风险降至可接受的低水平的有（　　）。

A. 如有可能，通过扩大控制测试范围或实施追加的控制测试，降低评估的重大错报风险，并支持降低后的重大错报风险水平

B. 通过修改计划实施的实质性程序的性质、时间和范围，降低检查风险

C. 不能对控制测试进行修改，只能通过修改实质性程序的性质、时间和范围降低审计风险

D. 如有可能，通过修改计划实施的控制测试的性质、时间和范围，降低检查风险

4. 以下关于财务报表审计中审计风险的表述正确的有（　　）。

A. 注册会计师的合理保证意味审计风险始终存在

B. 注册会计师应当通过控制检查风险以使审计风险降至可接受的低水平

C. 财务报表层次的重大错报风险与财务报表整体存在广泛联系，并可能影响多项认定

D. 如果审计程序设计合理并且执行有效，可以将检查风险降低为零

5. 检查风险是某一认定存在错报，该错报单独或连同其他错报是重大的，但注册会计师未能发现这种错报的可能性。检查风险不可能降低为零的原因有（　　）。

A. 注册会计师通常并不对所有的交易、账户余额和列报进行检查

B. 注册会计师可能选择了不恰当的审计程序

C. 注册会计师执行的审计过程不当

D. 注册会计师错误的解读了审计结论

第八章 风险评估与风险应对

学习目标

1. 了解风险评估的作用和程序。
2. 熟悉“了解被审计单位及其环境”及“了解内部控制”的内容。
3. 了解针对重大错报风险的总体应对措施。
4. 熟悉进一步审计程序的含义、性质、时间和范围。
5. 掌握控制测试和实质性程序的含义、性质、时间和范围。

【导入案例】

Rubbermaid公司是美国一家塑料品制造商，在20世纪90年代中期，该公司连续数年的年均增长率达到14%，且连续三年被《财富》杂志评选为“美国最受欢迎的企业”。

注册会计师对Rubbermaid公司进行战略分析发现，该公司对原油价格的波动非常敏感，因为塑料制品的一个重要原料是树脂，而树脂是通过原油炼制的。但该公司没有采取任何控制原材料风险的措施，既没有集中采购，也没有与供应商签订长期供货合同。当原油价格上涨时，它只能把增加的成本转嫁给客户。该公司也未能有效管理与最大客户沃尔玛的关系。沃尔玛拒绝接受价格上涨，并把Rubbermaid公司的产品放在靠里的货架上，而将该公司竞争对手的产品放在位置最好的货架上。该公司另一个战略方面的问题是制定的增长目标太高，试图维持14%的年增长率。实现目标的困难给管理层形成巨大压力，而这一点对于内控环境十分不利。同时，它在欧洲的扩张也遭遇挫折。

基于这些情况，审计师可作出合理的财务业绩预期：销售增长缓慢、销售毛利下降、利润降低、研发费用需要增加等。假如出现与预期不一致的情形，如这一年的销售毛利反而比去年增加等，审计师就要打个问号。同时，审计师可能估计它会通过降低产品质量来降低成本，以达到业绩目标，这就需要对成本结构进行分析，看它有没有改变产品配方来压缩成本；如果它产量过大而销售又不利，它的库存应该增加；还有资本结构方面，它在欧洲投资失败，这些投资是否确认减值损失等。通过这样一步步的分析评估，审计师可以判断出该公司风险较高的领域。

（案例来源：张菱．自上而下．财务总监．2005. 10）

第一节　风险评估

在计划审计工作后，审计工作进入实施阶段。在实施阶段，注册会计师首先要评估财务报表的重大错报风险。现代风险导向审计要求注册会计师评估财务报表的重大错报风险，并设计和实施进一步审计程序以应对评估的重大错报风险。

一、风险评估概述

（一）风险评估的作用

风险评估是通过了解被审计单位及其环境来进行的。了解被审计单位及其环境是必要程序，特别是为注册会计师在下列关键环节作出职业判断提供重要基础：

（1）确定重要性水平，并随着审计工作的进程评估对重要性水平的判断是否仍然适当；

（2）考虑会计政策的选择和运用是否恰当，以及财务报表的列报是否适当；

（3）识别需要特别考虑的领域，包括关联方交易、管理层运用持续经营假设的合理性，或交易是否具有合理的商业目的等；

（4）确定在实施分析程序时所使用的预期值；

（5）设计和实施进一步审计程序，以将审计风险降至可接受的低水平；

（6）评价所获取审计证据的充分性和适当性。

了解被审计单位及其环境是一个连续和动态地收集、更新与分析信息的过程，贯穿于整个审计过程的始终。

（二）风险评估的程序

注册会计师了解被审计单位及其环境，目的是为了识别和评估财务报表重大错报风险。为了解被审计单位及其环境而实施的程序称为风险评估程序。注册会计师应当依据通过这些程序所获取的信息，评估重大错报风险。

风险评估程序主要包括：

1. 询问被审计单位管理层和内部其他相关人员

询问被审计单位管理层和内部其他相关人员是了解被审计单位及其环境的一个重要信息来源。注册会计师可以考虑向管理层和财务负责人询问下列事项：

（1）管理层所关注的主要问题。如新的竞争对手、主要客户和供应商的流失、新的税收法规的实施以及经营目标或战略的变化等。

（2）被审计单位最近的财务状况、经营成果和现金流量。

（3）可能影响财务报告的交易和事项，或者目前发生的重大会计处理问题。如重大的购并事宜等。

（4）被审计单位发生的其他重要变化。如所有权结构、组织结构的变化，以及内部控制的变化等。

注册会计师除了询问管理层和对财务报告负有责任的人员外，还应当考虑询问内部审计人员、采购人员、生产人员、销售人员等其他人员，并考虑询问不同级别的员工，以获取对识别重大错报风险有用的信息。

2. 分析程序

分析程序是指注册会计师通过研究不同财务数据之间以及财务数据与非财务数据之间的内在关系，对财务信息作出评价。分析程序还包括调查识别出的、与其他相关信息不一致或与预期数据严重偏离的波动和关系。分析程序既可用作风险评估程序和实质性程序，也可用于对财务报表的总体复核。注册会计师实施分析程序有助于识别异常的交易或事项，以及对财务报表和审计产生影响的金额、比率和趋势。

在实施分析程序时，注册会计师应当预期可能存在的合理关系，并与被审计单位记录的金额、依据记录金额计算的比率或趋势相比较；如果发现异常或未预期到的关系，注册会计师应当在识别重大错报风险时考虑这些比较结果。如果使用了高度汇总的数据，实施分析程序的结果仅可能初步显示财务报表存在重大错报风险，注册会计师应当将分析结果连同识别重大错报风险时获取的其他信息一并考虑。

3. 观察和检查

观察和检查程序可以印证对管理层和其他相关人员的询问结果，并可提供有关被审计单位及其环境的信息。观察和检查程序包括：①观察被审计单位的生产经营活动；②检查文件、记录和内部控制手册；③阅读由管理层和治理层编制的报告；④实地察看被审计单位的生产经营场所和设备；⑤追踪交易在财务报告信息系统中的处理过程（穿行测试）。

4. 其他审计程序

除了采用上述程序从被审计单位内部获取信息以外，注册会计师还需要从被审计单位外部获取有关信息以识别重大错报风险。包括：①询问被审计单位聘请的外部法律顾问、专业评估师、投资顾问和财务顾问等。②阅读证券分析师、银行、评级机构出具的有关被审计单位及其所处行业的经济或市场环境等状况的报告，贸易与经济方面的期刊，法规或金融出版物，以及政府部门或民间组织发布的行业报告和统计数据等。

二、了解被审计单位及其环境

注册会计师应当从下列方面了解被审计单位及其环境，以充分识别和评估财务报表的重大错报风险。

（一）行业状况、法律环境与监管环境以及其他外部因素

1. 行业状况

了解行业状况有助于注册会计师识别与被审计单位所处行业有关的重大错报风险。了解的内容主要包括：①所处行业的市场供求与竞争；②生产经营的季节性和周期性；③产品生产技术的变化；④能源供应与成本；⑤行业的关键指标和统计数据。

2. 法律环境及监管环境

法律环境及监管环境主要包括：①适用的会计准则、会计制度和行业特定惯例；②对经营活动产生重大影响的法律法规及监管活动；③对开展业务产生重大影响的政府政策，包括货币、财政、税收和贸易等政策；④与被审计单位所处行业和所从事经营活动相关的环保要求。

3. 其他外部因素

其他外部因素主要包括：①宏观经济的景气度；②利率和资金供求状况；③通货膨胀水平及币值变动；④国际经济环境和汇率变动。

（二）被审计单位的性质

了解被审计单位的性质有助于注册会计师理解预期在财务报表中反映的各类交易、账户余额和列报。注册会计师应从以下几个方面了解被审计单位的性质：

1. 所有权结构

对被审计单位所有权结构的了解有助于注册会计师识别关联方关系并了解被审计单位的决策过程。注册会计师应当了解所有权结构以及所有者与其他人员或单位之间的关系，考虑关联方关系是否已经得到识别，以及关联方交易是否得到恰当核算。同时，注册会计师可能需要对其控股母公司（股东）的情况作进一步的了解，包括控股母公司的所有权性质，管理风格及其对被审计单位经营活动及财务报表可能产生的影响等。

2. 治理结构

良好的治理结构可以对被审计单位的经营和财务运作实施有效的监督，从而降低财务报表发生重大错报的风险。因此，注册会计师应当了解被审计单位的治理结构。例如，董事会的构成情况、董事会内部是否有独立董事；治理结构中是否设有审计委员会或监事会及其运作情况。

3. 组织结构

复杂的组织结构可能导致某些特定的重大错报风险。注册会计师应当了解被审计单位的组织结构，考虑复杂组织结构可能导致的重大错报风险，包括财务报表合并、商誉摊销和减值、长期股权投资核算以及特殊目的实体核算等问题。

4. 经营活动

了解被审计单位经营活动有助于注册会计师识别预期在财务报表中反映的主要交易类别、重要账户余额和列报。了解内容主要包括：主营业务的性质、与生产产品或提供劳务相关的市场信息、业务的开展情况、联盟、合营与外包情况、从事电子商务的情况、地区与行业分布、生产设施、仓库的地理位置及办公地点、关键客户、重要供应商、劳动用工情况、研究与开发活动及其支出、关联方交易等。

5. 投资活动

了解被审计单位投资活动有助于注册会计师关注被审计单位在经营策略和方向上的重大变化。了解内容主要包括：近期拟实施或已实施的并购活动与资产处置情况，包括业务重组或某些业务的终止、证券投资、委托贷款的发生与处置、资本性投资活动、不纳入合并范围的投资等。

6. 筹资活动

了解被审计单位筹资活动有助于注册会计师评估被审计单位在融资方面的压力，并进一步考虑被审计单位在可预见未来的持续经营能力。了解的内容主要包括：债务结构和相关条款、固定资产的租赁、关联方融资、实际受益股东、衍生金融工具的运用等。

（三）被审计单位对会计政策的选择和运用

注册会计师应当了解被审计单位对会计政策的选择和运用，是否符合适用的会计准则和相关会计制度，是否符合被审计单位的具体情况。了解的具体内容包括：

1. 重要项目的会计政策和行业惯例

重要项目的会计政策包括收入确认、存货的计价方法、投资的核算、固定资产的折旧方法、坏账准备、存货跌价准备和其他资产减值准备的确定、借款费用资本化方法、合并财务报表的编制方法等。除会计政策以外，某些行业可能还存在一些行业惯例，注册会计师应当熟悉这些行业惯例。

2. 重大和异常交易的会计处理方法

注册会计师应当考虑对重大的和不经常发生的交易的会计处理方法是否适当。例如，本期发生的企业合并的会计处理方法。

3. 在新领域和缺乏权威性标准或共识的领域，采用重要会计政策产生的影响

在新领域和缺乏权威性标准或共识的领域，注册会计师应当关注被审计单位选用了哪些会计政策，为什么选用这些会计政策以及选用这些会计政策产生的影响。

4. 会计政策的变更

如果被审计单位变更了重要的会计政策，注册会计师应当考虑变更的原因及其适当性，即考虑：①会计政策的变更是否是法律、行政法规或者适用的会计准则和相关会计制度要求的变更；②会计政策变更是否能够提供更可靠、更相关的会计信息。除此之外，注册会计师还应当关注会计政策的变更是否得到充分披露。

5. 新颁布的会计准则等的采用

其主要是指被审计单位何时采用以及如何采用新颁布的会计准则、相关会计制度和相关法律法规。

（四）被审计单位的目标、战略以及相关经营风险

1. 目标、战略与经营风险

目标是企业经营活动的指针。企业管理层或治理层一般会根据企业经营面临的外部环境和内部各种因素，制定合理可行的经营目标。战略是企业管理层为实现经营目标采用的总体层面的策略和方法。为了实现某一既定的经营目标，企业可能有多个可行战略。经营风险源于对被审计单位实现目标和战略产生不利影响的重大情况、事项、环境和行动，或源于不恰当的目标和战略。不同的企业可能面临不同的经营风险，这取决于企业经营的性质、所处行业、外部监管环境、企业的规模和复杂程度。

注册会计师应当了解被审计单位是否存在与下列方面有关的目标和战略，并考虑

相应的经营风险：

（1）行业发展，及其可能导致的被审计单位不具备足以应对行业变化的人力资源和业务专长等风险；

（2）开发新产品或提供新服务，及其可能导致的被审计单位产品责任增加等风险；

（3）业务扩张，及其可能导致的被审计单位对市场需求的估计不准确等风险；

（4）新颁布的会计法规，及其可能导致的被审计单位执行法规不当或不完整，或会计处理成本增加等风险；

（5）监管要求，及其可能导致的被审计单位法律责任增加等风险；

（6）本期及未来的融资条件，及其可能导致的被审计单位由于无法满足融资条件而失去融资机会等风险；

（7）信息技术的运用，及其可能导致的被审计单位信息系统与业务流程难以融合等风险。

2. 经营风险对重大错报风险的影响

经营风险与财务报表重大错报风险既有联系又有区别，前者比后者范围更广。注册会计师了解被审计单位的经营风险有助于其识别财务报表重大错报风险，但并非所有的经营风险都与财务报表相关，注册会计师没有责任识别或评估对财务报表没有影响的经营风险。

多数经营风险最终都会产生财务后果，从而影响财务报表。但并非所有经营风险都会导致重大错报风险。经营风险可能对各类交易、账户余额以及列报认定层次或财务报表层次产生直接影响。例如，企业合并导致银行客户群减少，使银行信贷风险集中，由此产生的经营风险可能增加与贷款计价认定有关的重大错报风险。同样的风险，尤其是在经济紧缩时，可能具有更为长期的后果，注册会计师在评估持续经营假设的适当性时需要考虑这一问题。注册会计师应当根据被审计单位的具体情况考虑经营风险是否可能导致财务报表发生重大错报。例如，企业当前的目标是在某一特定期间内进入某一新的海外市场，企业选择的战略是在当地成立合资公司。从该战略本身来看，是可以实现这一目标的。但是，成立合资公司可能会带来很多的经营风险，例如，企业如何与当地合资方在经营活动、企业文化等各方面协调，如何在合资公司中获得控制权或共同控制权，当地市场情况是否会发生变化，当地对合资公司的税收和外汇管理方面的政策是否稳定，合资公司的利润是否可以汇回，是否存在汇率风险等。这些经营风险反映到财务报表中，可能会因对合资公司是属于子公司、合营企业或联营企业的判断问题，投资核算问题，包括是否存在减值问题、对当地税收规定的理解，以及外币折算等问题而导致财务报表出现重大错报风险。

（五）被审计单位财务业绩的衡量和评价

被审计单位内部或外部对财务业绩的衡量和评价可能对管理层产生压力，促使其采取行动改善财务业绩或歪曲财务报表。因此，注册会计师应当了解被审计单位财务业绩的衡量和评价情况，考虑这种压力是否可能导致管理层采取行动，以至于增加财务报表发生重大错报的风险。

注册会计师了解的具体内容包括：①关键业绩指标；②业绩趋势；③预测、预算和差异分析；④管理层和员工业绩考核与激励性报酬政策；⑤分部信息与不同层次部门的业绩报告；⑥与竞争对手的业绩比较；⑦外部机构提出的报告。

在了解这些信息时，注册会计师应当关注被审计单位内部财务业绩衡量所显示的未预期到的结果或趋势、管理层的调查结果和纠正措施，以及相关信息是否显示财务报表可能存在重大错报。

三、了解被审计单位的内部控制

被审计单位内部控制是被审计单位及其环境的重要内容，了解被审计单位的内部控制是识别和评估重大错报风险、设计和实施进一步审计程序的基础。

（一）内部控制的含义

内部控制是被审计单位为了合理保证财务报告的可靠性、经营的效率和效果以及对法律法规的遵守，由治理层、管理层和其他人员设计和执行的政策和程序。

可以从以下几方面理解内部控制：

（1）内部控制的目标是合理保证：①财务报告的可靠性，这一目标与管理层履行财务报告编制责任密切相关；②经营的效率和效果，即经济有效地使用企业资源，以最优方式实现企业的目标；③在所有经营活动中遵守法律法规的要求，即在法律法规的框架下从事经营活动。

（2）设计和实施内部控制的责任主体是治理层、管理层和其他人员，组织中的每一个人都对内部控制负有责任。

（3）实现内部控制目标的手段是设计和执行控制政策和程序。

（二）内部控制的要素

内部控制包括控制环境、风险评估、控制活动、信息与沟通和监督五个相互关联的组成要素，如图 8－1 所示：

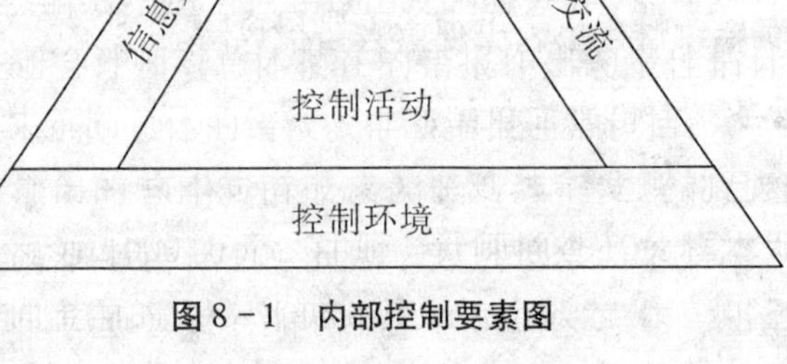

图 8－1　内部控制要素图

1. 控制环境

控制环境包括治理职能和管理职能，以及治理层和管理层对内部控制及其重要性的态度、认识和措施。控制环境设定了被审计单位的内部控制基调，影响员工对内部控制的认识和态度。良好的控制环境是实施有效内部控制的基础。

控制环境一般包括：①对诚信和道德价值观念的沟通与落实；②对胜任能力的重视；③治理层的参与程度；④管理层的理念和经营风格；⑤组织结构；⑥职权与责任的分配；⑦人力资源政策与实务。

2. 风险评估过程

风险评估过程的作用是识别、评估和管理影响被审计单位实现经营目标能力的各种风险。而针对财务报告目标的风险评估过程则包括：①识别与财务报告相关的经营风险；②评估风险的重大性和发生的可能性；③采取措施管理这些风险。

3. 信息系统与沟通

信息系统与沟通是收集与交换被审计单位执行、管理和控制业务活动所需信息的过程，包括收集和提供信息（特别是履行内部控制岗位职责所需的信息）给适当人员，使之能够履行职责。

4. 控制活动

控制活动是指有助于确保管理层的指令得以执行的政策和程序。包括：

（1）授权。授权包括一般授权和特别授权，目的是防止未经授权的交易和活动。

（2）业绩评价。将实际与预算、财务数据与经营数据、内部数据与外部信息来源相比较，对发现的差异进行调查并采取必要的纠正措施。

（3）信息处理。信息处理包括一般控制、应用控制，以确保交易的准确性、完整性和授权。一般控制是指对数据中心、网络运行、接触或访问权限等进行控制；应用控制主要检查数据的准确性、审核账户和试算平衡等。

（4）实物控制。实物控制包括：资产和记录的实物预防；对访问计算机程序和数据文件设置授权；定期盘点并将盘点记录与会计记录相核对等。实物控制的效果影响资产的安全，从而对财务报表的可靠性及审计产生影响。

（5）职责分离。其核心是：钱账物三分管；一项业务从开始到结束不包办，即交易授权、交易记录、资产保管等职责分离，以防止同一员工在履行多项职责时可能发生的错误和舞弊。

5. 对控制的监督

对控制的监督是指被审计单位评价内部控制在一段时间内运行有效性的过程，该过程包括及时评价控制的设计和运行，以及根据情况的变化采取必要的纠正措施。

通常，被审计单位通过持续的监督活动、专门的评价活动或两者相结合，来实现对控制的监督。

（三）了解内部控制的广度

1. 了解与审计相关的内部控制

有些内部控制与审计有关，而有些内部控制与审计无关。注册会计师需要了解和评价的内部控制只是与财务报表审计相关的内部控制，并非被审单位所有的内部控制。

与审计相关的控制包括为实现财务报告可靠性目标设计和实施的控制和其他与审计相关的控制。例如，如果在设计和实施进一步审计程序时拟利用被审单位内部生成的信息，注册会计师应考虑用以保证该信息完整性和准确性的控制可能与审计相关。如果用以保证经营效率、效果的控制以及对法律法规遵守的控制与实施审计程序时评价或使用的数据相关，注册会计师应考虑这些控制可能与审计相关。

用以保护资产的内部控制可能包括与实现财务报告可靠性和经营效率、效果目标相关的控制。注册会计师在了解保护资产的内部控制各项要素时，可仅考虑其中与财务报告可靠性目标相关的控制。

2. 在整体层面了解内部控制

（1）询问管理层和员工，了解管理层对内部控制的态度和道德价值观念。

（2）检查书面资料，如文件、内部程序手册、流程图等，了解管理层是否建立了正式的内部控制制度。

（3）通过询问和观察，了解内部控制制度在日常工作中是否得到遵守，以及管理层如何处理违反行为守则的情形。

（4）询问被审计单位管理层，了解其风险评估过程，并复核记录风险评估过程的文件。

（5）检查和复核内部审计的程序和报告，了解内部控制设计和执行的情况。

3. 在业务层面了解内部控制

（1）确定重要业务流程和重要交易类别。

（2）了解重要交易流程，并记录获得的了解。

（3）确定可能发生错报的环节。

（4）识别和了解相关控制。

（5）执行穿行测试。穿行测试是指针对某类交易，选择其中几笔业务，根据业务执行中留下的痕迹，从始至终地检查其在各个环节的内部控制的设计和执行情况。

（6）初步评价和风险评估。对控制的评价结论可能是：①所设计的内部控制单独或连同其他控制能够防止或发现并纠正重大错报，并得到执行；②控制本身的设计是合理的，但没有得到执行；③控制本身的设计就是无效的或缺乏必要的控制。

（四）了解内部控制的深度

对内部控制了解的深度，是指在了解被审单位及其环境时对内部控制了解的程度。包括评价控制的设计，并确定其是否得到执行，但不包括对控制是否得到一贯执行的测试。其流程如图 8－2 所示：

1. 评价控制的设计

注册会计师在了解内部控制时，应当评价控制的设计，并确定其是否得到执行。评价控制的设计是指考虑一项控制单独或连同其他控制是否能够有效防止或发现并纠正重大错报。控制得到执行是指某项控制存在且被审计单位正在使用。设计不当的控制可能表明内部控制存在重大缺陷，注册会计师在确定是否考虑控制得到执行时，应

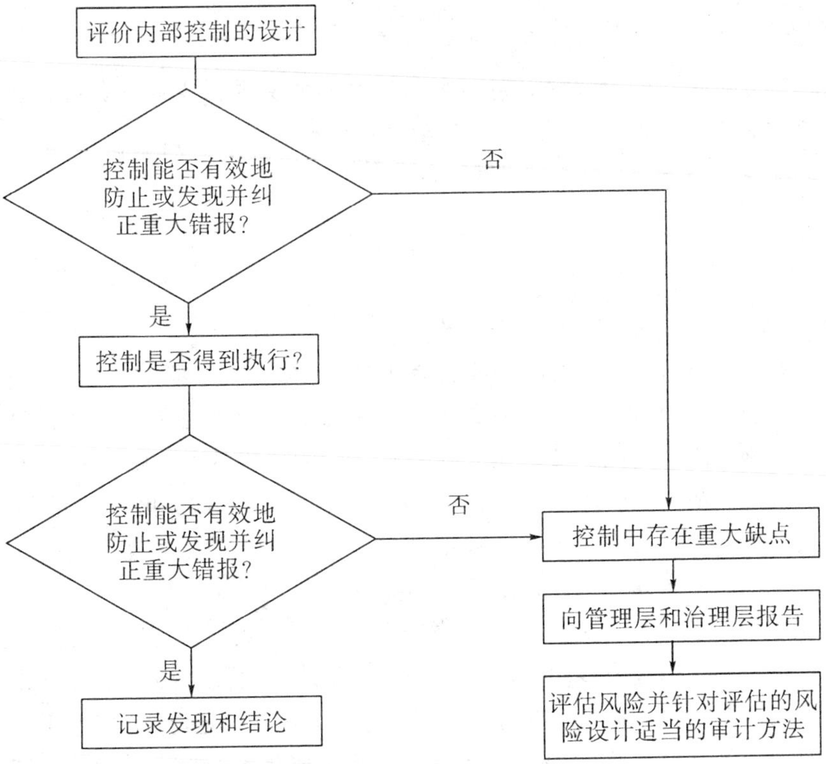

图 8－2 内部控制了解流程

当首先考虑控制的设计。如果控制设计不当，不需要再考虑控制是否得到执行。

2. 获取控制设计和执行的审计证据

注册会计师通常实施下列风险评估程序，以获取有关控制设计和执行的审计证据：①询问被审计单位的人员；②观察特定控制的运用；③检查文件和报告；④追踪交易在财务报告信息系统中的处理过程（穿行测试）。这些程序是风险评估程序在了解被审计单位内部控制方面的具体运用。询问本身并不足以评价控制的设计以及确定其是否得到执行，注册会计师应当将询问与其他风险评估程序结合使用。

3. 了解内部控制与测试控制运行有效性的关系

除非存在某些可以使控制得到一贯运行的自动化控制，注册会计师对控制的了解并不能够代替对控制运行有效性的测试。

例如，获取某一人工控制在某一时点得到执行的审计证据，并不能证明该控制在所审计期间内的其他时点也有效运行。但是，信息技术可以使被审计单位持续一贯地对大量数据进行处理，提高了被审计单位监督控制活动运行情况的能力，信息技术还可以通过对应用软件、数据库、操作系统设置安全控制来实现有效的职责划分。由于信息技术处理流程的内在一贯性，实施审计程序确定某项自动控制是否得到执行，也可能实现对控制运行有效性测试的目标。

小提示：

内部控制存在固有的局限性，对内部控制目标的实现只能提供合理保证。内部控制不是万能的，但没有内部控制是万万不能的。

四、评估重大错报风险

（一）识别和评估重大错报风险

1. 识别和评估重大错报风险的审计程序

在识别和评估重大错报风险时，注册会计师应当实施下列审计程序：

（1）在了解被审计单位及其环境的整个过程中，结合对各类交易、账户余额和披露的考虑，识别风险。例如，被审计单位因相关环境法规的实施需要更新设备，可能面临原有设备闲置或贬值的风险；宏观经济的低迷可能预示应收账款的回收存在问题；竞争者开发的新产品上市，可能导致被审计单位的主要产品在短期内过时，预示将出现存货跌价和长期资产（如固定资产等）的减值。

（2）结合对拟测试的相关控制的考虑，将识别的风险与认定层次可能发生错报的领域相联系。例如，销售困难使产品的市场价格下降，可能导致年末存货成本高于其可变现净值而需要计提存货跌价准备，这显示存货的计价认定可能发生错报。

（3）评估识别出的风险，评价其是否更广泛地与财务报表整体相关，进而潜在地影响多项认定。

（4）考虑识别的风险是否重大。风险是否重大是指风险造成后果的严重程度。上例中，除考虑产品市场价格下降因素外，注册会计师还应当考虑产品市场价格下降的幅度、该产品在被审计单位产品中的比重等，以确定识别的风险对财务报表的影响是否重大。假如产品市场价格大幅下降，导致产品销售收入不能补偿成本，毛利率为负，那么年末存货跌价问题严重，存货计价认定发生错报的风险重大；假如价格下降的产品在被审计单位销售收入中所占比例很小，被审计单位其他产品销售毛利率很高，尽管该产品的毛利率为负，但可能不会使年末存货发生重大跌价问题。

（5）考虑识别的风险导致财务报表发生重大错报的可能性，注册会计师还需要考虑上述识别的风险是否会导致财务报表发生重大错报。例如，考虑存货的账面余额是否重大，是否已适当计提存货跌价准备等。在某些情况下，尽管识别的风险重大，但仍不至于导致财务报表发生重大错报。例如，期末财务报表中存货的余额较低，尽管识别的风险重大，但不至于导致存货的计价认定发生重大错报风险。又如，被审计单位对于存货跌价准备的计提实施了比较有效的内部控制，管理层已根据存货的可变现净值，计提了相应的跌价准备。在这种情况下，财务报表发生重大错报的可能性将相应降低。

2. 识别两个层次的重大错报风险

在对重大错报风险进行识别和评估后，注册会计师应当确定识别的重大错报风险是与特定的某类交易、账户余额、列报的认定相关，还是与财务报表整体广泛相关，进而影响多项认定。

某些重大错报风险可能与特定的各类交易、账户余额、列报的认定相关。例如，被审计单位存在复杂的联营或合资，这一事项表明长期股权投资账户的认定可能存在重大错报风险。又如，被审计单位存在重大的关联方交易，该事项表明关联方及关联方交易的披露认定可能存在重大错报风险。

某些重大错报风险可能与财务报表整体广泛相关，进而影响多项认定。例如，在经济不稳定的国家和地区开展业务、资产的流动性出现问题、重要客户流失、融资能力受到限制等，可能导致注册会计师对被审计单位的持续经营能力产生重大疑虑。又如，管理层缺乏诚信或承受异常的压力可能引发舞弊风险，这些风险与财务报表整体相关。

3. 内部控制对评估重大错报风险的影响

（1）控制环境对评估财务报表层次重大错报风险的影响。财务报表层次的重大错报风险很可能源于薄弱的控制环境。薄弱的控制环境带来的风险可能对财务报表产生广泛影响，难以限于某类交易、账户余额、列报，注册会计师应当采取总体应对措施。例如，被审计单位治理层、管理层对内部控制的重要性缺乏认识，没有建立必要的制度和程序；管理层经营理念偏于激进，又缺乏实现激进目标的人力资源等，这些缺陷源于薄弱的控制环境，可能对财务报表产生广泛影响，需要注册会计师采取总体应对措施。

（2）控制对评估认定层次重大错报风险的影响。在评估重大错报风险时，注册会计师应当将所了解的控制与特定认定相联系，这是因为控制有助于防止或发现并纠正认定层次的重大错报。在评估重大错报发生的可能性时，除了考虑可能的风险外，还要考虑控制对风险的抵消和遏制作用。有效的控制会减少错报发生的可能性，而控制不当或缺乏控制，错报就会由可能变成现实。控制可能与某一认定直接相关，也可能与某一认定间接相关。关系越间接，控制在防止或发现并纠正认定中错报的作用越小。例如，销售经理对分地区的销售网点的销售情况进行复核，与销售收入完整性的认定只是间接相关。相应地，该项控制在降低销售收入完整性认定中的错报风险方面的效果，要比与该认定直接相关的控制（例如，将发货单与开具的销售发票相核对）的效果差。控制与认定直接或间接相关；关系越间接，控制对防止或发现并纠正认定错报的效果越小。注册会计师可能识别出有助于防止或发现并纠正特定认定发生重大错报的控制。在确定这些控制是否能够实现上述目标时，注册会计师应当将控制活动和其他要素综合考虑。

注册会计师应当考虑对识别的认定层次重大错报风险予以汇总，如表 8－1 所示：

表 8－1　　评估的认定层次重大错报风险汇总表

重大账户	认定	识别的重大错报风险	风险评估结果
列示重大账户	列示相关的认定	汇总实施审计程序识别出的与该重大账户的某项认定相关的重大错报风险	评估该项认定的重大错报风险水平（应考虑控制设计是否合理，是否得到执行）
例如，应收账款	存在	具体表现	最高、高、中、低

（二）需要特别考虑的重大错报风险

1. 特别风险的含义

特别风险是指注册会计师应运用职业判断确定的需要特别考虑的重大错报风险。

注册会计师在确定哪些风险是特别风险时，应当在考虑识别出的控制对相关风险的抵消效果前，根据风险的性质、潜在错报的重要程度（包括该风险是否可能导致多项错报）和发生的可能性，判断风险是否属于特别风险。

在确定风险的性质时，注册会计师应当考虑下列事项：①风险是否属于舞弊风险；②风险是否与近期经济环境、会计处理方法和其他方面的重大变化有关；③交易的复杂程度；④风险是否涉及重大的关联方交易；⑤财务信息计量的主观程度，特别是对不确定事项的计量存在较大区间；⑥风险是否涉及异常或超出正常经营过程的重大交易。

2. 非常规交易和判断事项导致的特别风险

日常的、不复杂的、经正规处理的交易不太可能产生特别风险，特别风险通常与重大的非常规交易和判断事项有关。

非常规交易是指由于金额或性质异常而不经常发生的交易。例如，企业购并、债务重组、重大或有事项等。由于非常规交易具有下列特征，与重大非常规交易相关的特别风险可能导致更高的重大错报风险：①管理层更多地介入会计处理；②数据收集和处理涉及更多的人工成分；③复杂的计算或会计处理方法；④非常规交易的性质可能使被审计单位难以对由此产生的特别风险实施有效控制。

判断事项通常包括作出的会计估计。如资产减值准备金额的估计、需要运用复杂估值技术确定的公允价值计量等。由于下列原因，与重大判断事项相关的特别风险可能导致更高的重大错报风险：①对涉及会计估计、收入确认等方面的会计原则存在不同的理解；②所要求的判断可能是主观和复杂的，或需要对未来事项作出假设。

3. 考虑与特别风险相关的控制

了解与特别风险相关的控制，有助于注册会计师制定有效的审计方案予以应对。

对特别风险，注册会计师应当评价相关控制的设计情况，并确定其是否已经得到执行。由于与重大非常规交易或判断事项相关的风险很少受到日常控制的约束，注册会计师应当了解被审计单位是否针对该特别风险设计和实施了控制。如果管理层未能实施控制以恰当应对特别风险，注册会计师应当认为内部控制存在重大缺陷，并考虑其对风险评估的影响。在此情况下，注册会计师应当考虑就此类事项与治理层沟通。

（三）仅通过实质性程序无法应对的重大错报风险

如果认为仅通过实质性程序获取的审计证据无法将认定层次的重大错报风险降至可接受的低水平，注册会计师应当评价被审计单位针对这些风险设计的控制，并确定其执行情况。在被审计单位对日常交易采用高度自动化处理的情况下，审计证据可能仅以电子形式存在，其充分性和适当性通常取决于自动化信息系统相关控制的有效性，注册会计师应当考虑仅通过实施实质性程序不能获取充分、适当审计证据的可能性。

在实务中，注册会计师可以用表 8－2 汇总识别的重大错报风险。

表 8－2　识别的重大错报风险汇总表

识别的重大错报风险	对财务报表的影响	相关交易类别、账户余额和列报认定	是否与财务报表整体广泛相关	是否属于特别风险	是否属于仅通过实质性程序无法应对的重大错报风险
记录识别的重大错报风险	描述对报表的影响和导致报表发生重大错报的可能性	列示相关的各类交易、账户余额、列报及其认定	考虑是否属于财务报表层次的重大错报风险	考虑是否属于特别风险	考虑是否属于仅通过实质性程序无法应对的重大错报风险

第二节　风险应对

在实施风险评估程序后，注册会计师应当针对评估的财务报表层次重大错报风险确定总体应对措施，并针对评估的认定层次重大错报风险设计和实施进一步审计程序，以将审计风险降至可接受的低水平。

一、财务报表层次重大错报风险的应对

（一）财务报表层次重大错报风险的总体应对措施

针对评估的财务报表层次重大错报风险，注册会计师可采取下列总体应对措施：

（1）向项目组强调在收集和评价审计证据过程中保持职业怀疑态度的必要性。

（2）分派更有经验或具有特殊技能的审计人员，或利用专家的工作。审计项目组成员中应有一定比例的人员曾经参与过被审计单位以前年度的审计，或具有被审计单位所处特定行业的相关审计经验。必要时，要考虑利用信息技术、税务、评估、精算师等方面的专家的工作。

（3）提供更多的督导。对于财务报表层次重大错报风险较高的审计项目，项目组的高级别成员，如项目负责人、项目经理等经验较丰富的人员，要对其他成员提供更详细、更经常、更及时的指导和监督并加强项目质量复核。

（4）在选择进一步审计程序时，应当注意使某些程序不被管理层预见或事先了解。被审计单位人员，尤其是管理层，如果熟悉注册会计师的审计套路，就可能采取种种规避手段，掩盖财务报告中的舞弊行为。因此，在设计拟实施审计程序的性质、时间和范围时，注册会计师要考虑使某些程序不被被审计单位管理层预见或事先了解。注册会计师可以通过以下方式提高审计程序的不可预见性：①对某些未测试过的低于设

定的重要性水平或风险较小的账户余额和认定实施实质性程序；②调整实施审计程序的时间，使被审计单位不可预期；③采取不同的审计抽样方法，使当期抽取的测试样本与以前有所不同；④选取不同的地点实施审计程序，或预先不告知被审计单位所选定的测试地点。

（5）对拟实施审计程序的性质、时间和范围作出总体修改。财务报表层次的重大错报风险很可能源于薄弱的控制环境。薄弱的控制环境带来的风险可能对财务报表产生广泛影响，难以限于某类交易、账户余额、列报，注册会计师应当采取总体应对措施。有效的控制环境可以使注册会计师增强对内部控制和被审计单位内部产生的证据的信赖程度。如果控制环境存在缺陷，注册会计师在对拟实施审计程序的性质、时间和范围作出总体修改时应当考虑：①在期末而非期中实施更多的审计程序；②主要依赖实质性程序获取审计证据；③修改审计程序的性质，获取更具说服力的审计证据；④扩大审计程序的范围。

（二）总体应对措施对拟实施进一步审计程序的总体方案的影响

财务报表层次重大错报风险难以限于某类交易、账户余额、列报的特点，意味着此类风险可能对财务报表的多项认定产生广泛影响，并相应增加注册会计师对认定层次重大错报风险的评估难度。注册会计师评估的财务报表层次重大错报风险以及采取的总体应对措施，对拟实施进一步审计程序的总体方案具有重大影响。

拟实施进一步审计程序的总体方案包括实质性方案和综合性方案。其中，实质性方案是指注册会计师实施的进一步审计程序以实质性程序为主；综合性方案是指注册会计师在实施进一步审计程序时将控制测试与实质性程序结合使用。当评估的财务报表层次重大错报风险属于高风险水平（并相应采取更强调审计程序不可预见性、重视调整审计程序的性质、时间和范围等总体应对措施）时，拟实施进一步审计程序的总体方案往往更倾向于实质性方案。

二、认定层次重大错报风险的应对：进一步审计程序

（一）进一步审计程序的含义

进一步审计程序是相对风险评估程序而言的，是指注册会计师针对评估的各类交易、账户余额、列报认定层次重大错报风险实施的审计程序，包括控制测试和实质性程序。

注册会计师应当针对评估的认定层次重大错报风险设计和实施进一步审计程序。设计和实施的进一步审计程序的性质、时间和范围，应当与评估的认定层次重大错报风险具备明确的对应关系。

设计进一步审计程序时应考虑如下因素：

（1）风险的重要性。风险的重要性是指风险造成的后果的严重程度。风险的后果越严重，就越需要注册会计师关注和重视，越需要精心设计有针对性的进一步审计程序。

（2）重大错报发生的可能性。重大错报发生的可能性越大，同样越需要注册会计

师精心设计进一步审计程序。

（3）涉及的各类交易、账户余额和列报的特征。不同的交易、账户余额和列报，产生的认定层次的重大错报风险也会存在差异，适用的审计程序也有差别，需要注册会计师区别对待，并设计有针对性的进一步审计程序予以应对。

（4）被审计单位采用的特定控制的性质。不同性质的控制（尤其是人工控制还是自动化控制）对注册会计师设计进一步的审计程序具有重要影响。

（5）注册会计师是否拟获取审计证据，以确定内部控制在防止或发现并纠正重大错报方面的有效性。如果注册会计师在风险评估时预期内部控制运行有效，随后拟实施的进一步审计程序必须包括控制测试，且实质性程序自然会受到之前控制测试结果的影响。

注册会计师应当根据对认定层次重大错报风险的评估结果，恰当选用实质性方案或综合性方案。

（二）进一步审计程序的性质

进一步审计程序的性质是指进一步审计程序的目的和类型。其中，进一步审计程序的目的包括通过实施控制测试以确定内部控制运行的有效性，通过实施实质性程序以发现认定层次的重大错报；进一步审计程序的类型包括检查、观察、询问、函证、重新计算、重新执行和分析程序。

在应对评估的风险时，合理确定审计程序的性质是最重要的。这是因为不同的审计程序应对特定认定错报风险的效力不同。在确定进一步审计程序的性质时，注册会计师首先需要考虑的是认定层次重大错报风险的评估结果。评估的认定层次重大错报风险越高，对通过实质性程序获取的审计证据的相关性和可靠性的要求越高，从而可能影响进一步审计程序的类型及其综合运用。此外，注册会计师应当考虑评估的认定层次重大错报风险产生的原因，包括考虑各类交易、账户余额、列报的具体特征以及内部控制。需要说明的是，如果在实施进一步审计程序时拟利用被审计单位信息系统生成的信息，注册会计师应当就信息的准确性和完整性获取审计证据。

（三）进一步审计程序的时间

进一步审计程序的时间是指注册会计师何时实施进一步审计程序，或审计证据适用的期间或时点。因此，当提及进一步审计程序的时间时，在某些情况下指的是审计程序的实施时间，在另一些情况下是指需要获取的审计证据适用的期间或时点。

有关进一步审计程序的时间的选择问题，有两个层面的含义：第一个层面是注册会计师选择在何时实施进一步审计程序的问题，第二个层面是选择获取什么期间或时点的审计证据的问题。第一个层面的选择问题主要集中在如何权衡期中与期末实施审计程序的关系，第二个层面的选择问题分别集中在如何权衡期中审计证据与期末审计证据的关系、如何权衡以前审计获取的审计证据与本期审计获取的审计证据的关系。这两个层面的最终落脚点都是如何确保获取审计证据的效率和效果。

注册会计师可以在期中（期中可以指所审计期间内、资产负债表日以前的任何时点）或期末实施控制测试或实质性程序，主要的考虑因素是评估的重大错报风险。当重大错报风险较高时，应当考虑在期末或接近期末实施实质性程序，或采用不通知的方式，或在管理层不能预见的时间实施审计程序。

虽然在期末实施审计程序在很多情况下非常必要，但仍然不排除注册会计师在期中实施审计程序可能发挥的积极作用。在期中实施进一步审计程序，可能有助于注册会计师在审计工作初期识别重大事项，并在管理层的协助下及时解决这些事项；或针对这些事项制定有效的实质性方案或综合性方案。当然，在期中实施进一步审计程序也存在很大的局限。首先，注册会计师往往难以仅凭在期中实施的进一步审计程序获取有关期中以前的充分、适当的审计证据（例如某些期中以前发生的交易或事项在期中审计结束时尚未完结）；其次，即使注册会计师在期中实施的进一步审计程序能够获取有关期中以前的充分、适当的审计证据，但从期中到期末这段剩余期间还往往会发生重大的交易或事项（包括期中以前发生的交易、事项的延续，以及期中以后发生的新的交易、事项），从而对所审计期间的财务报表认定产生重大影响；再次，被审计单位管理层也完全有可能在注册会计师于期中实施了进一步审计程序之后对期中以前的相关会计记录作出调整甚至篡改，注册会计师在期中实施了进一步审计程序所获取的审计证据已经发生了变化。为此，如果在期中实施了进一步审计程序，注册会计师还应当针对剩余期间获取审计证据。

注册会计师在确定何时实施审计程序时应当考虑以下几项重要因素：

（1）控制环境。良好的控制环境可以抵消在期中实施进一步审计程序的局限性，使注册会计师在确定实施进一步审计程序的时间时有更大的灵活度。

（2）何时能得到相关信息。例如，某些控制活动可能仅在期中（或期中以前）发生，而之后可能难以再被观察到；再如，某些电子化的交易和账户文档如未能及时取得，可能被覆盖。在这些情况下，注册会计师如果希望获取相关信息，则需要考虑能够获取相关信息的时间。

（3）错报风险的性质。例如，被审计单位可能为了保证盈利目标的实现，而在会计期末以后伪造销售合同以虚增收入，此时注册会计师需要考虑在期末（即资产负债表日）这个特定时点获取被审计单位截至期末所能提供的所有销售合同及相关资料，以防范被审计单位在资产负债表日后伪造销售合同虚增收入的做法。

（4）审计证据适用的期间或时点。注册会计师应当根据需要获取的特定审计证据确定何时实施进一步审计程序。例如，为了获取资产负债表日的存货余额证据，显然不宜在与资产负债表日间隔过长的期中时点或期末以后时点实施存货监盘等相关审计程序。

（四）进一步审计程序的范围

进一步审计程序的范围是指实施进一步审计程序的数量，包括抽取的样本量，对某项控制活动的观察次数等。

确定进一步审计程序的范围应当考虑如下因素：

（1）确定的重要性水平。确定的重要性水平越低，注册会计师实施进一步审计程序的范围越广。

（2）评估的重大错报风险。评估的重大错报风险越高，对拟获取审计证据的相关性、可靠性的要求越高，因此注册会计师实施的进一步审计程序的范围也越广。

（3）计划获取的保证程度。计划获取的保证程度，是指注册会计师计划通过所实施的审计程序对测试结果可靠性所获取的信心。计划获取的保证程度越高，对测试结果可靠性要求越高，注册会计师实施的进一步审计程序的范围越广。

在考虑确定进一步审计程序的范围时，注册会计师可以使用计算机辅助审计技术对电子化的交易和账户文档进行更广泛的测试，包括从主要电子文档中选取交易样本，或按照某一特征对交易进行分类，或对总体而非样本进行测试。

三、控制测试

（一）控制测试的含义和条件

1. 控制测试的含义

控制测试指的是测试控制运行的有效性。注册会计师应当从下列方面获取关于控制是否有效运行的审计证据：①控制在所审计期间的不同时点是如何运行的；②控制是否得到一贯执行；③控制由谁执行；④控制以何种方式运行（例如人工控制或自动化控制）。控制运行有效性强调的是控制能够在各个不同时点按照既定设计得以一贯执行。

值得注意的是，控制测试与了解内部控制是不同的。了解内部控制是风险评估程序，控制测试是风险应对程序。了解内部控制包含两层含义：一是评价控制的设计，二是确定控制是否得到执行。确定控制是否得到执行与测试控制运行的有效性所需获取的审计证据是不同的。在实施风险评估程序以获取控制是否得到执行的审计证据时，注册会计师应当确定某项控制是否存在，被审计单位是否正在使用；而在测试控制运行的有效性时，注册会计师应当从前述四个方面关注控制能否在各个不同时点按照既定设计得以一贯执行。在了解控制是否得以执行时，注册会计师只需抽取少量的交易进行检查或观察某几个时点；但在测试控制运行的有效性时，注册会计师需要抽取足够数量的交易进行检查或对多个不同时点进行观察。

2. 控制测试的条件

作为进一步审计程序的类型之一，控制测试并非在任何情况下都需要实施。当存在下列情形之一时，注册会计师应当实施控制测试：

（1）在评估认定层次重大错报风险时，预期控制的运行是有效的。只有认为控制设计合理、能够防止或发现和纠正认定层次的重大错报，注册会计师才有必要对控制运行的有效性实施测试。

（2）仅实施实质性程序不足以提供认定层次充分、适当的审计证据。如果认为仅实施实质性程序获取的审计证据无法将认定层次重大错报风险降至可接受的低水平，注册会计师应当实施相关的控制测试，以获取控制运行有效性的审计证据。例如，在被审计单位对日常交易或与财务报表相关的其他数据（包括信息的生成、记录、处理、报告）采用高度自动化处理的情况下，审计证据可能仅以电子形式存在，此时审计证据是否充分和适当通常取决于自动化信息系统相关控制的有效性。如果信息的生成、记录、处理和报告均通过电子格式进行而没有适当有效的控制，则生成不正确信息或信息被不恰当修改的可能性就会大大增加。

（二）控制测试的性质

1. 控制测试的性质的含义

控制测试的性质是指控制测试所使用的审计程序的类型及其组合。

计划从控制测试中获取的保证水平是决定控制测试性质的主要因素之一。注册会计师应当选择适当类型的审计程序以获取有关控制运行有效性的保证。计划的保证水平越高，对有关控制运行有效性的审计证据的可靠性要求越高。当拟实施的进一步审计程序主要以控制测试为主，尤其是仅实施实质性程序获取的审计证据无法将认定层次重大错报风险降至可接受的低水平时，注册会计师应当获取有关控制运行有效性的更高的保证水平。

控制测试通常包括以下程序：

（1）询问。注册会计师可以向被审计单位适当员工询问，获取与内部控制运行情况相关的信息。然而，询问不能为控制运行的有效性提供充分的证据，它必须和其他测试手段结合使用才能发挥作用。

（2）观察。观察是测试不留下书面记录的控制（如职责分离）的运行情况的有效方法。注册会计师通过观察直接获取的证据比间接获取的证据更可靠。

（3）检查。对运行情况留有书面证据的控制，检查非常适用。

（4）重新执行。通常只有当询问、观察和检查程序结合在一起仍无法获得充分的证据时，注册会计师才考虑通过重新执行来证实控制是否有效运行。

（5）穿行测试。穿行测试不是单独的一种程序，而是将多种程序按特定审计需要进行结合运用的方法。穿行测试是通过追踪交易在财务报告信息系统中的处理过程，来证实注册会计师对控制的了解、评价控制设计的有效性以及确定控制是否得到执行。可见，穿行测试更多地在了解内部控制时运用。但在执行穿行测试时，注册会计师可能获取部分控制运行有效性的审计证据。

2. 确定控制测试的性质时的要求

（1）考虑特定控制的性质。注册会计师应当根据特定控制的性质选择所需实施审计程序的类型。

（2）考虑测试与认定直接相关和间接相关的控制。在设计控制测试时，注册会计师不仅应当考虑与认定直接相关的控制，还应当考虑这些控制所依赖的与认定间接相关的控制，以获取支持控制运行有效性的审计证据。

（3）如何对一项自动化的应用控制实施控制测试。对于一项自动化的应用控制，由于信息技术处理过程的内在一贯性，注册会计师可以利用该项控制得以执行的审计证据和信息技术一般控制（特别是对系统变动的控制）运行有效性的审计证据，作为支持该项控制在相关期间运行有效性的重要审计证据。

3. 实施控制测试时对双重目的的实现

控制测试的目的是评价控制是否有效运行；细节测试的目的是发现认定层次的重大错报。尽管两者目的不同，但注册会计师可以考虑针对同一交易同时实施控制测试和细节测试，以实现双重目的。

4. 实施实质性程序的结果对控制测试结果的影响

如果通过实施实质性程序未发现某项认定存在错报，这本身并不能说明与该认定有关的控制是有效运行的；但如果通过实施实质性程序发现某项认定存在错报，注册会计师应当在评价相关控制的运行有效性时予以考虑。注册会计师应当考虑实施实质性程序发现的错报对评价相关控制运行有效性的影响（如降低对相关控制的信赖程度、调整实质性程序的性质、扩大实质性程序的范围等）。如果实施实质性程序发现被审计单位没有识别出的重大错报，通常表明内部控制存在重大缺陷，注册会计师应当就这些缺陷与管理层和治理层进行沟通。

（三）控制测试的时间

1. 控制测试的时间的含义

控制测试的时间包含两层含义：一是何时实施控制测试；二是测试所针对的控制适用的时点或期间。如果仅需要测试控制在特定时点的运行有效性（如对被审计单位期末存货盘点进行控制测试），注册会计师只需要获取该时点的审计证据；如果需要获取控制在某一期间有效运行的审计证据，仅获取与时点相关的审计证据是不充分的，注册会计师应当辅以其他控制测试，包括测试被审计单位对控制的监督。控制在多个不同时点的运行有效性的审计证据的简单累加并不能构成控制在某期间的运行有效性的充分、适当的审计证据。

2. 如何考虑期中审计证据

对于控制测试，在期中实施比在期末实施更好。但即使注册会计师已获取有关控制在期中运行有效性的审计证据，注册会计师仍然需要考虑如何能够将控制在期中运行有效性的审计证据合理延伸至期末。因此，注册会计师需要针对期中至期末这段剩余期间获取充分、适当的审计证据。为此，注册会计师需要实施下列审计程序：

（1）获取这些控制在剩余期间变化情况的审计证据。如果这些控制在剩余期间没有发生变化，注册会计师可能决定信赖期中获取的审计证据；如果这些控制在剩余期间发生了变化（如信息系统、业务流程或人事管理等方面发生变动），注册会计师需要了解并测试控制的变化对期中审计证据的影响。

（2）确定针对剩余期间还需获取的补充审计证据。

3. 如何考虑以前审计获取的审计证据

注册会计师在本期审计时可以适当考虑利用以前审计获取的有关控制运行有效性的审计证据（内部控制相对稳定），但应格外慎重。

（1）考虑拟信赖的以前审计中测试的控制在本期是否发生变化。可通过实施询问并结合观察或检查程序，获取这些控制是否已经发生变化的审计证据。

（2）当控制在本期发生变化时注册会计师的做法。如果控制在本期发生变化，注册会计师应当考虑以前审计获取的有关控制运行有效性的审计证据是否与本期审计相关。如果拟信赖的控制自上次测试后已发生变化，注册会计师应当在本期审计中测试这些控制的运行有效性。

（3）当控制在本期未发生变化时注册会计师的做法。如果拟信赖的控制自上次测试后未发生变化，且不属于旨在减轻特别风险的控制，注册会计师应当运用职业判断确定是否在本期审计中测试其运行有效性，以及本次测试与上次测试的时间间隔，但两次测试的时间间隔不得超过两年。

（4）不得依赖以前审计所获取证据的情形。鉴于特别风险的特殊性，对于旨在减轻特别风险的控制，不论该控制在本期是否发生变化，注册会计师都不应依赖以前审计获取的证据，而应在本期审计中测试这些控制的运行有效性。也就是说，如果注册会计师拟信赖针对特别风险的控制，那么所有关于该控制运行有效性的审计证据必须来自当年的控制测试。相应地，注册会计师应当在每次审计中都测试这类控制。

注册会计师是否需要在本期测试某项控制的决策过程如图 8－3 所示：

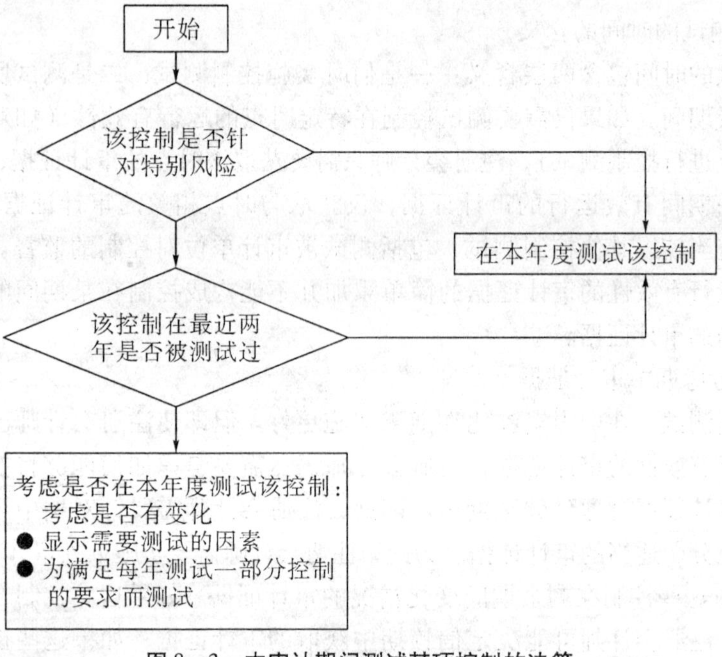

图 8－3　本审计期间测试某项控制的决策

四、实质性程序

（一）实质性程序的含义

实质性程序是指注册会计师针对评估的重大错报风险实施的直接用以发现认定层次重大错报的审计程序。因此，注册会计师应当针对评估的重大错报风险设计和实施实质性程序，以发现认定层次的重大错报。实质性程序包括对各类交易、账户余额、列报的细节测试以及实质性分析程序。

实施的实质性程序应当包括下列与财务报表编制完成阶段相关的审计程序：

（1）将财务报表与其所依据的会计记录进行核对或调节；

（2）检查财务报表编制过程中做出的重大会计分录和其他会计调整。注册会计师对会计分录和其他会计调整检查的性质和范围，取决于被审计单位财务报告过程的性质和复杂程度以及由此产生的重大错报风险。

由于注册会计师对重大错报风险的评估是一种判断，可能无法充分识别所有的重大错报风险，并且由于内部控制存在固有局限性，无论评估的重大错报风险结果如何，注册会计师都应当针对所有重大的各类交易、账户余额、列报实施实质性程序。

如果认为评估的认定层次重大错报风险是特别风险，注册会计师应当专门针对该风险实施实质性程序。例如，如果认为管理层面临实现盈利指标的压力而可能提前确认收入，注册会计师在设计询证函时不仅应当考虑函证应收账款的账户余额，还应当考虑询证销售协议的细节条款（如交货、结算及退货条款）；注册会计师还可考虑在实施函证的基础上针对销售协议及其变动情况询问被审计单位的非财务人员。如果针对特别风险仅实施实质性程序，注册会计师应当使用细节测试，或将细节测试和实质性分析程序结合使用，以获取充分、适当的审计证据。

（二）实质性程序的性质

实质性程序的性质，是指实质性程序的类型及其组合。实质性程序有两种基本类型，即细节测试和实质性分析程序。细节测试是对各类交易、账户余额、列报的具体细节进行测试，目的在于直接识别财务报表认定是否存在错报。细节测试被用于获取与某些认定相关的审计证据，如存在、准确性、计价等。实质性分析程序从技术特征上讲仍然是分析程序，主要是通过研究数据间关系评价信息，只是将该技术方法用做实质性程序，即用以识别各类交易、账户余额、列报及相关认定是否存在错报。实质性分析程序通常更适用于在一段时间内存在可预期关系的大量交易。

由于细节测试和实质性分析程序的目的和技术手段存在一定差异，因此，各自有不同的适用领域。注册会计师应当根据各类交易、账户余额、列报的性质选择实质性程序的类型。细节测试适用于对各类交易、账户余额、列报认定的测试，尤其是对存在或发生、计价认定的测试；对在一段时期内存在可预期关系的大量交易，注册会计师可以考虑实施实质性分析程序。

（三）实质性程序的时间

1. 是否在期中实施实质性程序

注册会计师在考虑是否在期中实施实质性程序时应当考虑以下因素：

（1）控制环境和其他相关的控制。控制环境和其他相关的控制越薄弱，注册会计师越不宜在期中实施实质性程序。

（2）实施审计程序所需信息在期中之后的可获得性。如果实施实质性程序所需信息在期中之后可能难以获取（如系统变动导致某类交易记录难以获取），注册会计师应考虑在期中实施实质性程序；但如果实施实质性程序所需信息在期中之后的获取并不存在明显困难，该因素不应成为注册会计师在期中实施实质性程序的重要影响因素。

（3）实质性程序的目标。如果针对某项认定实施实质性程序的目标就包括获取该认定的期中审计证据（从而与期末比较），注册会计师应在期中实施实质性程序。

（4）评估的重大错报风险。注册会计师评估的某项认定的重大错报风险越高，针对该认定所需获取的审计证据的相关性和可靠性要求也就越高，注册会计师越应当考虑将实质性程序集中于期末（或接近期末）实施。

（5）各类交易或账户余额以及相关认定的性质。例如，某些交易或账户余额以及相关认定的特殊性质（如收入截止认定、未决诉讼）决定了注册会计师必须在期末（或接近期末）实施实质性程序。

（6）针对剩余期间，能否通过实施实质性程序或将实质性程序与控制测试相结合，降低期末存在错报而未被发现的风险。如果针对剩余期间注册会计师可以通过实施实质性程序或将实质性程序与控制测试相结合，较有把握地降低期末存在错报而未被发现的风险（如注册会计师在10月份实施预审时考虑是否使用一定的审计资源实施实质性程序，从而形成的剩余期间不是很长），注册会计师可以考虑在期中实施实质性程序；但如果针对剩余期间注册会计师认为还需要消耗大量审计资源才有可能降低期末存在错报而未被发现的风险，甚至没有把握通过适当的进一步审计程序降低期末存在错报而未被发现的风险（如被审计单位于8月份发生管理层变更，注册会计师接受后任管理层邀请实施预审时，考虑是否使用一定的审计资源实施实质性程序），注册会计师就不宜在期中实施实质性程序。

2. 期中审计证据的延伸

如果在期中实施了实质性程序，注册会计师应当针对剩余期间实施进一步的实质性程序，或将实质性程序和控制测试结合使用，以将期中测试得出的结论合理延伸至期末。在如何将期中实施的实质性程序得出的结论合理延伸至期末时，注册会计师有两种选择：其一是针对剩余期间实施进一步的实质性程序；其二是将实质性程序和控制测试结合使用。

如果已识别出由于舞弊导致的重大错报风险，则不能将期中得出的结论延伸至期末，注册会计师应考虑在期末或者接近期末实施实质性程序。

3. 如何利用以前获取的审计证据

在以前审计中实施实质性程序获取的审计证据，通常对本期只有很弱的证据效力或没有证据效力，不足以应对本期的重大错报风险。只有当以前获取的审计证据及其相关事项未发生重大变动时，以前获取的审计证据才可能用作本期的有效审计证据。如果拟利用以前审计中实施实质性程序获取的审计证据，注册会计师应在本期实施审计程序，以确定这些审计证据是否具有持续相关性。

（四）实质性程序的范围

1. 确定实质性程序范围考虑的因素

注册会计师在确定实质性程序时应考虑两个因素：①评估的认定层次重大错报风险。注册会计师评估的认定层次的重大错报风险越高，需要实施实质性程序的范围越广。②实施控制测试的结果。如果对控制测试结果不满意，注册会计师应当考虑扩大实质性程序的范围。

在确定细节测试的范围时，除了从样本量的角度考虑测试外，还要考虑选样方法的有效性等因素。例如，从总体中选取大额或异常项目，而不是进行代表性抽样或分层抽样。

2. 实质性分析程序的范围

实质性分析程序的范围有两层含义：

第一层含义是对什么层次上的数据进行分析，注册会计师可以选择在高度汇总的财务数据层次进行分析，也可以根据重大错报风险的性质和水平调整分析层次。例如，按照不同产品线、不同季节或月份、不同经营地点或存货存放地点等实施实质性分析程序。

第二层含义是需要对什么幅度或性质的偏差展开进一步调查。实施分析程序可能发现偏差，但并非所有的偏差都值得展开进一步调查。可容忍或可接受的偏差（即预期偏差）越大，作为实质性分析程序一部分的进一步调查的范围就越小。于是确定适当的预期偏差幅度同样属于实质性分析程序的范畴。

因此，在设计实质性分析程序时，注册会计师应确定已记录金额与预期值之间可接受的差异额。在确定该差异额时，注册会计师应主要考虑各类交易、账户余额、列报及相关认定的重要性和计划的保证水平。

小提示：

控制测试是实质性程序的基础，对实质性程序产生直接影响。如果控制测试后把重大错报风险评估为低水平，则可以适当减少实质性程序。

本章小结

了解被审计单位及其环境是必要审计程序，通过该程序，充分识别和评估财务报表的重大错报风险，以便恰当设计和实施进一步审计程序。为了解被审计单位及其环境而实施的程序称为“风险评估程序”，它包括询问被审计单位管理层和内部其他相关人员、实施分析程序、观察和检查、其他审计程序等。了解被审计单位及其环境包括了解被审计单位的内部控制，内部控制包括控制环境、风险评估、控制活动、信息与沟通和对控制的监督等五个要素。注册会计师需要从整体层面和业务层面了解与财务报表审计相关的内部控制，对内部控制的了解包括评价控制的设计，并确定其是否得到执行。注册会计师应当识别和评估财务报表层次和认定层次的重大错报风险，确定、识别特别风险和仅通过实质性程序无法应对的重大错报风险。

针对报表层次的重大错报风险，注册会计师应采取总体应对措施；针对认定层次的重大错报风险，注册会计师应采取进一步审计程序。进一步审计程序包括控制测试和实质性程序。控制测试是测试内部控制的有效性，当预期控制的运行是有效的或仅实施实质性程序不足以提供认定层次充分、适当的审计证据时，应当实施控制测试。

实质性程序是对评估的重大错报风险实施的直接用以发现认定层次重大错报的审计程序，包括细节测试和实质性分析程序。无论评估的重大错报风险结果如何，注册会计师都应当实施实质性程序。在进一步审计程序中，注册会计师应合理规划和实施控制测试与实质性程序的性质、时间和范围。

本章的重点是控制测试和实质性程序，难点是了解内部控制与控制测试的区别及控制测试的时间。

关键概念

1. 风险评估程序 2. 内部控制 3. 穿行测试 4. 特别风险 5. 进一步审计程序 6. 控制测试 7. 实质性程序 8. 细节测试 9. 分析程序

思考题

1. 为什么要了解被审计单位及其环境？应从哪些方面加以了解？

2. 什么是内部控制？它包括哪些要素？

3. 如何了解内部控制？了解内部控制与控制测试有何区别？

4. 什么是特别风险？哪些事项容易导致特别风险？

5. 针对报表层次的重大错报风险，应采取哪些总体应对措施？

6. 什么是进一步审计程序？如何理解进一步审计程序的性质、时间和范围？

7. 什么是控制测试？在什么情况下实施控制测试？如何理解控制测试的性质、时间和范围？

8. 什么是实质性程序？如何理解实质性程序的性质、时间和范围？

练习题

一、单项选择题

1. 注册会计师了解被审计单位及其环境的目的是（　　）。

A. 确定重要性水平

B. 控制固有风险

C. 识别和评估财务报表的重大错报风险

D. 控制检查风险

2. 了解被审计单位投资活动有助于注册会计师关注被审计单位在经营策略和方向上的重大变化，下列情况中，不属于注册会计师应当了解的被审计单位投资活动的是（　　）。

A. 证券投资、委托贷款的发生与处置

B. 衍生金融工具的运用

C. 近期拟实施或已实施的并购活动

D. 购置固定资产和无形资产的活动

3. 如果控制风险水平初步评估为中等水平，注册会计师获取的相关内部控制运行有效的审计证据（　　）。

A. 比评估为高水平时要多　　B. 比评估为低水平时要多

C. 比评估为高水平时要少　　D. 与评估为低水平时一样多

4. 注册会计师执行穿行测试的主要目的不是为了确认（　　）。

A. 是否正确了解了内部控制并且书面记录准确

B. 识别交易流程中与财务报表有关的可能发生错报的环节

C. 所获取的有关流程中的预防性控制和检查性控制信息的准确性

D. 评估控制设计的有效性并确认控制执行的有效性

5. 由于下列（　　）特征，与重大判断事项相关的特别风险可能导致更高的重大错报风险。

A. 复杂的计算或会计处理方法

B. 数据收集和处理涉及更多的人工成分

C. 风险是否涉及重大的关联方交易

D. 所要求的判断是主观和复杂的，或需要对未来事项做出假设

二、多项选择题

1. 下列属于了解内部控制步骤的有（　　）。

A. 评估内部控制的设计

B. 记录相关的内部控制

C. 识别需要降低哪些风险以预防财务报表发生重大错报

D. 评估控制的执行，主要是实施穿行测试，以确信识别的内部控制实际上确实存在

2. 下列交易和事项中，哪些存在着特别风险（　　）。

A. 购买材料　　B. 计提固定资产减值准备

C. 交换非货币性资产　　D. 按加速折旧法计提折旧

3. 为了应对财务报表层次较高的重大错报风险，注册会计师应该提高审计程序不可预见性。下列各项程序中，能够提高审计程序不可预见性的有（　　）。

A. 向以前审计过程中接触不多的员工询问

B. 延长截止测试的期间

C. 在不预先通知被审计单位的情况下，选择一些以前未曾到过的盘点地点进行存货监盘

D. 函证确认销售的条款

4. 下列与控制测试有关的表述中，正确的有（　　）。

A. 如果控制设计不合理，则不必实施控制测试

B. 如果在评估认定层次重大错报风险时预期控制的运行是有效的，则应实施控

制测试

C. 如果认为仅实施实质性程序不足以提供认定层次充分、适当的证据，则应实施控制测试

D. 对特别风险，即使拟信赖的相关控制没有发生变化，也应在本次审计中实施控制测试

5. 下列关于确定实质性程序性质、时间和范围的表述中，不恰当的有（　　）。

A. 如果控制测试的结果使注册会计师非常满意，注册会计师可以不做实质性程序

B. 注册会计师应在期末实施实质性程序，不应在期中工作中执行此类程序

C. 如果相关认定的重大错报风险很高，注册会计师应将实质性程序更多地安排在期末工作中进行

D. 注册会计师在任何情况下均不应将以前获取的实质性程序的证据用作本期的有效证据

第九章　审计抽样

学习目标

1. 了解审计抽样的含义。
2. 熟悉审计抽样的分类。
3. 掌握抽样风险和非抽样风险的含义及对审计工作的影响。
4. 掌握审计抽样的三个阶段。

【导入案例】

审计抽样技术在职业界的推广运用，美国注册会计师协会功不可没。

1962 年，美国注册会计师协会在《会计杂志》第 2 期上，发表了第一篇关于统计抽样的正式文章。这篇文章系统计抽样委员会集体研究的专题报告。该委员会认为：统计抽样并不排除专业判断；在一些审计工作中，某些审计人员对运用审计抽样技术存有戒心，是由于错误地认为审计抽样将排除专业判断。可以说，这是统计抽样技术发展过程中最积极最震动审计界的反响。1963 年 12 月出版的审计程序说明第 33 辑指出：在决定审计测试的范围和选择检查项目的方法时，审计人员可以考虑运用在某些场合具有优势的统计抽样技术。使用统计抽样并不减少审计人员的专业判断，相反，它能提供某种统计计量，作为审计测试的结果。1966 年出版的审计程序说明第 36 辑指出：如果运用有效可靠的统计方式，就不需要检查全部项目。1967 年，美国注册会计师协会出版了名为《审计人员使用统计抽样的方法》的培训教材，其中介绍了 5 门关于基本统计抽样技术的自学课程。

1972 年 11 月，美国注册会计师协会出版了审计程序说明第 54 辑“审计人员对内部控制的研究与评价”，其中不仅倡导将统计抽样技术运用于审计测试之中，而且还提供了审计程序与统计抽样相结合的指南。1978 年，美国注册会计师协会出版了抽样审计手册。该手册乃是审计人员运用审计抽样技术的指南，它教会会计师和审计人员在审计工作中如何运用统计抽样审计技术。

1981 年 6 月，审计标准程序说明第 39 辑“审计抽样”将统计抽样从附属地位变成一个独立的说明，其中详细介绍了统计抽样与非统计抽样的基本关系。

美国注册会计师协会反复从理论公告上进行动员，向会员介绍抽样技术和方法，一再重申审计抽样的重要性和地位，对于审计抽样技术的繁荣，无疑是一种促进。

第一节　审计抽样的基本概念

抽样技术广泛运用于现代社会的各个领域中，审计也不例外。审计工作中运用抽样技术和方法，是现代审计的一个重要特点。企业规模的扩大和经营复杂程度的不断上升，使得注册会计师对每一笔交易进行检查日益变得既不可行，又十分没有必要。合理运用抽样技术和方法，有助于提高审计工作效率，保证审计质量。为了在合理的时间内能以合理的成本完成审计工作，审计抽样应运而生。

一、审计抽样的概念

审计抽样（即抽样），是指注册会计师对具有审计相关性的总体中低于百分之百的项目实施审计程序，使所有抽样单元都有被选取的机会，为注册会计师针对整个总体得出结论提供合理基础。审计抽样目的在于帮助注册会计师确定实施审计程序的范围，以获取充分、适当的审计证据，得出合理的结论，作为形成审计意见的基础。

审计抽样能够使注册会计师获取和评价有关所选项目某一特征的审计证据，以形成或有助于形成有关总体的结论。总体，是指注册会计师从中选取样本并期望据此得出结论的整个数据集合。总体可分为多个层或子总体。每一层或子总体可予以分别检查。

审计抽样应当具备三个基本特征：①对某类交易或账户余额中低于百分之百的项目实施审计程序；②所有抽样单元都有被选取的机会；③审计测试的目的是为了评价该账户余额或交易类型的某一特征。

审计抽样并非在所有审计程序中都可使用。注册会计师拟实施的审计程序将对运用审计抽样产生重要影响。在风险评估程序、控制测试和实质性程序中，有些审计程序可以使用审计抽样，有些审计程序则不宜使用审计抽样。一般来讲，风险评估程序通常不涉及审计抽样；当控制的运行留下轨迹时，注册会计师可以考虑使用审计抽样实施控制测试；在实质性细节测试时，注册会计师可以使用审计抽样获取审计证据，以验证有关财务报表金额的一项或多项认定（如应收账款的存在性），或对某些金额做出独立估计（如陈旧存货的价值）；在实施实质性分析程序时注册会计师不宜使用审计抽样。

二、审计抽样的分类

审计抽样的种类很多，按照抽样决策的依据不同可分为统计抽样和非统计抽样；按照审计抽样所了解的总体特征不同可分为属性抽样和变量抽样。

（一）统计抽样和非统计抽样

注册会计师在运用审计抽样时，既可以使用统计抽样方法，也可以使用非统计抽样方法，这取决于注册会计师的职业判断。

统计抽样，是指同时具备下列特征的抽样方法：①随机选取样本项目；②运用概率论评价样本结果，包括计量抽样风险。不同时具备上述提及的两个特征的抽样方法为非统计抽样。一方面，即使注册会计师严格按照随机原则选取样本，如果没有对样本结果进行统计评估，就不能认为使用了统计抽样。另一方面，基于非随机选样的统计评估也是无效的。

注册会计师应当根据具体情况并运用职业判断，确定使用统计抽样或非统计抽样方法，以便最有效率地获取审计证据。注册会计师在统计抽样与非统计抽样方法之间进行选择时主要考虑成本效益。统计抽样的优点在于能够客观地计量抽样风险，并通过调整样本规模精确地控制风险，这是与非统计抽样最重要的区别。另外，统计抽样还有助于注册会计师高效地设计样本，计量所获取证据的充分性，以及定量评价样本结果。

非统计抽样如果设计适当，也能提供与统计抽样方法同样有效的结果。注册会计师使用非统计抽样时，也必须考虑抽样风险并将其降至可接受水平，但无法精确地测定出抽样风险。

不管统计抽样还是非统计抽样，两种方法都要求注册会计师在设计、实施和评价样本时运用职业判断。另外，对选取的样本项目实施的审计程序通常也与使用的抽样方法无关。

（二）属性抽样和变量抽样

属性抽样是一种用来对总体中某一事件发生率得出结论的统计抽样方法。属性抽样在审计中最常见的用途是测试某一设定控制的偏差率，以支持注册会计师评估的控制有效性。在属性抽样中，设定控制的每一次发生或偏离都被赋予同样的权重，而不管交易的金额大小。

变量抽样是一种用来对总体金额得出结论的统计抽样方法。变量抽样通常回答以下问题：金额是多少？账户是否存在错报？变量抽样在审计中的主要用途是进行细节测试，以确定记录金额是否合理。

一般而言，属性抽样得出的结论与总体发生率有关，而变量抽样得出的结论与总体的金额有关。但有一个例外，即统计抽样中的概率比例规模抽样（PPS 抽样），其运用属性抽样的原理得出以金额表示的结论。

三、抽样风险和非抽样风险

在获取审计证据时，注册会计师应当运用职业判断，评估重大错报风险，并设计进一步审计程序，以确保将审计风险降至可接受的低水平。在使用审计抽样时，审计风险既可能受到抽样风险的影响，又可能受到非抽样风险的影响。抽样风险和非抽样风险通过影响重大错报风险的评估和检查风险的确定而影响审计风险。

（一）抽样风险

抽样风险，是指注册会计师根据样本得出的结论，可能不同于如果对整个总体实施与样本相同的审计程序得出的结论的风险。

抽样风险可能导致两种类型的错误结论：①在实施控制测试时，注册会计师推断的控制有效性高于其实际有效性；或在实施细节测试时，注册会计师推断某一重大错报不存在而实际上存在。注册会计师主要关注这类错误结论，原因是其影响审计效果，非常有可能导致发表不恰当的审计意见。②在实施控制测试时，注册会计师推断的控制有效性低于其实际有效性；或在实施细节测试时，注册会计师推断某一重大错报存在而实际上不存在。这类错误结论影响审计效率，原因是其通常导致注册会计师实施额外的工作，以证实初始结论是错误的。

控制测试中的抽样风险包括信赖过度风险和信赖不足风险。信赖过度风险是指推断的控制有效性高于其实际有效性的风险。信赖过度风险与审计的效果有关。如果注册会计师评估的控制有效性高于其实际有效性，从而导致评估的重大错报风险水平偏低，注册会计师可能不适当地减少从实质性程序中获取的证据，因此审计的有效性下降。对于注册会计师而言，信赖过度风险更容易导致注册会计师发表不恰当的审计意见，因而更应予以关注。相反，信赖不足风险是指推断的控制有效性低于其实际有效性的风险。信赖不足风险与审计的效率有关。当注册会计师评估的控制有效性低于其实际有效性时，评估的重大风险水平高于实际水平，注册会计师可能会增加不必要的实质性程序。在这种情况下，审计效率可能降低。

在实施细节测试时，注册会计师也要关注两类抽样风险：误受风险和误拒风险。误受风险是指注册会计师推断某一重大错报不存在而实际上存在的风险。如果账面金额实际上存在重大错报而注册会计师认为其不存在重大错报，注册会计师通常会停止对该账面金额继续进行测试，并根据样本结果得出账面金额无重大错报的结论。与信赖过度风险类似，误受风险影响审计效果，容易导致注册会计师发表不恰当的审计意见，因此注册会计师更应予以关注。误拒风险是指注册会计师推断某一重大错报存在而实际上不存在的风险。与信赖不足风险类似，误拒风险影响审计效率。如果账面金额不存在重大错报而注册会计师认为其存在重大错报，注册会计师会扩大细节测试的范围并考虑获取其他审计证据，最终注册会计师会得出恰当的结论。在这种情况下，审计效率可能降低。

也就是说，无论在控制测试还是在细节测试中，抽样风险都可以分为两种类型：一类是影响审计效果的抽样风险，包括控制测试中的信赖过度风险和细节测试中的误受风险；另一类是影响审计效率的抽样风险，包括控制测试中的信赖不足风险和细节测试中的误拒风险（如图9－1所示）。

只要使用了审计抽样，抽样风险总会存在。在使用统计抽样时，注册会计师可以准确地计量和控制抽样风险，在使用非统计抽样时，注册会计师无法量化抽样风险，只能根据职业判断对其进行定性的评价和控制。

（二）非抽样风险

非抽样风险，是指注册会计师由于任何与抽样风险无关的原因而得出错误结论的风险。注册会计师即使对某类交易或账户余额的所有项目实施审计程序，也可能仍未能发现重大错报或控制失效。

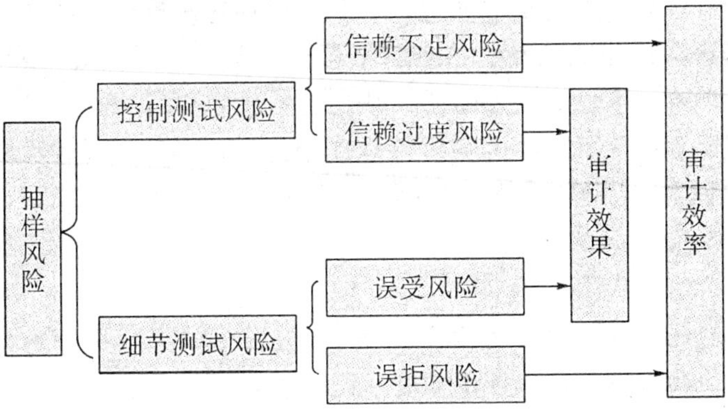

图 9－1 抽样风险对审计工作的影响

注册会计师采用不适当的审计程序或误解审计证据而没有发现错报或偏差，均可能导致非抽样风险。在审计过程中，可能导致非抽样风险的原因包括下列情况：

（1）注册会计师选择的总体不适合于测试目标。例如，注册会计师在测试销售收入完整性认定时将主营业务收入日记账界定为总体。

（2）注册会计师未能适当地定义误差（包括控制偏差或错报），导致注册会计师未能发现样本中存在的偏差或错报。例如，注册会计师在测试现金支付授权控制的有效性时，未将签字人未得到适当授权的情况界定为控制偏差。

（3）注册会计师选择了不适于实现特定目标的审计程序。例如，注册会计师依赖应收账款函证来揭露未入账的应收账款。

（4）注册会计师未能适当地评价审计发现的情况。例如，注册会计师错误解读审计证据可能导致没有发现误差。注册会计师对所发现误差的重要性的判断有误，从而忽略了性质十分重要的误差，也可能导致得出不恰当的结论。

（5）其他原因。

（三）抽样风险和非抽样风险的控制

无论是控制测试还是细节测试，注册会计师都可以通过扩大样本规模降低抽样风险，通过对业务的指导、监督与复核降低非抽样风险。

为了将审计风险降至可接受的低水平，注册会计师应当从抽样风险和非抽样风险两个方面进行控制。只要使用了审计抽样，抽样风险就总会存在。在使用统计抽样时，注册会计师可以准确地计量和控制抽样风险。在使用非统计抽样时，注册会计师无法量化抽样风险，只能根据职业判断对其进行定性的评价和控制。对特定样本而言，抽样风险与样本规模反方向变动：样本规模越小，抽样风险越大；样本规模越大，抽样风险越小。既然抽样风险只与被检查项目的数量有关，那么控制抽样风险的唯一途径就是控制样本规模。无论是控制测试还是细节测试，注册会计师都可以通过扩大样本规模降低抽样风险。如果对总体中的所有项目都实施检查，就不存在抽样风险，此时审计风险完全由非抽样风险产生。

非抽样风险是由人为错误造成的，因而可以降低、消除或防范。虽然在任何一种抽样方法中注册会计师都不能量化非抽样风险，但通过采取适当的质量控制政策和程序，对审计工作进行适当的指导、监督与复核，以及对注册会计师实务的适当改进，可以将非抽样风险降至可以接受的水平。注册会计师也可以通过仔细设计审计程序尽量降低非抽样风险。如果可以从两种审计程序中加以选择，且两种程序均以大致相同的成本提供相同程度的保证，注册会计师应选择非抽样风险水平较低的程序。

小提示：

合理运用抽样技术和方法，有助于提高审计工作效率，保证审计质量。为了在合理的时间内能以合理的成本完成审计工作，审计抽样应运而生。

第二节　审计抽样的基本运用

一、审计抽样的基本步骤

在使用审计抽样时，注册会计师的目标是为得出有关抽样总体的结论提供合理的基础。注册会计师在控制测试和细节测试中使用审计抽样方法，主要分为三个阶段进行：第一阶段是样本设计阶段，旨在根据测试的目标和抽样总体，制定选取样本的计划。第二阶段是选取样本阶段，旨在按照适当的方法从相应的抽样总体中选取所需的样本，并对其实施检查，以确定是否存在误差。第三阶段是评价样本结果阶段，旨在根据对误差的性质和原因的分析，将样本结果推断至总体，形成对总体的结论。

（一）样本的设计

在设计审计样本时，注册会计师应当考虑审计程序的目的和抽样总体的特征。也就是说，注册会计师首先应考虑拟实现的具体目标，并根据目标和总体的特点确定能够最好地实现该目标的审计程序组合，以及如何在实施审计程序时运用审计抽样。审计抽样中样本设计阶段的工作主要包括以下几个步骤：

1. 确定测试目标

审计抽样必须紧紧围绕审计测试的目标展开，因此确定测试目标是样本设计阶段的第一项工作。一般而言，控制测试是为了获取关于某项控制运行是否有效的证据，而细节测试的目的是确定某类交易或账户余额的金额是否正确，获取与存在的错报有关的证据。

2. 定义总体

在实施抽样之前，注册会计师必须仔细定义总体，确定抽样总体的范围。总体可以包括构成某类交易或账户余额的所有项目，也可以只包括某类交易或账户余额中的部分项目。例如，如果应收账款中没有单个重大项目，注册会计师直接对应收账款账面余额进行抽样，则总体包括构成应收账款期末余额的所有项目，如果注册会计师已使用选取特定项目的方法将应收账款中的单个重大项目挑选出来单独测试，只对剩余的应收账款余额进行抽样，则总体只包括构成应收账款期末余额的部分项目。

注册会计师应当确保总体的适当性和完整性，即：①注册会计师应确定总体适合于特定的审计目标，包括适合于测试的方向。②在实施审计抽样时，注册会计师需要实施审计程序，以获取有关总体的完整性的审计证据；注册会计师应当从总体项目内容和涉及时间等方面确定总体的完整性。

如果总体项目存在重大的变异性，注册会计师可以考虑将总体分层。分层，是指将总体划分为多个子总体的过程，每个子总体由一组具有相同特征（通常为货币金额）的抽样单元组成。分层可以降低每一层中项目的变异性，从而在抽样风险没有成比例增加的前提下减小样本规模，提高审计效率。注册会计师应当仔细界定子总体，以使每一抽样单元只能属于一个层。

在实施细节测试时，注册会计师通常根据金额对总体进行分层。这使注册会计师能够将更多审计资源投向金额较大的项目，而这些项目最有可能包含高估错报。例如，为了函证应收账款，注册会计师可以将应收账款账户按其金额大小分为三层，即账户金额在 10 000 元以上的；账户金额为 5 000 ~ 10 000 元的；账户金额在 5 000 元以下的。然后，根据各层的重要性分别采取不同的选样方法。对于金额在 10 000 元以上的应收账款账户，应进行全部函证；对于金额在 5 000 ~ 10 000 元以及 5 000 元以下的应收账款账户，则可采用适当的选样方法选取进行函证的样本。同样，注册会计师也可以根据表明更高错报风险的特定特征对总体分层。

分层后的每层构成一个子总体且可以单独检查。对某一层中的样本项目实施审计程序的结果，只能用于推断构成该层的项目。如果对整个总体得出结论，注册会计师应当考虑与构成整个总体的其他层有关的重大错报风险。例如，在对某一账户余额进行测试时，占总体数量 20% 的项目，其金额可能占该账户余额的 90%。注册会计师只能根据该样本的结果推断至上述 90% 的金额。对于剩余 10% 的金额，注册会计师可以抽取另一个样本或使用其他收集审计证据的方法，单独得出结论，或者认为其不重要而不实施审计程序。

如果注册会计师将某类交易或账户余额分成不同的层，需要对每层分别推断错报。在考虑错报对该类别的所有交易或账户余额的可能影响时，注册会计师需要综合考虑每层的推断错报。

3. 定义抽样单元

抽样单元，是指构成总体的个体项目。抽样单元可能是实物项目（如支票簿上列示的支票信息，银行对账单上的贷方记录，销售发票或应收账款余额），也可能是货币单元。在定义抽样单元时，注册会计师应使其与审计测试目标保持一致。注册会计师在定义总体时通常都指明了适当的抽样单元。

4. 定义误差构成条件

注册会计师必须事先准确定义构成误差的条件，否则执行审计程序时就没有识别误差的标准。在控制测试中，误差是指控制偏差，注册会计师要仔细定义所要测试的控制及可能出现偏差的情况；在细节测试中，误差是指错报，注册会计师要确定哪些情况构成错报。

注册会计师定义误差构成条件时要考虑审计程序的目标。清楚地了解误差构成条件，对于确保在推断误差时将且仅将所有与审计目标相关的条件包括在内至关重要。

5. 确定审计程序

注册会计师必须确定能够最好地实现测试目标的审计程序组合。例如，如果注册会计师的审计目标是通过测试某一阶段的适当授权证实交易的有效性，审计程序就是检查特定人员已在某文件上签字以示授权的书面证据。注册会计师预计样本中每一张该文件上都有适当的签名。

（二）样本的选取

注册会计师可以采用统计抽样或非统计抽样方法选取样本，只要运用适当，均可获得充分、适当的审计证据。审计抽样中样本选取阶段的工作主要包括以下几个步骤：

1. 确定样本规模

样本规模是指从总体中选取样本项目的数量。注册会计师应当确定足够的样本规模，以将抽样风险降至可接受的低水平。在审计抽样中，如果样本规模过小，就不能反映出审计对象总体的特征，注册会计师就无法获取充分的审计证据，其审计结论的可靠性就会大打折扣，甚至可能得出错误的审计结论。因此，注册会计师应当确定足够的样本规模，以将抽样风险降至可接受的低水平。相反，如果样本规模过大，则会增加审计工作量，造成不必要的时间和人力上的浪费，加大审计成本，降低审计效率，就会失去审计抽样的意义。

注册会计师确定样本规模受到多种因素的影响，且在控制测试和细节测试中有所不同。影响样本规模的因素主要包括：

（1）可接受的抽样风险。可接受的抽样风险与样本规模呈反向变动。注册会计师愿意接受的抽样风险越低，样本规模通常越大。反之，注册计师愿意接受的抽样风险越高，样本规模越小。

在控制测试中，注册会计师主要关注抽样风险中的信赖过度风险。可接受的信赖过度风险与样本规模呈反向变动。在细节测试中，注册会计师主要关注抽样风险中的误受风险。

（2）可容忍误差。可容忍误差是指注册会计师在认为测试目标已实现的情况下准备接受的总体最大误差。当保证程度一定时，注册会计师运用职业判断确定可容忍误差。可容忍误差越小，为实现同样的保证程度所需的样本规模越大。

在控制测试中，它指可容忍偏差率。可容忍偏差率，是指注册会计师设定的偏离规定的内部控制程序的比率，注册会计师试图对总体中的实际偏差率不超过该比率获取适当水平的保证。在细节测试中，它指可容忍错报。可容忍错报，是指注册会计师设定的货币金额，注册会计师试图对总体中的实际错报不可超过该货币金额获取适当水平的保证。实际上，可容忍错报是实际执行的重要性这个概念在特定抽样程序中的运用。可容忍错报可能等于或低于实际执行的重要性。

（3）预计总体误差。预计总体误差是指注册会计师根据以前对被审计单位的经验或实施风险评估程序的结果而估计总体中可能存在的误差。预计总体误差越大，可容忍误差也应当越大；但预计总体误差不应超过可容忍误差。在既定的可容忍误差下，当预计总体误差增加时，所需的样本规模越大。

在实施控制测试时，注册会计师通常根据对相关控制的设计和执行情况的了解，或根据从总体中抽取少量项目进行检查的结果，对拟测试总体的预计误差率进行评估。如果预计总体偏差率很高，意味着控制有效性很低，这时注册会计师应考虑不进行控制测试，而实施更多的实质性程序。在实施细节测试时，注册会计师通常对总体的预计误差额进行评估。

（4）总体变异性。总体变异性是指总体的某一特征（如金额）在各项目之间的差异程度。在控制测试中，注册会计师在确定样本规模时一般不考虑总体变异性。在细节测试中，注册会计师确定适当的样本规模时要考虑特征的变异性。总体项目的变异性越低，通常样本规模越小。注册会计师可以通过分层，将总体分为相对同质的组，以尽可能降低每一组中变异性的影响，从而减小样本规模。未分层总体具有高度变异性，其样本规模通常很大。最有效率的方法是根据预期会降低变异性的总体项目特征进行分层。在细节测试中分层的依据通常包括项目的账面金额，与项目处理有关的控制的性质，或与特定项目（如更可能包含错报的那部分总体项目）有关的特殊考虑等。分组后的每一组子总体被称为一层，每层分别独立选取样本。

（5）总体规模。除非总体非常小，一般而言，总体规模对样本规模的影响几乎为零。注册会计师通常将抽样单元超过 5 000 个的总体视为大规模总体。对大规模总体而言，总体的实际容量对样本规模几乎没有影响。对小规模总体而言，审计抽样比其他选择测试项目的方法的效率低。

表 9－1 列示了审计抽样中影响样本规模的因素，并分别说明了这些影响因素在控制测试和细节测试中的表现形式。

表 9－1　　影响样本规模的因素

影响因素	控制测试	细节测试	与样本规模的关系
可接受的抽样风险	可接受的信赖过度风险	可接受的误受风险	反向变动
可容忍误差	可容忍偏差率	可容忍错报	反向变动
预计总体误差	预计总体偏差率	预计总体错报	同向变动
总体变异性	—	总体变异性	同向变动
总体规模	总体规模	总体规模	影响很小

注册会计师可以使用统计学公式或运用职业判断，确定样本规模。使用统计抽样方法时，注册会计师必须对影响样本规模的因素进行量化，并利用根据统计公式开发的专门的计算机程序或专门的样本量表来确定样本规模。在非统计抽样中，注册会计师可以只对影响样本规模的因素进行定性的估计，并运用职业判断确定样本规模。

2. 选取样本

在选取样本项目时，注册会计师应当使总体中的所有抽样单元均有被选取的机会。使所有抽样单元都有被选取的机会是审计抽样的基本特征之一。因此，不管使用统计抽样或非统计抽样方法，所有的审计抽样均要求注册会计师选取的样本对总体来讲具有代表性；否则，就无法根据样本结果推断总体。在统计抽样中，注册会计师应当随机选取样本项目，以使每一抽样单元以已知的机会被选中。抽样单元可能是实物项目（如发票）或货币单位。在非统计抽样中，注册会计师应当运用职业判断选取样本项目。由于抽样的目的是对整个总体得出结论，注册会计师应当尽量选取具有总体典型特征的样本项目，并在选取样本时避免偏见。选取样本的主要方法，包括使用随机数表或计算机辅助审计技术选样、系统选样和随意选样等。

（1）使用随机数表或计算机辅助审计技术选样。使用随机数表或计算机辅助审计技术选样又称随机数选样。使用随机数选样需以总体中的每一项目都有不同的编号为前提。注册会计师可以使用计算机生成的随机数，如电子表格程序、随机数码生成程序、通用审计软件程序等计算机程序产生的随机数，也可以使用随机数表获得所需的随机数。

随机数是一组从长期来看出现概率相同的数码，且不会产生可识别的模式。随机数表也称乱数表，它是由随机生成的从0～9共10个数字所组成的数表，每个数字在表中出现的次数是大致相同的，它们出现在表上的顺序是随机的。表9－2就是5位随机数表的一部分。

表9－2　　　　随机数表（节选）

	1	2	3	4	5	6	7	8
1	32044	69037	29655	92114	81034	40582	01584	77184
2	23821	96070	82592	81642	08971	07411	09037	81530
3	82383	94987	66441	28677	95961	78346	37916	09416
4	68310	21792	71635	86089	38157	95620	96718	79554
5	94856	76940	22165	01414	01413	37231	05509	37489
6	95000	61958	83430	98250	70030	05436	74814	45978
7	20764	64638	11359	32556	89822	02713	81293	52970
8	71401	17964	50940	95753	34905	93566	36318	79530

应用随机数表选样的步骤如下：①对总体项目进行编号，建立总体中的项目与表中数字的一一对应关系。一般情况下，编号可利用总体项目中原有的某些编号，如凭证号、支票号、发票号等。在没有事先编号的情况下，注册会计师需按一定的方法进行编号。②确定连续选取随机数的方法。即从随机数表中选择一个随机起点和一个选号路线，随机起点和选号路线可以任意选择，但一经选定就不得改变。从随机数表中任选一行或任何一栏开始，按照一定的方向（上下左右均可）依次查找，符合总体项目编号要求的数字，即为选中的号码，与此号码相对应的总体项目即为选取的样本项目，一直到选足所需的样本量为止。

例如，注册会计师需要在审查的120个存货账户中随机抽取5个账户进行审查，该

120个存货账户的编号恰好为连续编号，为1~120号，审计人员现在随机一个起点再确定一个抽取的路径即可。如从表9-2第一行第一列开始，使用前3位随机数，逐行向右查找，则选中的样本为编号015、089、074、090、094的5个记录。这种方法尤其适合于统计抽样。

（2）系统选样。系统选样也称等距选样，是指按照相同的间隔从审计对象总体中等距离地选取样本的一种选样方法。采用系统选样法，首先要计算选样间距，确定选样起点，然后再根据间距顺序地选取样本。

选样间距的计算公式如下：选样间距 = 总体规模 ÷ 样本规模。

例如，如果销售发票的总体范围是652~3 151，设定的样本量是125，那么选样间距为20［3 152-652）÷125］。注册会计师必须从0~19中选取一个随机数作为抽样起点。如果随机选择的数码是10，那么第一个样本项目是发票号码为662（652+10）的那一张，其余的124个项目是682（662+20），702（682+20），……依此类推，直至第3142号。

系统选样方法的主要优点是使用方便，比其他选样方法节省时间，并可用于无限总体。此外，使用这种方法时，对总体中的项目不需要编号，注册会计师只要简单数出每一个间距即可。但是，使用系统选样方法要求总体必须是随机排列的，否则容易发生较大的偏差，造成非随机的、不具代表性的样本。如果测试项目的特征在总体内的分布具有某种规律性，则选择样本的代表性就可能较差。

系统选样可以在非统计抽样中使用，在总体随机分布时也可适用于统计抽样。

（3）随意选样。随意选样也叫任意选样，在这种方法中，注册会计师选取样本不采用结构化的方法。尽管不使用结构化方法，注册会计师也要避免任何有意识的偏向或可预见性（如回避难以找到的项目，或总是选择或回避每页的第一个或最后一个项目），从而试图保证总体中的所有项目都有被选中的机会。

随意选样的主要缺点是很难无偏见的选取样本项目，它只能在非统计抽样中使用。在使用统计抽样时，运用随意选样是不恰当的。

（4）对其他选样方法的说明。在实务中还有另外两种选取样本项目的方法：整群选样和判断选样。

整群选样是指将总体划分为若干群，然后以群为抽样单元，从总体中抽取一部分群，对所选群中的所有基本单元进行审查的一种选样方法。例如，将全年的支出凭证按星期划分为52个组，从中选出第1、18、22、32、52个星期的支出凭证组成样本。在整群抽样中，如果群是随机选取的，则样本具有代表性，但所要求的有效样本往往会大得不切实际。在大部分情况下，群中的项目彼此具有相同的特征，但与总体中其他群的项目具有不同的特征。虽然检查整群项目在某些情况下可能为注册会计师提供有效的审计证据，但在注册会计师必须根据样本推断总体结论时通常并不适用，因此整群抽样通常不宜在审计抽样中使用。

判断选样是指注册会计师根据自己对被审计对象的了解，运用职业经验对容易出现错误的样本作出判断，并以此为标准选取样本。这一方法带有故意偏见，注册会计师运用判断选出的项目对总体来说并不具有代表性，因而对选出项目的结论不应推广到总体。这些方法虽在实务中得以广泛应用，但注册会计师应当明确，这种方法应属于选取特定项目的方法，并不适用于审计抽样。

3. 对样本实施审计程序

注册会计师应当针对选取的每个项目，实施适合具体目的的审计程序。对选取的样本项目实施审计程序旨在发现并记录样本中存在的误差。

如果审计程序不适用于选取的项目，注册会计师应当针对替代项目实施该审计程序。例如，如果在测试付款授权时选取了一张作废的支票，并确信支票已经按照适当程序作废因而不构成偏差，注册会计师需要适当选择一个替代项目进行检查。

注册会计师通常对每一样本项目实施适合于特定审计目标的审计程序。有时，注册会计师可能无法对选取的抽样单元实施计划的审计程序（如由于原始单据丢失等原因）。注册会计师对未检查项目的处理取决于未检查项目对评价样本结果的影响。如果注册会计师对样本结果的评价不会因为未检查项目可能存在错报而改变，就不需对这些项目进行检查。如果未检查项目可能存在的错报会导致该类交易或账户余额存在重大错报，注册会计师就要考虑实施替代程序，为形成结论提供充分的证据。例如，对应收账款的积极式函证没有收到回函时，注册会计师可以审查期后收款的情况，以证实应收账款的余额。注册会计师也要考虑无法对这些项目实施检查的原因是否会影响计划的重大错报风险评估水平或对舞弊风险的评估。如果未能对某个选取的项目实施设计的审计程序或适当的替代程序，注册会计师应当将该项目视为控制测试中对规定的控制的一项偏差，或细节测试中的一项错报。

（三）样本结果的评价

1. 分析样本误差

注册会计师应当调查识别出的所有偏差或错报的性质和原因，并评价其对审计程序的目的和审计的其他方面可能产生的影响。无论是统计抽样还是非统计抽样，对样本结果的定性评估和定量评估一样重要。即使样本的统计评价结果在可以接受的范围内，注册会计师也应对样本中的所有误差（包括控制测试中的控制偏差和细节测试中的金额错报）进行定性分析。

2. 推断总体误差

当实施控制测试时，注册会计师应当根据样本中发现的偏差率推断总体偏差率，并考虑这一结果对特定审计目标及审计的其他方面的影响。当实施细节测试时，注册会计师应当根据样本中发现的错报金额推断总体错报金额，并考虑这一结果对特定审计目标及审计的其他方面的影响。

3. 形成审计结论

注册会计师应当评价样本结果，以确定对总体相关特征的评估是否得到证实或需要修正。

综上所述，审计抽样流程可以用图 9－2 表示。

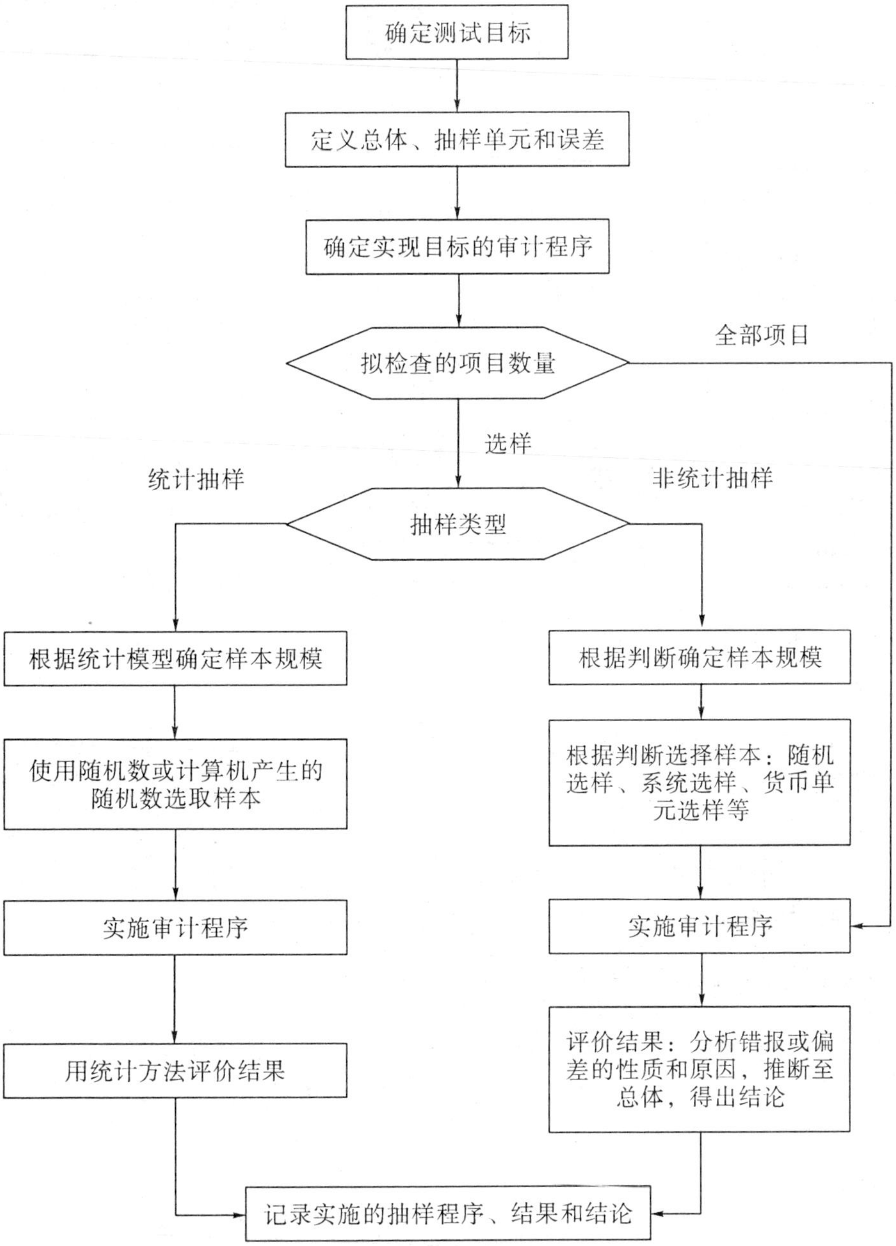

图 9-2　审计抽样流程图

二、控制测试中的统计抽样方法

实施控制测试时，注册会计师通常使用的抽样方法有三种：固定样本量抽样、停走抽样和发现抽样。

（一）固定样本量抽样

固定样本量抽样是一种统计抽样方法，运用广泛，固定样本量抽样方法主要用于估计审计对象总体中某种误差发生的比例。在固定样本量抽样中，注册会计师对一个确定规模的样本实施检查，且等到某一确定规模的样本全部选取、审查完以后，才作出审计结论。

（二）停走抽样

停走抽样是固定样本量抽样的一种特殊形式。采用固定样本量抽样时，如果预计总体偏差率大大高于实际偏差率，其结果将是选取了过多的样本，降低了审计工作效率。停走抽样从预计总体偏差率为零开始，通过边抽样边评估来完成审计工作。注册会计师先抽取一定量的样本进行审查，如果结果可以接受，就停止抽样得出结论，如果结果不能接受，就扩大样本量继续审查直至得出结论。

停走抽样通常由 2 到 4 组抽样单元组成。注册会计师根据既定的信赖过度风险、可容忍偏差率和预计总体偏差率，确定每组抽样单元的规模（通常使用计算机程序或表格）。注册会计师首先对第一组抽样单元实施检查，然后根据检查结果确定是在不扩大检查范围的情况下接受计划的重大错报风险评估水平，还是不扩大检查范围而提高计划的重大错报风险评估水平，或者因为没有获取充分的信息确定计划的重大错报风险水平是否有保证而决定扩大检查范围。

（三）发现抽样

发现抽样是固定样本量抽样的另一种特殊形式，与固定样本量抽样的不同之处在于发现抽样将预计总体偏差率直接定为 0，并根据可接受信赖过度风险和可容忍偏差率一起确定样本量。在对选出的样本进行审查时，一旦发现一个偏差就立即停止抽样。如果在样本中没有发现偏差，则可以得出总体可以接受的结论。发现抽样适合于查找重大舞弊或非法行为。

三、细节测试中的统计抽样方法

注册会计师在细节测试中使用的统计抽样方法主要包括传统变量抽样和概率比例规模抽样法（以下简称 PPS 抽样）。两种统计抽样方法的区别主要体现在确定样本规模和推断总体两个方面。

（一）传统变量抽样

传统变量抽样主要包括三种具体的方法：均值估计抽样、差额估计抽样和比率估计抽样。每种方法推断总体错报的方法各不相同。

1. 均值估计抽样

均值估计抽样是指通过抽样审查确定样本的平均值，再根据样本平均值推断总体的平均值和总值的一种变量抽样方法。使用这种方法时，注册会计师先计算样本中所有项目审定金额的平均值，然后用这个样本平均值乘以总体规模，得出总体金额的估计值。总体估计金额和总体账面金额之间的差额就是推断的总体错报。例如，注册会计师从总体规模为 1 000、账面金额为 1 000 000 元的存货项目中选择了 200 个项目作为样本。在确定了正确的采购价格并重新计算了价格与数量的乘积之后，注册会计师将

200 个样本项目的审定金额加总后除以 200，确定样本项目的平均审定金额为 980 元，然后计算估计的存货余额为 980 000 元（980 元×1 000），推断的总体错报就是 20 000 元（1 000 000 元－980 000 元）。

2. 差额估计抽样

差额估计抽样是以样本实际金额与账面金额的平均差额来估计总体实际金额与账面金额的平均差额，然后再以这个平均差额乘以总体规模，从而求出总体的实际金额与账面金额的差额（即总体错报）的一种方法。差额估计抽样的计算公式如下：

平均错报＝样本实际金额与账面金额的差额÷样本规模

推断的总体错报＝平均错报×总体规模

使用这种方法时，注册会计师先计算样本项目的平均错报，然后根据这个样本平均错报推断总体。例如，注册会计师从总体规模为 1 000 的存货项目中选取了 200 个项目进行检查。总体的账面金额总额为 1 040 000 元。注册会计师逐一比较 200 个样本项目的审定金额和账面金额并将账面金额（208 000 元）和审定金额（196 000 元）之间的差异加总，本例中为 12 000 元。12 000 元的差额除以样本项目个数 200，得到样本平均错报 60 元。然后注册会计师用这个平均错报乘以总体规模，计算出总体错报为 60 000元（60 元×1 000）。

3. 比率估计抽样

比率估计抽样是指以样本的实际金额与账面金额之间的比率关系来估计总体实际金额与账面金额之间的比率关系，然后再以这个比率去乘总体的账面金额，从而求出估计的总体实际金额的一种抽样方法。比率估计抽样法的计算公式如下：

比率＝样本审定金额÷样本账面金额

估计的总体实际金额＝总体账面金额×比率

推断的总体错报＝估计的总体实际金额－总体账面金额

如果上例中注册会计师使用比率估计抽样，样本审定金额合计与样本账面金额的比例则为 0.94（196 000 元÷208 000 元）。注册会计师用总体的账面金额乘以该比例 0.94，得到估计的存货余额 977 600 元（1 040 000 元×0.94）。推断的总体错报则为 62 400元（1 040 000 元－977 600 元）。

如果未对总体进行分层，注册会计师通常不使用均值估计抽样，因为此时所需的样本规模可能太大，以至于对一般的审计而言不符合成本效益原则。比率估计抽样和差额估计抽样都要求样本项目存在错报。如果样本项目的审定金额和账面金额之间没有差异，这两种方法使用的公式所隐含的机理就会导致错误的结论。如果注册会计师决定使用统计抽样，且预计只发现少量差异，就不应使用比率估计抽样和差额估计抽样，而考虑使用其他的替代方法，如均值估计抽样或 PPS 抽样。

（二）PPS 抽样

概率比例规模抽样（Probability－proportional－to－size sampling），简称 PPS 抽样。PPS 抽样是以货币单位作为抽样单元进行选样的一种方法。在该方法下总体中的每个货币单位被选中的机会相同，所以总体中某一项目被选中的概率等于该项目的金额与总体金额的比率。项目金额越大，被选中的概率就越大。但实际上注册会计师并不是对总体中的货币单位实施检查，而是对包含被选取货币单位的余额或交易实施检查。注册会计师检查的余额或交易被称为逻辑单元。

PPS 抽样有助于注册会计师将审计重点放在较大的余额或交易中。此抽样方法之所以得名，是因为总体中每一余额或交易被选取的概率与其账面金额（规模）成比例。PPS 抽样中可以使用随机数法、系统选样等方法选取样本。

小提示：

在控制测试和细节测试中使用审计抽样方法，主要分为样本设计、选取样本、评价样本结果等三个阶段进行。

本章小结

抽样技术广泛运用于现代社会的各个领域中，审计也不例外。在使用审计抽样时，注册会计师的目标是，为得出有关抽样总体的结论提供合理的基础。

审计抽样（即抽样），是指注册会计师对具有审计相关性的总体中低于百分之百的项目实施审计程序，使所有抽样单元都有被选取的机会，为注册会计师针对整个总体得出结论提供合理基础。审计抽样目的在于帮助注册会计师确定实施审计程序的范围，以获取充分、适当的审计证据，得出合理的结论，作为形成审计意见的基础。

审计抽样的种类很多，按照抽样决策的依据不同可分为统计抽样和非统计抽样；按照审计抽样所了解的总体特征不同可分为属性抽样和变量抽样。

在使用审计抽样时，审计风险既可能受到抽样风险的影响，又可能受到非抽样风险的影响。

注册会计师在控制测试和细节测试中使用审计抽样方法，主要分为三个阶段进行：第一阶段是样本设计阶段，第二阶段是选取样本阶段，第三阶段是评价样本结果阶段。

实施控制测试时，注册会计师通常使用的抽样方法有三种：固定样本量抽样、停走抽样和发现抽样。注册会计师在细节测试中使用的统计抽样方法主要包括传统变量抽样和概率比例规模抽样法。传统变量抽样主要包括三种具体的方法：均值估计抽样、差额估计抽样和比率估计抽样。

关键概念

1. 审计抽样　2. 统计抽样与非统计抽样　3. 属性抽样与变量抽样　4. 抽样风险与非抽样风险　5. 总体　6. 随机数表选样　7. 系统选样　8. 随意选样　9. 固定样本量抽样　10. 均值估计抽样　11. PPS 抽样

思考题

1. 什么是审计抽样?
2. 简述审计抽样的分类。
3. 什么是抽样风险?什么是非抽样风险?
4. 试述审计抽样的三个阶段。

练习题

一、单项选择题

1. (　　),是指注册会计师设定的货币金额,注册会计师试图对总体中的实际错报不超过该货币金额获取适当水平的保证。

A. 可容忍错报　　B. 可容忍偏差率
C. 可容忍偏差　　D. 可容忍误差

2. 当实施(　　)时,注册会计师应当根据样本中发现的错报推断总体错报。

A. 控制测试　　B. 细节测试
C. 审计抽样　　D. 审计程序

3. 对于注册会计师而言,(　　)更容易导致注册会计师发表不恰当的审计意见,因而更应予以关注。

A. 信赖过度风险　　B. 信赖不足风险
C. 抽样风险　　D. 非抽样风险

4. (　　)是将预计总体偏差率直接定为0%,并根据可接受信赖过度风险和可容忍偏差率一起确定样本量,它适合于查找重大舞弊或非法行为。

A. 固定样本量抽样　　B. 停走抽样
C. 发现抽样　　D. PPS 抽样

5. 审计抽样使注册会计师能够获取和评价与被选取项目的某些特征有关的审计证据,以形成或帮助形成对从中抽取样本的总体结论。(　　)是指构成总体的个体项目。

A. 总体　　B. 多个层
C. 子总体　　D. 抽样单元

二、多项选择题

1. 在审计抽样进行控制测试时,影响样本规模的因素有(　　)。

A. 可接受的信赖过度风险　　B. 可接受的误受风险
C. 可容忍偏差率　　D. 可容忍错报

2. 下列项目中,与样本量成反向变动关系的有(　　)。

A. 预期总体误差　　B. 可容忍误差

C. 可信赖程度　　D. 抽样风险

3. 控制测试中的抽样风险包括（　　）。

A. 信赖过度风险　　B. 信赖不足风险

C. 误受风险　　D. 误拒风险

4. 下列选项中，更容易导致注册会计师发表不恰当的审计意见，因而更应予以关注的有（　　）。

A. 信赖过度风险　　B. 信赖不足风险

C. 误受风险　　D. 误拒风险

5. 下列选项中，可能影响审计效率的有（　　）。

A. 信赖过度风险　　B. 信赖不足风险

C. 误受风险　　D. 误拒风险

第十章　审计报告

学习目标

1. 了解审计报告的含义及其作用。
2. 熟悉审计报告的基本要素。
3. 了解标准审计报告和非标准审计报告。
4. 掌握无保留意见、保留意见、否定意见、无法表示意见审计报告和强调事项段。

【导入案例】

世界四大会计师事务所之一的德勤，2006 年 11 月因客户科龙公司虚假财务报告面临官司，再度挑战会计师行业已经出现裂痕的公信度。

上海律师严某日前表示，受科龙一位小股东委托，将向上海中级人民法院对德勤及科龙两位独立董事提起诉讼。其中对“被告”德勤的起诉称，由于德勤出具的审计报告存在虚假记载，德勤应对原告的经济损失负连带赔偿责任。

严某提供的“民事起诉书”称，“被告”——德勤会计师事务所有限公司作为科龙公司聘请的会计师事务所，对科龙公司 2002 年度至 2004 年度的年度报告进行了审计，尽管其对科龙公司 2002 年及 2004 年的年度报告出具了保留意见，但是该保留意见未能足以提示广大中小投资者重视科龙公司年报中存在的问题，亦未能清晰地说明保留事项对年报可能产生的影响，更何况德勤在审计科龙公司 2003 年年报时对该年报出具了无保留意见的审计报告。因此，德勤对于科龙公司的虚假陈述负有相应的赔偿责任。

而德勤则辩解称：“对由被审计部门提供的财务报告，审计部门默认其是真实的，这是‘游戏’的前提。”且在当时发表的“媒体声明”中也称，“提供真实、完整的会计账目和会计记录是被审计单位管理层的责任。”

关于德勤默许科龙报表造假的指责，德勤也间接表明了自己未同流合污的“清白”。“就科龙公司的审计而言，公开的记录表明，德勤在 2002 ~ 2004 年 3 年期间的两个年度都出具了有保留意见的审计报告并随后主动辞去了审计师之职，借此向市场发出了科龙存在严重财务问题的信号。”

对于科龙的造假，身为独立审计机构的德勤真无可奈何吗？

（案例节选：黄玉迎，刘宇来．德勤对科龙审计报告涉嫌作假被诉．北京日报．2006. 11. 12）

第一节　审计报告概述

一、审计报告的含义

审计报告是指注册会计师根据审计准则的规定，在执行审计工作的基础上，对财务报表发表审计意见的书面文件。

审计报告是注册会计师在完成审计工作后向委托人提交的最终产品，一般而言，具有如下特征：

（1）注册会计师应当按照审计准则的规定执行审计工作；

（2）注册会计师在实施审计工作的基础上才能出具审计报告；

（3）注册会计师通过对财务报表发表意见履行业务约定书约定的责任；

（4）注册会计师应当以书面形式出具审计报告。

注册会计师通过实施相应的审计程序，获取充分、适当的审计证据，得出合理的审计结论，作为形成审计意见的基础。注册会计师应当根据由审计证据得出的结论，清楚表达对财务报表的意见。无论是出具标准审计报告，还是非标准审计报告，注册会计师一旦在审计报告上签名并盖章，就表明对其出具的审计报告负责。

审计报告是注册会计师对财务报表是否在所有重大方面按照财务报告编制基础编制并实现公允反映发表审计意见的书面文件，因此，注册会计师应当将已审计的财务报表附于审计报告之后，以便于财务报表使用者正确理解和使用审计报告，并防止被审计单位替换、更改已审计的财务报表。

二、审计报告的作用

注册会计师签发的审计报告，主要具有鉴证、保护和证明三方面的作用。

（一）鉴证作用

注册会计师签发的审计报告，不同于政府审计和内部审计的审计报告，是以超然独立的第三者身份，对被审计单位财务报表合法性、公允性发表意见。这种意见，具有鉴证作用，得到了政府及其各部门和社会各界的普遍认可。政府有关部门，如财政部门、税务部门等了解、掌握企业的财务状况和经营成果的主要依据是企业提供的财务报表。财务报表是否合法、公允，主要依据注册会计师的审计报告作出判断。股份制企业的股东，主要依据注册会计师的审计报告来判断被投资企业的财务报表是否公允地反映了财务状况和经营成果，以进行投资决策等。

（二）保护作用

注册会计师通过审计，可以对被审计单位财务报表出具不同类型审计意见的审计报告，以提高或降低财务报表使用者对财务报表的信赖程度，能够在一定程度上对被审计单位的财产、债权人和股东的权益及企业利害关系人的利益起到保护作用。如投资者为了减少投资风险，在进行投资之前，需要查阅被投资企业的财务报表和注册会计师的审计报告，了解被投资企业的经营情况和财务状况。投资者根据注册会计师的审计报告做出投资决策，可以降低其投资风险。

（三）证明作用

审计报告是对注册会计师审计任务完成情况及其结果所作的总结，它可以表明审计工作的质量并明确注册会计师的审计责任。因此，审计报告可以对审计工作质量和注册会计师的审计责任起证明作用。通过审计报告，可以证明注册会计师在审计过程中是否实施了必要的审计程序，是否以审计工作底稿为依据发表审计意见，发表的审计意见是否与被审计单位的实际情况相一致，审计工作的质量是否符合要求。通过审计报告，可以证明注册会计师对审计责任的履行情况。

三、审计意见的形成

注册会计师应当就财务报表是否在所有重大方面按照适用的财务报告编制基础编制并实现公允反映形成审计意见。为了形成审计意见，针对财务报表整体是否不存在由于舞弊或错误导致的重大错报，注册会计师应当得出结论，确定是否已就此获取合理保证。

评价财务报表是否在所有重大方面按照适用的财务报告编制基础编制，注册会计师应当依据适用的财务报告编制基础特别评价下列内容：

（1）财务报表是否充分披露了选择和运用的重要会计政策；

（2）选择和运用的会计政策是否符合适用的财务报告编制基础，并适合被审计单位的具体情况；

（3）管理层作出的会计估计是否合理；

（4）财务报表列报的信息是否具有相关性、可靠性、可比性和可理解性；

（5）财务报表是否作出充分披露，使财务报表预期使用者能够理解重大交易和事项对财务报表所传递的信息的影响；

（6）财务报表使用的术语（包括每一财务报表的标题）是否适当。

在评价财务报表是否实现公允反映时，注册会计师应当考虑下列内容：

（1）财务报表的整体列报、结构和内容是否合理；

（2）财务报表（包括相关附注）是否公允地反映了相关交易和事项。

注册会计师应当评价财务报表是否恰当提及或说明适用的财务报告编制基础。

四、编制和使用审计报告的要求

为便于审计报告使用者根据审计意见去了解和判断被审计单位的财务状况、经营成果和现金流量，作出经济投资决策，发挥审计报告的作用，编制及使用审计报告应符合下列基本要求：

（1）内容要全面完整。注册会计师编制审计报告，内容一定应全面完整，严格按照审计准则的规定书写格式，明确地写明标题、收件人、引言段、管理层对财务报表的责任段、注册会计师的责任段、审计意见段、注册会计师的签名和盖章、会计师事务所的名称、地址和盖章、报告日期等相关要素，规范书写格式。

（2）责任界限要分明。审计报告应明确界定会计责任和审计责任，注册会计师的审计责任不能替代或减轻、免除被审计单位的会计责任。

（3）审计证据要确凿充分。充分确凿的审计证据是发挥审计报告作用的关键所在。只有证据达到充分确凿，才能使审计意见达到客观、公正的要求，才能使审计报告令使用者信服。

（4）审计报告的使用要恰当。审计报告是指注册会计师根据审计准则的规定，在执行审计工作的基础上，对财务报表发表审计意见的书面文件；而不是对被审计单位的全部经营活动的经营效率、效果和持续经营能力所做出的承诺和保证。因此，委托人应当按照审计业务约定书的要求正确使用审计报告、理解审计意见。

小提示：

审计报告是注册会计师在完成审计工作后向委托人提交的最终产品，主要具有鉴证、保护和证明三方面的作用。

第二节　审计报告的基本要素

审计报告应当包括下列要素：①标题；②收件人；③引言段；④管理层对财务报表的责任段；⑤注册会计师的责任段；⑥审计意见段；⑦注册会计师的签名和盖章；⑧会计师事务所的名称、地址和盖章；⑨报告日期。

一、标题

审计报告应当具有标题，统一规范为“审计报告”。考虑到这一标题已广为社会公众所接受，因此，我国注册会计师出具的审计报告的标题没有包含“独立”两个字，但注册会计师在执行财务报表审计业务时，应当遵守独立性的要求。

二、收件人

审计报告的收件人是指注册会计师按照业务约定书的要求致送审计报告的对象，一般是指审计业务的委托人。审计报告应当按照审计业务的约定载明收件人的全称。

注册会计师应当与委托人在业务约定书中约定致送审计报告的对象，以防止在此问题上发生分歧或审计报告被委托人滥用。针对整套通用目的财务报表出具的审计报告，审计报告的致送对象通常为被审计单位的股东或治理层。

三、引言段

审计报告的引言段应当包括下列方面：①指出被审计单位的名称；②说明财务报表已经审计；③指出构成整套财务报表的每一财务报表的名称；④提及财务报表附注

（包括重要会计政策概要和其他解释性信息）；⑤指明构成整套财务报表的每一财务报表的日期或涵盖的期间。

将上述方面加以概括，引言段应当说明：注册会计师审计了后附的被审计单位的财务报表，包括指明适用的财务报告编制基础规定的构成整套财务报表的每一财务报表的名称、日期或涵盖的期间以及重要会计政策概要和其他解释性信息。

如果知悉已审计财务报表将包括在含有其他信息的文件（如年度报告）中，在列报格式允许的情况下，注册会计师可以考虑指出已审计财务报表在该文件中的页码。这有助于财务报表使用者识别与审计报告相关的财务报表。

此外，审计意见应当涵盖由适用的财务报告编制基础所确定的整套财务报表。在许多通用目的编制基础中，财务报表包括资产负债表、利润表、所有者权益变动表、现金流量表，以及重要会计政策概要和其他解释性信息。补充信息也可能被认为是财务报表的必要组成部分。

四、管理层对财务报表的责任段

审计报告应当包含标题为“管理层对财务报表的责任”的段落，用以描述被审计单位中负责编制财务报表的人员的责任。

管理层对财务报表的责任段应当说明，编制财务报表是管理层的责任，这种责任包括：①按照适用的财务报告编制基础编制财务报表，并使其实现公允反映；②设计、执行和维护必要的内部控制，以使财务报表不存在由于舞弊或错误导致的重大错报。

注册会计师按照审计准则的规定执行审计工作的前提是管理层和治理层（如适用）认可其按照适用的财务报告编制基础编制财务报表，并使其实现公允反映（如适用）的责任：管理层也认可其设计、执行和维护内部控制，以使编制的财务报表不存在由于舞弊或错误导致的重大错报的责任。审计报告中对管理层责任的说明包括提及这两种责任，这有助于向财务报表使用者解释执行审计工作的前提。

五、注册会计师的责任段

审计报告应当包含标题为“注册会计师的责任”的段落。注册会计师的责任段应当说明下列内容：

（1）注册会计师的责任是在执行审计工作的基础上对财务报表发表审计意见。

（2）注册会计师按照中国注册会计师审计准则的规定执行了审计工作。中国注册会计师审计准则要求注册会计师遵守中国注册会计师职业道德守则，计划和执行审计工作以对财务报表是否不存在重大错报获取合理保证。

（3）审计工作涉及实施审计程序，以获取有关财务报表金额和披露的审计证据。选择的审计程序取决于注册会计师的判断，包括对由于舞弊或错误导致的财务报表重大错报风险的评估。在进行风险评估时，注册会计师考虑与财务报表编制和公允列报相关的内部控制，以设计恰当的审计程序，但目的并非对内部控制的有效性发表意见。审计工作还包括评价管理层选用会计政策的恰当性和作出会计估计的合理性，以及评价财务报表的总体列报。

（4）注册会计师相信获取的审计证据是充分、适当的，为其发表审计意见提供了基础。

理解注册会计师的责任段时，应当注意以下几点：

（1）审计报告需要指明注册会计师的责任是在执行审计工作的基础上对财务报表发表审计意见，以与管理层编制财务报表的责任相区分。

（2）提及使用的审计准则是为了向审计报告使用者说明，注册会计师按照审计准则的规定执行了审计工作。

（3）按照《中国注册会计师审计准则第 1101 号——注册会计师的总体目标和审计工作的基本要求》的规定，除非注册会计师已经遵守该准则以及与审计工作相关的其他所有审计准则，否则不得在审计报告中声称遵守了审计准则。

六、审计意见段

1. 总体要求

审计报告应当包含标题为“审计意见”的段落。如果对财务报表发表无保留意见，除非法律法规另有规定，审计意见应当使用“财务报表在所有重大方面按照适用的财务报告编制基础（如企业会计准则等）编制，公允反映了……”的措辞。

2. 适用的财务报告编制基础

如果在审计意见中提及的适用的财务报告编制基础不是企业会计准则，而是国际财务报告准则、国际公共部门会计准则或者其他国家或地区的财务报告准则，注册会计师应当在审计意见段中指明国际财务报告准则或国际公共部门会计准则，或者财务报告准则所属的国家或地区。

在审计意见段中指出适用的财务报告编制基础，旨在告知审计报告使用者注册会计师发表审计意见的背景。注册会计师可以使用诸如下列措辞指明适用的财务报告编制基础：“……按照国际财务报告准则的规定”或者“……按照企业会计准则的规定……”

如果适用的财务报告编制基础包括财务报告准则和法律法规的规定，可以使用诸如下列措辞指明适用的财务报告编制基础：“……按照国际财务报告准则和×国家公司法的要求。”

七、注册会计师的签名和盖章

审计报告应当由注册会计师签名并盖章。注册会计师在审计报告上签名并盖章，有利于明确法律责任。《财政部关于注册会计师在审计报告上签名盖章有关问题的通知》（财会［2001］1035 号）明确规定：

一、会计师事务所应当建立健全全面质量控制政策与程序以及各审计项目的质量控制程序，严格按照有关规定和本通知的要求在审计报告上签名盖章。

二、审计报告应当由两名具备相关业务资格的注册会计师签名盖章并经会计师事务所盖章方为有效。

（一）合伙会计师事务所出具的审计报告，应当由一名对审计项目负最终复核责任的合伙人和一名负责该项目的注册会计师签名盖章。

（二）有限责任会计师事务所出具的审计报告，应当由会计师事务所主任会计师或其授权的副主任会计师和一名负责该项目的注册会计师签名盖章。

八、会计师事务所的名称、地址和盖章

审计报告应当载明会计师事务所的名称和地址，并加盖会计师事务所公章。

根据《中华人民共和国注册会计师法》的规定，注册会计师承办业务，由其所在的会计师事务所统一受理并与委托人签订委托合同。因此，审计报告除了应由注册会计师签名和盖章外，还应载明会计师事务所的名称和地址，并加盖会计师事务所公章。

注册会计师在审计报告中载明会计师事务所地址时，标明会计师事务所所在的城市即可。在实务中，审计报告通常载于会计师事务所统一印刷的、标有该所详细通讯地址的信笺上，因此，无需在审计报告中注明详细地址。此外，根据国家工商行政管理部门的有关规定，在主管登记机关管辖区内，已登记注册的企业名称不得相同。因此，在同一地区内不会出现重名的会计师事务所。

九、报告日期

审计报告应当注明报告日期。审计报告日不应早于注册会计师获取充分、适当的审计证据（包括管理层认可对财务报表的责任且已批准财务报表的证据），并在此基础上对财务报表形成审计意见的日期。在确定审计报告日时，注册会计师应当确信已获取下列两方面的审计证据：①构成整套财务报表的所有报表（包括相关附注）已编制完成；②被审计单位的董事会、管理层或类似机构已经认可其对财务报表负责。

审计报告的日期向审计报告使用者表明，注册会计师已考虑其知悉的、截至审计报告日发生的事项和交易的影响。注册会计师对审计报告日后发生的事项和交易的责任，在《中国注册会计师审计准则第1332号——期后事项》中作出了规定。因此，审计报告的日期非常重要。注册会计师对不同时段的财务报表日后事项有着不同的责任，而审计报告的日期是划分时段的关键时点。由于审计意见是针对财务报表发表的，并且编制财务报表是管理层的责任，所以，只有在注册会计师获取证据证明构成整套财务报表的所有报表（包括相关附注）已经编制完成，并且管理层已认可其对财务报表的责任的情况下，注册会计师才能得出已经获取充分、适当的审计证据的结论。在实务中，注册会计师在正式签署审计报告前，通常把审计报告草稿和已审计财务报表草稿一同提交给管理层。如果管理层批准并签署已审计财务报表，注册会计师即可签署审计报告。注册会计师签署审计报告的日期通常与管理层签署已审计财务报表的日期为同一天，或晚于管理层签署已审计财务报表的日期。

小提示：

审计报告应当包括标题、收件人、引言段、管理层对财务报表的责任段、注册会计师的责任段、审计意见段、注册会计师的签名和盖章、会计师事务所的名称、地址和盖章、报告日期等要素。

第三节 审计报告的基本类型

一、审计报告的基本类型

(一) 标准审计报告和非标准审计报告

审计报告分为标准审计报告和非标准审计报告。

标准审计报告，是指不含有说明段、强调事项段、其他事项段或其他任何修饰性用语的无保留意见的审计报告。包含其他报告责任段，但不含有强调事项段或其他事项段的无保留意见的审计报告也被视为标准审计报告。其中，无保留意见，是指当注册会计师认为财务报表在所有重大方面按照适用的财务报告编制基础编制并实现公允反映时发表的审计意见。

非标准审计报告，是指带强调事项段或其他事项段的无保留意见的审计报告和非无保留意见的审计报告。非无保留意见，是指保留意见、否定意见或无法表示意见。非无保留意见的审计报告包括保留意见的审计报告、否定意见的审计报告和无法表示意见的审计报告。注册会计师的目标是，当存在下列情形之一时，对财务报表清楚地发表恰当的非无保留意见：①根据获取的审计证据，得出财务报表整体存在重大错报的结论；②无法获取充分、适当的审计证据，不能得出财务报表整体不存在重大错报的结论。

(二) 确定非无保留意见的类型

注册会计师确定恰当的非无保留意见类型，取决于下列事项：①导致非无保留意见的事项的性质，是财务报表存在重大错报，还是在无法获取充分、适当的审计证据的情况下，财务报表可能存在重大错报；②注册会计师就导致非无保留意见的事项对财务报表产生或可能产生影响的广泛性作出的判断。

广泛性，是描述错报影响的术语，用以说明错报对财务报表的影响，或者由于无法获取充分、适当的审计证据而未发现的错报（如存在）对财务报表可能产生的影响。根据注册会计师的判断，对财务报表的影响具有广泛性的情形包括：①不限于对财务报表的特定要素、账户或项目产生影响；②虽然仅对财务报表的特定要素、账户或项目产生影响，但这些要素、账户或项目是或可能是财务报表的主要组成部分；③当与披露相关时，产生的影响对财务报表使用者理解财务报表至关重要。

表 10 - 1 列示了注册会计师对导致发表非无保留的事项的性质和这些事项对财务报表产生或可能产生影响的广泛性作出的判断，以及注册会计师的判断对审计意见类型的影响。

表 10-1

导致发表非无保留意见的事项的性质	这些事项对财务报表产生或可能产生影响的广泛性	
	重大但不具有广泛性	重大且具有广泛性
财务报表存在重大错报	保留意见	否定意见
无法获取充分、适当的审计证据	保留意见	无法表示意见

如果对财务报表发表非无保留意见，除在审计报告中包含《中国注册会计师审计准则第 1501 号——对财务报表形成审计意见和出具审计报告》规定的审计报告要素外，注册会计师还应当增加一个段落，说明导致发表非无保留意见的事项。注册会计师应当直接在审计意见段之前增加该段落，并使用恰当的标题，如“导致保留意见的事项”、“导致否定意见的事项”或“导致无法表示意见的事项”。

如果财务报表中存在与具体金额（包括定量披露）相关的重大错报，注册会计师应当在导致非无保留意见的事项段中说明并量化该错报的财务影响。如果无法量化财务影响，注册会计师应当在导致非无保留意见的事项段中说明这一情况。

如果财务报表中存在与叙述性披露相关的重大错报，注册会计师应当在导致非无保留意见的事项段中解释该错报错在何处。

如果财务报表中存在与应披露而未披露信息相关的重大错报，注册会计师应当：①与治理层讨论未披露信息的情况；②在导致非无保留意见的事项段中描述未披露信息的性质；③如果可行并且已针对未披露信息获取了充分、适当的审计证据，在导致非无保留意见的事项段中包含对未披露信息的披露，除非法律禁止。

如果无法获取充分、适当的审计证据而导致发表非无保留意见，注册会计师应当在导致非无保留意见的事项段中说明无法获取审计证据的原因。

即使发表了否定意见或无法表示意见，注册会计师也应当在导致非无保留意见的事项段中说明注意到的、将导致发表非无保留意见的所有其他事项及其影响。

二、无保留意见的审计报告

（一）无保留审计意见的审计报告的条件

如果认为财务报表在所有重大方面按照适用的财务报告编制基础编制并实现反映，注册会计师应当发表无保留意见。

无保留意见意味着注册会计师认为会计报告的反映是公允的，无保留意见是委托人希望获得的审计意见，它表明被审计单位的会计控制制度较为健全有效，对被审计单位的财务状况、经营成果和现金流量信息可以予以较高程度的信赖。

（二）标准无保留意见的审计报告范例

范例 1：对按照企业会计准则编制的财务报表出具的标准审计报告

审计报告

ABC 股份有限公司全体股东：

一、对财务报表出具的审计报告[①]

我们审计了后附的 ABC 股份有限公司（以下简称 ABC 公司）财务报表，包括 20×1 年 12 月 31 日的资产负债表，20×1 年度的利润表、股东权益变动表和现金流量表以及财务报表附注。

（一）管理层对财务报表的责任

编制和公允列报财务报表是 ABC 公司管理层的责任，这种责任包括：（1）按照企业会计准则的规定编制财务报表，并使其实现公允反映；（2）设计、执行和维护必要的内部控制，以使财务报表不存在由于舞弊或错误导致的重大错报。

（二）注册会计师的责任

我们的责任是在执行审计工作的基础上对财务报表发表审计意见。我们按照中国注册会计师审计准则的规定执行了审计工作。中国注册会计师审计准则要求我们遵守中国注册会计师职业道德守则，计划和执行审计工作以对财务报表是否不存在重大错报获取合理保证。

审计工作涉及实施审计程序，以获取有关财务报表金额和披露的审计证据。选择的审计程序取决于注册会计师的判断，包括对由于舞弊或错误导致的财务报表重大错报风险的评估。在进行风险评估时，注册会计师考虑与财务报表编制和公允列报相关的内部控制，以设计恰当的审计程序，但目的并非对内部控制的有效性发表意见。审计工作还包括评价管理层选用会计政策的恰当性和作出会计估计的合理性，以及评价财务报表的总体列报。

我们相信，我们获取的审计证据是充分、适当的，为发表审计意见提供了基础。

（三）审计意见

我们认为，ABC 公司财务报表在所有重大方面按照企业会计准则的规定编制，公允反映了 ABC 公司 20×1 年 12 月 31 日的财务状况以及 20×1 年度的经营成果和现金流量。

二、按照相关法律法规的要求报告的事项

（本部分报告的格式和内容，取决于相关法律法规对其他报告责任的规定。）

××会计师事务所　　　　　　中国注册会计师：×××
（盖章）　　　　　　　　　　（签名并盖章）
　　　　　　　　　　　　　　中国注册会计师：×××
　　　　　　　　　　　　　　（签名并盖章）
中国××市　　　　　　　　　二〇×二年×月×日

（注：如果审计报告中不包含“按照相关法律法规的要求报告的事项”部分，则不

需要加入此标题。其他类型的审计报告的要求与之相同)

范例2：对按照企业会计准则编制的合并财务报表出具的标准审计报告

审计报告

ABC股份有限公司全体股东：

一、对合并财务报表出具的审计报告②

我们审计了后附的ABC股份有限公司（以下简称ABC公司）合并财务报表，包括20×1年12月31日的合并资产负债表，20×1年度的合并利润表、合并现金流量表和合并股东权益变动表以及财务报表附注。

（一）管理层对合并财务报表的责任

编制和公允列报合并财务报表是管理层的责任，这种责任包括：（1）按照企业会计准则的规定编制合并财务报表，并使其实现公允反映；（2）设计、执行和维护必要的内部控制，以使合并财务报表不存在由于舞弊或错误导致的重大错报。

（二）注册会计师的责任

我们的责任是在执行审计工作的基础上对合并财务报表发表审计意见。我们按照中国注册会计师审计准则的规定执行了审计工作。中国注册会计师审计准则要求我们遵守职业道德守则，计划和执行审计工作以对合并财务报表是否不存在重大错报获取合理保证。

审计工作涉及实施审计程序，以获取有关合并财务报表金额和披露的审计证据。选择的审计程序取决于注册会计师的判断，包括对由于舞弊或错误导致的合并财务报表重大错报风险的评估：在进行风险评估时，注册会计师考虑与合并财务报表编制和公允列报相关的内部控制，以设计恰当的审计程序，但目的并非对内部控制的有效性发表意见。审计工作还包括评价管理层选用会计政策的恰当性和作出会计估计的合理性，以及评价合并财务报表的总体列报。

我们相信，我们获取的审计证据是充分、适当的，为发表审计意见提供了基础。

（三）审计意见

我们认为，合并财务报表在所有重大方面按照企业会计准则的规定编制，公允反映了公司20×1年12月31日的合并财务状况以及20×1年度的合并经营成果和合并现金流量。

二、按照相关法律法规的要求报告的事项

（本部分报告的格式和内容，取决于相关法律法规对其他报告责任的规定。）

××会计师事务所　　　　　　　　　中国注册会计师：×××
（盖章）　　　　　　　　　　　　　（签名并盖章）
　　　　　　　　　　　　　　　　　中国注册会计师：×××
　　　　　　　　　　　　　　　　　（签名并盖章）
中国××市　　　　　　　　　　　　二〇×二年×月×日

（注：如果审计报告中不包含“按照相关法律法规的要求报告的事项”部分，则不需要加入此标题。）

三、保留意见的审计报告

（一）保留意见的审计报告的条件

保留意见是指注册会计师对财务报表的反映有所保留的审计意见。保留意见意味着注册会计师认为经审计的财务报表的反映整体上还算公允，但由于个别重要事项的存在，对财务报表的反映产生较大影响，对无保留意见加以修正。换言之，注册会计师对被审计单位的财务报表不完全赞同。

当存在下列情形之一时，注册会计师应当发表保留意见：①在获取充分、适当的审计证据后，注册会计师认为错报单独或累计起来对财务报表影响重大，但不具有广泛性；②注册会计师无法获取充分、适当的审计证据以作为形成审计意见的基础，但认为未发现的错报（如存在）对财务报表可能产生的影响重大，但不具有广泛性。

当由于财务报表存在重大错报而发表保留意见时，注册会计师应当根据适用的财务报告编制基础在审计意见段中说明：注册会计师认为，除了导致保留意见的事项段所述事项产生的影响外，财务报表在所有重大方面按照适用的财务报告编制基础编制，并实现公允反映。

当无法获取充分、适当的审计证据而导致发表保留意见时，注册会计师应当在审计意见段中使用“除……可能产生的影响外”等措辞。

当发表保留意见或否定意见时，注册会计师应当修改对注册会计师责任的描述，以说明：注册会计师相信，注册会计师已获取的审计证据是充分、适当的，为发表非无保留意见提供了基础。

（二）保留意见的审计报告范例

范例3：由于财务报表存在重大错报而出具保留意见的审计报告

审计报告

ABC股份有限公司全体股东：

一、对财务报表出具的审计报告

我们审计了后附的ABC股份有限公司（以下简称ABC公司）财务报表，包括20×1年12月31日的资产负债表，20×1年度的利润表、现金流量表和股东权益变动表以及财务报表附注。

（一）管理层对财务报表的责任

编制和公允列报财务报表是ABC公司管理层的责任，这种责任包括：（1）按照企业会计准则的规定编制财务报表，并使其实现公允反映；（2）设计、执行和维护必要的内部控制，以使财务报表不存在由于舞弊或错误导致的重大错报。

（二）注册会计师的责任

我们的责任是在执行审计工作的基础上对财务报表发表审计意见。我们按照中国注册会计师审计准则的规定执行了审计工作。中国注册会计师审计准则要求我们遵守职业道德守则，计划和执行审计工作以对财务报表是否不存在重大错报获取合理保证。

审计工作涉及实施审计程序，以获取有关财务报表金额和披露的审计证据。选择的审计程序取决于注册会计师的判断，包括对由于舞弊或错误导致的财务报表重大错报风险的评估。在进行风险评估时，注册会计师考虑与财务报表编制和公允列报相关的内部控制，以设计恰当的审计程序，但目的并非对内部控制的有效性发表意见。审计工作还包括评价管理层选用会计政策的恰当性和作出会计估计的合理性，以及评价财务报表的总体列报。

我们相信，我们获取的审计证据是充分、适当的，为发表保留意见提供了基础。

（三）导致保留意见的事项

ABC 公司 20×1 年 12 月 31 日资产负债表中存货的列示金额为×元。管理层根据成本对存货进行计量，而没有根据成本与可变现净值孰低的原则进行计量，这不符合企业会计准则的规定。公司的会计记录显示，如果管理层以成本与可变现净值孰低来计量存货，存货列示金额将减少×元。相应地，资产减值损失将增加×元，所得税、净利润和股东权益将分别减少×元、×元和×元。

（四）保留意见

我们认为，除“（三）导致保留意见的事项”段所述事项产生的影响外，ABC 公司财务报表在所有重大方面按照企业会计准则的规定编制，公允反映了 ABC 公司20×1 年 12 月 31 日的财务状况以及 20×1 年度的经营成果和现金流量。

二、按照相关法律法规的要求报告的事项

（本部分报告的格式和内容，取决于相关法律法规对其他报告责任的规定。）

××会计师事务所　　　　　　　　　　中国注册会计师：×××
（盖章）　　　　　　　　　　　　　　（签名并盖章）
　　　　　　　　　　　　　　　　　　（签名并盖章）
中国××市　　　　　　　　　　　　　二〇×二年×月×日

范例4：由于注册会计师无法获取充分、适当的审计证据而出具保留意见的审计报告

审计报告

ABC 股份有限公司全体股东：

一、对财务报表出具的审计报告

我们审计了后附的 ABC 股份有限公司（以下简称 ABC 公司）财务报表，包括

20×1年12月31日的资产负债表，20×1年度的利润表、现金流量表和股东权益变动表以及财务报表附注。

（一）管理层对财务报表的责任

编制和公允列报财务报表是ABC公司管理层的责任，这种责任包括：（1）按照企业会计准则的规定编制财务报表，并使其实现公允反映；（2）设计、执行和维护必要的内部控制，以使财务报表不存在由于舞弊或错误导致的重大错报。

（二）注册会计师的责任

我们的责任是在执行审计工作的基础上对财务报表发表审计意见。我们按照中国注册会计师审计准则的规定执行了审计工作。中国注册会计师审计准则要求我们遵守职业道德守则，计划和执行审计工作以对财务报表是否不存在重大错报获取合理保证。

审计工作涉及实施审计程序，以获取有关财务报表金额和披露的审计证据。选择的审计程序取决于注册会计师的判断，包括对由于舞弊或错误导致的财务报表重大错报风险的评估。在进行风险评估时，注册会计师考虑与财务报表编制和公允列报相关的内部控制，以设计恰当的审计程序，但目的并非对内部控制的有效性发表意见。审计工作还包括评价管理层选用会计政策的恰当性和作出会计估计的合理性，以及评价财务报表的总体列报。

我们相信，我们获取的审计证据是充分、适当的，为发表保留意见提供了基础。

（三）导致保留意见的事项

如财务报表附注×所述，ABC公司于20×1年取得了XYZ公司30%的股权，因能够对XYZ公司施加重大影响，故采用权益法核算该项股权投资，于20×1年度确认对XYZ公司的投资收益×元，截至20×1年12月31日该项股权投资的账面价值为×元。由于我们未被允许接触XYZ公司的财务信息、管理层和执行XYZ公司审计的注册会计师，我们无法就该项股权投资的账面价值以及ABC公司确认的20×1年度对XYZ公司的投资收益获取充分、适当的审计证据，也无法确定是否有必要对这些金额进行调整。

（四）保留意见

我们认为，除“（三）导致保留意见的事项”段所述事项可能产生的影响外，ABC公司财务报表在所有重大方面按照企业会计准则的规定编制，公允反映了ABC公司20×1年12月31日的财务状况以及20×1年度的经营成果和现金流量。

二、按照相关法律法规的要求报告的事项

（本部分报告的格式和内容，取决于相关法律法规对其他报告责任的规定）

××会计师事务所　　　　　　　　中国注册会计师：×××
（盖章）　　　　　　　　　　　　（签名并盖章）
　　　　　　　　　　　　　　　　中国注册会计师：×××
　　　　　　　　　　　　　　　　（签名并盖章）
中国××市　　　　　　　　　　　二○×二年×月×日

四、否定意见的审计报告

(一)否定意见的审计报告的条件

否定意见是指注册会计师完全不赞同被审计单位财务报表的审计意见。否定意见是对无保留意见的否定，意味着注册会计师认为被审计单位财务报表在整体上没有公允地反映其财务状况、经营成果和现金流量，会严重误导会计报表的使用者。

在获取充分、适当的审计证据后，如果认为错报单独或累计起来对财务报表的影响重大且具有广泛性，注册会计师应当发表否定意见。

当发表否定意见时，注册会计师应当根据适用的财务报告框架在审计意见段中说明：①注册会计师认为，由于导致否定意见的事项段所述事项的重要性，财务报表没有在所有重大方面按照适用的财务报告框架编制，未能实现公允反映（当财务报表按照公允列报框架编制时）；或②注册会计师认为，由于导致否定意见的事项段所述事项的重要性，财务报表没有在所有重大方面按照适用的财务报告框架编制（当财务报表按照遵循性框架编制时）。

当发表保留意见或否定意见时，注册会计师应当修改对注册会计师责任的描述，以说明：注册会计师相信，注册会计师已获取的审计证据是充分、适当的，为发表非无保留意见提供了基础。

(二)否定意见的审计报告范例

范例5：由于财务报表存在重大错报而出具否定意见的审计报告

审计报告

ABC股份有限公司全体股东：

一、对合并财务报表出具的审计报告

我们审计了后附的ABC股份有限公司（以下简称ABC公司）的合并财务报表，包括20×1年12月31日的合并资产负债表，20×1年度的合并利润表、合并现金流量表和合并股东权益变动表以及财务报表附注。

（一）管理层对合并财务报表的责任

编制和公允列报合并财务报表是ABC公司管理层的责任，这种责任包括：(1)按照企业会计准则的规定编制合并财务报表，并使其实现公允反映；(2)设计、执行和维护必要的内部控制，以使合并财务报表不存在由于舞弊或错误导致的重大错报。

（二）注册会计师的责任

我们的责任是在执行审计工作的基础上对合并财务报表发表审计意见。我们按照中国注册会计师审计准则的规定执行了审计工作。中国注册会计师审计准则要求我们遵守职业道德守则，计划和执行审计工作以对合并财务报表是否不存在重大错报获取合理保证。

审计工作涉及实施审计程序，以获取有关合并财务报表金额和披露的审计证据。

选择的审计程序取决于注册会计师的判断，包括对由于舞弊或错误导致的合并财务报表重大错报风险的评估。在进行风险评估时，注册会计师考虑与合并财务报表编制和公允列报相关的内部控制，以设计恰当的审计程序，但目的并非对内部控制的有效性发表意见。审计工作还包括评价管理层选用会计政策的恰当性和作出会计估计的合理性，以及评价合并财务报表的总体列报。

我们相信，我们获取的审计证据是充分、适当的，为发表否定意见提供了基础。

（三）导致否定意见的事项

如财务报表附注×所述，20×1 年 ABC 公司通过非同一控制下的企业合并获得对 XYZ 公司的控制权，因未能取得购买日 XYZ 公司某些重要资产和负债的公允价值，故未将 XYZ 公司纳入合并财务报表的范围，而是按成本法核算对公司的股权投资。ABC 公司的这项会计处理不符合企业会计准则的规定。如果将 XYZ 公司纳入合并财务报表的范围，ABC 公司合并财务报表的多个报表项目将受到重大影响，但我们无法确定未将 XYZ 公司纳入合并范围对财务报表产生的影响。

（四）否定意见

我们认为，由于“（三）导致否定意见的事项”段所述事项的重要性，ABC 公司的合并财务报表没有在所有重大方面按照企业会计准则的规定编制，未能公允反映 ABC 公司及其子公司 20×1 年 12 月 31 日的财务状况以及 20×1 年度的经营成果和现金流量。

二、按照相关法律法规的要求报告的事项

（本部分报告的格式和内容，取决于相关法律法规对其他报告责任的规定。）

××会计师事务所　　　　　　　　中国注册会计师：×××
（盖章）　　　　　　　　　　　　（签名并盖章）
　　　　　　　　　　　　　　　　中国注册会计师：×××
　　　　　　　　　　　　　　　　（签名并盖章）
中国××市　　　　　　　　　　　二〇×二年×月×日

五、无法表示意见的审计报告

（一）无法表示意见的审计报告的条件

无法表示意见是指注册会计师对被审计单位的财务报表不能发表审计意见，也即是对财务报表不能发表无保留意见、保留意见和否定意见。从理论上讲，无法表示意见不能称之为一种审计意见类型，而是一种审计报告类型。在实务中，注册会计师一般并不对审计意见类型和审计报告类型做截然的区分。

如果无法获取充分、适当的审计证据以作为形成审计意见的基础，但认为未发现的错报（如存在）对财务报表可能产生的影响重大且具有广泛性，注册会计师应当发表无法表示意见。

在极其特殊的情况下，可能存在多个不确定事项。尽管注册会计师对每个单独的不确定事项获取了充分、适当的审计证据，但由于不确定事项之间可能存在相互影响，以及可能对财务报表产生累积影响，注册会计师不可能对财务报表形成审计意见。在这种情况下，注册会计师应当发表无法表示意见。

当由于无法获取充分、适当的审计证据而发表无法表示意见时，注册会计师应当在审计意见段中说明：由于导致无法表示意见的事项段所述事项的重要性，注册会计师无法获取充分、适当的审计证据以为发表审计意见提供基础，因此，注册会计师不对这些财务报表发表审计意见。

当由于无法获取充分、适当的审计证据而发表无法表示意见时，注册会计师应当修改审计报告的引言段，说明注册会计师接受委托审计财务报表。注册会计师还应当修改对注册会计师责任和审计范围的描述，并仅能作出如下说明："我们的责任是在按照中国注册会计师审计准则的规定执行审计工作的基础上对财务报表发表审计意见。但由于导致无法表示意见的事项段中所述的事项，我们无法获取充分、适当的审计证据以为发表审计意见提供基础"。

（二）无法表示意见的审计报告范例

范例6：由于注册会计师无法针对财务报表多个要素获取充分、适当的审计证据而出具无法表示意见的审计报告

审计报告

ABC股份有限公司全体股东：

一、对财务报表出具的审计报告

我们接受委托，审计后附的ABC股份有限公司（以下简称ABC公司）财务报表，包括20×1年12月31日的资产负债表，20×1年度的利润表、现金流量表和股东权益变动表以及财务报表附注。

（一）管理层对财务报表的责任

编制和公允列报财务报表是ABC公司管理层的责任，这种责任包括：（1）按照×国财务报告准则的规定编制财务报表，并使其实现公允反映；（2）设计、执行和维护必要的内部控制，以使财务报表不存在由于舞弊或错误导致的重大错报。

（二）注册会计师的责任

我们的责任是在按照中国注册会计师审计准则的规定执行审计工作的基础上对财务报表发表审计意见。但由于"（三）导致无法表示意见的事项"段中所述的事项，我们无法获取充分、适当的审计证据以为发表审计意见提供基础。

（三）导致无法表示意见的事项

我们于20×2年1月接受ABC公司的审计委托，因而未能对ABC公司20×1年年初金额为×元的存货和年末金额为×元的存货实施监盘程序。此外，我们也无法实施替代审计程序获取充分、适当的审计证据。并且，ABC公司于20×1年9月采用新的应收账款电算化系统，由于存在系统缺陷导致应收账款出现大量错误。截至审计报告

日，管理层仍在纠正系统缺陷并更正错误，我们也无法实施替代审计程序，以对截至20×1年12月31日的应收账款总额×元获取充分、适当的审计证据。因此，我们无法确定是否有必要对存货、应收账款以及财务报表其他项目作出调整，也无法确定应调整的金额。

（四）无法表示意见

由于“（三）导致无法表示意见的事项”段所述事项的重要性，我们无法获取充分、适当的审计证据以为发表审计意见提供基础，因此，我们不对ABC公司财务报表发表审计意见。

二、按照相关法律法规的要求报告的事项

（本部分报告的格式和内容，取决于相关法律法规对其他报告责任的规定。）

××会计师事务所　　　　　　　　　　中国注册会计师：×××
（盖章）　　　　　　　　　　　　　　（签名并盖章）
　　　　　　　　　　　　　　　　　　中国注册会计师：×××
　　　　　　　　　　　　　　　　　　（签名并盖章）
中国××市　　　　　　　　　　　　　二〇×二年×月×日

六、审计报告的强调事项段、其他事项段

（一）强调事项段、其他事项段的条件

强调事项段是指审计报告中含有的一个段落，该段落提及已在财务报表中恰当列报或披露的事项，根据注册会计师的职业判断，该事项对财务报表使用者理解财务报表至关重要。

其他事项段是指审计报告中含有的一个段落，该段落提及未在财务报表中列报或披露的事项，根据注册会计师的职业判断，该事项与财务报表使用者理解审计工作、注册会计师的责任或审计报告相关。

如果认为有必要，注册会计师可以在审计报告中提供下列补充信息，以提醒使用者关注：①尽管已在财务报表中列报或披露，但对使用者理解财务报表至关重要的事项；②未在财务报表中列报或披露，但与使用者理解审计工作、注册会计师的责任或审计报告相关的事项。

如果认为有必要提醒财务报表使用者关注已在财务报表中列报或披露，且根据职业判断认为对财务报表使用者理解财务报表至关重要的事项，注册会计师在已获取充分、适当的审计证据证明该事项在财务报表中不存在重大错报的条件下，应当在审计报告中增加强调事项段。注册会计师可能认为需要增加强调事项段的情形举例如下：①异常诉讼或监管行动的未来结果存在不确定性；②提前应用（在允许的情况下）对财务报表有广泛影响的新会计准则；③存在已经或持续对审计单位财务状况产生重大影响的特大灾难。

对于未在财务报表中列报或披露，但根据职业判断认为与财务报表使用者理解审

计工作、注册会计师的责任或审计报告相关且未被法律法规禁止的事项，如果认为有必要沟通，注册会计师应当在审计报告中增加其他事项段，并使用“其他事项”或其他适当标题。注册会计师应当将其他事项段紧接在审计意见段和强调事项段（如有）之后。如果其他事项段的内容与其他报告责任部分相关，这一段落也可以置于审计报告的其他位置。

注册会计师的目标是，在对财务报表形成审计意见后，如果根据职业判断认为有必要在审计报告中增加强调事项段或其他事项段，通过明确提供补充信息的方式，提醒财务报表使用者关注下列事项：①尽管已在财务报表中恰当列报或披露，但对财务报表使用者理解财务报表至关重要的事项；②未在财务报表中列报或披露，但与财务报表使用者理解审计工作、注册会计师的责任或审计报告相关的其他事项。

如果拟在审计报告中增加强调事项段或其他事项段，注册会计师应当就该事项和拟使用的措辞与治理层沟通。与治理层的沟通能使治理层了解注册会计师拟在审计报告中所强调的特定事项的性质，并在必要时为治理层提供向注册会计师作出进一步澄清的机会。当然，当审计报告中针对某一特定事项增加其他事项段在连续审计业务中重复出现时，注册会计师可能认为没有必要在每次审计业务中重复沟通。

（二）强调事项段的审计报告范例

范例7：带强调事项段的保留意见的审计报告

审计报告

ABC股份有限公司全体股东：

一、对财务报表出具的审计报告

我们审计了后附的ABC股份有限公司（以下简称ABC公司）财务报表，包括20×1年12月31日的资产负债表，20×1年度的利润表、现金流量表和股东权益变动表以及财务报表附注：

（一）管理层对财务报表的责任

编制和公允列报财务报表是ABC公司管理层的责任，这种责任包括：（1）按照企业会计准则的规定编制财务报表，并使其实现公允反映；（2）设计、执行和维护必要的内部控制，以使财务报表不存在由于舞弊或错误导致的重大错报。

（二）注册会计师的责任

我们的责任是在执行审计工作的基础上对财务报表发表审计意见。我们按照中国注册会计师审计准则的规定执行了审计工作。中国注册会计师审计准则要求我们遵守中国注册会计师职业道德守则，计划和执行审计工作以对财务报表是否不存在重大错报获取合理保证。

审计工作涉及实施审计程序，以获取有关财务报表金额和披露的审计证据。选择的审计程序取决于注册会计师的判断，包括对由于舞弊或错误导致的财务报表重大错报风险的评估。在进行风险评估时，注册会计师考虑与财务报表编制和公允列报相关的内部控制，以设计恰当的审计程序，但目的并非对内部控制的有效性发表意见。审计工作还包括评价管理层选用会计政策的恰当性和作出会计估计的合理性，以及评价财务报表的总体列报。

我们相信，我们获取的审计证据是充分、适当的，为发表保留意见提供了基础。

（三）导致保留意见的事项

ABC公司于20×1年12月31日资产负债表中反映的交易性金融资产为×元，ABC公司管理层对这些交易性金融资产未按照公允价值进行后续计量，而是按照其历史成本进行计量，这不符合企业会计准则的规定。如果按照公允价值进行后续计量，ABC公司20×1年度利润表中公允价值变动损失将增加×元，20×1年12月31日资产负债表中交易性金融资产将减少×元，相应地，所得税、净利润和股东权益将分别减少×元、×元和×元。

（四）保留意见

我们认为，除"（三）导致保留意见的事项"段所述事项产生的影响外，ABC公司财务报表在所有重大方面按照企业会计准则的规定编制，公允反映了ABC公司20×1年12月31日的财务状况以及20×1年度的经营成果和现金流量。

（五）强调事项

我们提醒财务报表使用者关注，如财务报表附注×所述，截至财务报表批准日，XYZ公司对ABC公司提出的诉讼尚在审理当中，其结果具有不确定性。本段内容不影响已发表的审计意见。

二、按照相关法律法规的要求报告的事项

（本部分报告的格式和内容，取决于相关法律法规对其他报告责任的规定。）

××会计师事务所　　　　　　中国注册会计师：×××

（盖章）　　　　　　　　　　（签名并盖章）

中国注册会计师：×××

（签名并盖章）

中国××市　　　　　　　　二〇×二年×月×日

小提示：

审计报告包括无保留意见、保留意见、否定意见、无法表示意见等四种基本类型。

本章小结

审计报告是指注册会计师根据审计准则的规定，在执行审计工作的基础上，对财务报表发表审计意见的书面文件。审计报告主要具有鉴证、保护和证明三方面的作用。

审计报告应当包括下列要素：①标题；②收件人；③引言段；④管理层对财务报

表的责任段；⑤注册会计师的责任段；⑥审计意见段；⑦注册会计师的签名和盖章；⑧会计师事务所的名称、地址和盖章；⑨报告日期。

审计报告分为标准审计报告和非标准审计报告。标准审计报告是指不含有说明段、强调事项段、其他事项段或其他任何修饰性用语的无保留意见的审计报告。其中，无保留意见是指当注册会计师认为财务报表在所有重大方面按照适用的财务报告编制基础编制并实现公允反映时发表的审计意见。包含其他报告责任段，但不含有强调事项段或其他事项段的无保留意见的审计报告也被视为标准审计报告。

非标准审计报告，是指带强调事项段或其他事项段的无保留意见的审计报告和非无保留意见的审计报告。非无保留意见，是指保留意见、否定意见或无法表示意见。非无保留意见的审计报告包括保留意见的审计报告、否定意见的审计报告和无法表示意见的审计报告。

关键概念

1. 审计报告 2. 标准审计报告 3. 非标准审计报告 4. 无保留意见 5. 保留意见 6. 否定意见 7. 无法表示意见 8. 强调事项段 9. 其他事项段

思考题

1. 什么是审计报告？
2. 审计报告具有哪些作用？
3. 简述审计报告的基本要素。
4. 什么是标准审计报告？什么是非标准审计报告？
5. 简述无保留意见审计报告的含义及条件？
6. 简述保留意见审计报告的含义及条件？
7. 简述否定意见审计报告的含义及条件？
8. 简述无法表示意见审计报告的含义及条件？

练习题

案例分析题

ABC 会计师事务所的 A 和 B 注册会计师负责对上市公司 X 股份有限公司（后简称 X 公司）2011 年度财务报表进行审计。A 和 B 注册会计师了解 X 公司及其环境后评估的 X 公司财务报表整体层次的重要性水平为 150 万元。审计过程中注册会计师发现存货存在错报，而且该错报对财务报表影响重大但不具有广泛性。审计工作在 2012 年 3 月 5 日完成，X 公司董事会于 2012 年 3 月 15 日批准了已审计财务报表并在已审计财务报表上签字盖章。A 和 B 注册会计师对 X 公司 2011 年度财务报表发表了保留意见。

要求：A和B注册会计师出具的以下审计报告的措辞和格式是否符合修订后的审计报告准则的要求？如不符，请分别指出，并更正。

审计报告

X股份有限公司董事会：

我们审计了X公司的财务报表，包括2011年的资产负债表、利润表、股东权益变动表和现金流量表。

一、管理层的责任

按照企业会计准则和《企业会计制度》的规定编制财务报表是X公司管理层的责任。这种责任包括：（1）设计、实施和维护与财务报表相关的内部控制，以使财务报表不存在由于舞弊或错误而导致的重大错报；（2）选择和运用恰当的会计政策；（3）作出合理的会计估计。

二、注册会计师的责任

我们的责任是在执行审计工作的基础上对财务报表发表审计意见。我们按照中国注册会计师审计准则的规定执行了审计工作。中国注册会计师审计准则要求我们遵守中国注册会计师职业道德守则，计划和执行审计工作以对财务报表是否不存在重大错报获取合理保证。

审计工作涉及实施审计程序，以获取有关财务报表金额和披露的审计证据。选择的审计程序取决于注册会计师的判断，包括对由于舞弊或错误导致的财务报表重大错报风险的评估。在进行风险评估时，注册会计师考虑与财务报表编制和公允列报相关的内部控制，以设计恰当的审计程序，但目的并非对内部控制的有效性发表意见。审计工作还包括评价管理层选用会计政策的恰当性和作出会计估计的合理性，以及评价财务报表的总体列报。

我们相信，我们获取的审计证据是充分、适当的，为发表审计意见提供了基础。

三、导致保留意见的事项

X公司2011年12月31日资产负债表中存货的列示金额为×元。管理层根据成本对存货进行计量，而没有根据成本与可变现净值孰低的原则进行计量，这不符合企业会计准则的规定。公司的会计记录显示，如果管理层以成本与可变现净值孰低来计量存货，存货列示金额将减少×元。相应地，资产减值损失将增加×元，所得税、净利润和股东权益将分别减少×元、×元和×元。

四、审计意见

我们保证，X公司财务报表已经按照企业会计准则的规定编制，在所有方面反映了X公司2011年的财务状况、经营成果和现金流量。

ABC会计师事务所　　　　　　中国注册会计师：A（签名）
（盖章）　　　　　　　　　　中国注册会计师：B（签名）
中国××市　　　　　　　　　　二〇一二年三月五日

附录：各章练习题参考答案

第一章　参考答案

一、单项选择题

1. D　2. A　3. B　4. D　5. A

二、判断题

1. √　2. ×　3. ×　4. √　5. ×

第二章　参考答案

一、单项选择题

1. A　2. B　3. C　4. D　5. D

二、判断题

1. √　2. ×　3. ×　4. √　5. √

第三章　参考答案

一、单项选择题

1. A　2. B　3. D　4. C　5. D

二、判断题

1. √　2. ×　3. ×　4. √　5. ×

第四章 参考答案

一、单项选择题

1. C 2. B 3. C 4. D 5. A

二、判断题

1. × 2. √ 3. √ 4. √ 5. ×

第五章 参考答案

一、单项选择题

1. A 2. C 3. D 4. C 5. D

二、多项选择题

1. ABDE 2. BCD 3. ABCDE 4. ABCDE 5. ABC

三、判断题

1. √ 2. × 3. √ 4. × 5. × 6. ×

第六章 参考答案

一、单项选择题

1. A 2. C 3. D 4. B 5. D

二、多项选择题

1. ABDE 2. AC 3. ACE 4. BCE 5. ABC

三、判断题

1. √ 2. √ 3. √ 4. × 5. × 6. ×

第七章　参考答案

一、单项选择题

1. D　2. C　3. B　4. A　5. D

二、多项选择题

1. AC　2. ACD　3. AB　4. ABC　5. ABCD

第八章　参考答案

一、单项选择题

1. C　2. B　3. A　4. D　5. D

二、多项选择题

1. AD　2. BC　3. ABCD　4. ABCD　5. ABD

第九章　参考答案

一、单项选择题

1. A　2. B　3. A　4. C　5. D

二、多项选择题

1. AC　2. BD　3. AB　4. AC　5. BD

第十章　参考答案

案例分析题

A 和 B 注册会计师出具的审计报告不符合审计准则的要求，要点如下（另请仔细参考教材范例）：

（1）收件人不恰当。应当改为：X 股份有限公司全体股东。

（2）“引言段”存在不恰当的细节如下：

①未提及财务报表附注；

②未指明构成整套财务报表的每一财务报表的日期或涵盖的期间。

引言段应当修改为：

我们审计了后附的X股份有限公司（以下简称X公司）财务报表，包括2011年12月31日的资产负债表，2011年度的利润表、股东权益变动表和现金流量表以及财务报表附注。

（3）“管理层对财务报表的责任段”存在不恰当的细节如下：

①“管理层的责任”的责任段名称不正确，应改为：“管理层对财务报表的责任”。

②管理层对财务报表的责任的陈述不正确，应改为：“编制和公允列报财务报表是X公司管理层的责任”。

③管理层对财务报表的责任具体表现为两个方面，即：“（1）按照企业会计准则的规定编制财务报表，并使其实现公允反映；（2）设计、执行和维护必要的内部控制，以使财务报表不存在由于舞弊或错误导致的重大错报。”

（4）“注册会计师的责任段”存在不恰当的细节如下：

当发表保留意见时，注册会计师应当修改对注册会计师责任的描述，以说明：我们相信，我们已获取的审计证据是充分、适当的，为发表保留意见提供了基础。

（5）“审计意见段”存在不恰当的细节如下：

①在发表保留意见时，注册会计师应当对审计意见段使用“保留意见”的标题。

②对审计意见保证程度的陈述不正确，不能使用“我们保证”，应当改为“我们认为”。

③对发表审计意见的范围不正确，不是对“所有方面反映了”的合理保证，而是改为“在所有重大方面”，且位置不对。

④对发表审计意见内容时间或期间不恰当，应当改为：“2011年12月31日的财务状况和2011年度的经营成果和现金流量。”

（6）报告日期不恰当。应改为：“二〇一二年三月十五日”。

参考文献

1. （美）阿尔文 A. 阿伦斯，兰德尔 . J. 埃尔德，马克 . S. 比斯利 . 审计与保证服务——整合法 . 9 版 . 张龙平，谢盛纹，主译 . 大连：东北财经大学出版社，2005.

2. 财政部会计司编写组 . 企业会计准则讲解 2010［M］. 北京：中国人民大学出版社，2010.

3. 陈汉文 . 审计［M］. 厦门：厦门大学出版社，2006.

4. 刘明辉，史德刚 . 审计［M］. 大连：东北财经大学出版社，2011.

5. 刘桂春 . 审计案例分析［M］. 北京：经济科学出版社，2011.

6. 秦荣生，卢春泉 . 审计学［M］. 北京，中国人民大学出版社，2008.

7. 郑朝晖 . 财政侦探［M］. 大连：大连出版社，2008.

8. 中国注册会计师协会 . 中国注册会计师执业准则 2010［M］. 北京：经济科学出版社，2010.

9. 中国注册会计师协会 . 中国注册会计师执业准则应用指南 2010［M］.（上、下册），北京：中国财政经济出版社，2010.

10. 中国注册会计师协会 . 审计［M］. 北京：经济科学出版社，2011.

图书在版编目(CIP)数据

审计学基础/邢风云,朱静玉主编.—成都:西南财经大学出版社,
2011.12(2020.1重印)
ISBN 978-7-5504-0519-6

Ⅰ.①审…　Ⅱ.①邢…②朱…　Ⅲ.①审计学　Ⅳ.①F239.0

中国版本图书馆CIP数据核字(2011)第270754号

审计学基础

总主编:周传丽
主　编:邢风云　朱静玉
副主编:黎四龙　刘　旋

责任编辑:向小英
封面设计:大涛
责任印制:朱曼丽

出版发行	西南财经大学出版社(四川省成都市光华村街55号)
网　　址	http://www.bookcj.com
电子邮件	bookcj@foxmail.com
邮政编码	610074
电　　话	028-87353785
印　　刷	郫县犀浦印刷厂
成品尺寸	185mm×260mm
印　　张	12.5
字　　数	275千字
版　　次	2012年1月第1版
印　　次	2020年1月第6次印刷
印　　数	16001—18000册
书　　号	ISBN 978-7-5504-0519-6
定　　价	23.00元